HEYNE BÜCHER

W0337535

HEYNE KOCHBÜCHER

GASTON LENÔTRE

Feste und Partys à la Lenôtre

in Zusammenarbeit
mit seiner Tochter

Sylvie Gille-Naves

WILHELM HEYNE VERLAG
MÜNCHEN

HEYNE-KOCHBÜCHER
Nr. 07/4463

Titel der französischen Originalausgabe
»FAITES LA FÊTE COMME GASTON LENÔTRE«
erschienen bei Flammarion, Paris

Übersetzung: Rudolf Kimmig

Genehmigte Ausgabe
Copyright © 1983 by Flammarion
Copyright © der deutschen Ausgabe 1986
by Wilhelm Heyne Verlag GmbH & Co. KG, München
Printed in Germany, 1986
Umschlaggestaltung: Atelier Ingrid Schütz, München
Satz: Schaber, Wels
Druck und Bindung: Ebner Ulm

ISBN 3-453-36014-1

INHALT

KAPITEL 10

KAPITEL 11

KAPITEL 12

KAPITEL 13

KAPITEL 14

Lieber Leser, liebe Leserin,

»Noch ein Kochbuch!« werden Sie vielleicht sagen und fragen: »Warum?« Aus einem einfachen Grund: Es handelt sich hier keineswegs um ein Kochbuch herkömmlicher Art. Sie müssen nur einmal das Inhaltsverzeichnis überfliegen, dann sehen Sie selbst, daß dieses Buch nicht den üblichen Schemata folgt; die Rezepte sind unter einem besonderen Blickwinkel ausgewählt. Dafür finden Sie Rubriken, die Sie in anderen Büchern vergeblich suchen.

Ich wollte für Sie mit diesem Buch einen Leitfaden für Feste und Gala-Einladungen und Einblick in die Welt der »Traiteure« geben.

Stellen wir von Anfang an klar: Wenn Sie sieben, acht Personen einladen, brauchen Sie keinen speziellen Führer; Sie müssen nur gute Rezepte aussuchen, hübsch anrichten und decken und die richtigen Weine wählen, und der Erfolg ist Ihnen sicher.

Bei einem großen Fest hingegen, das den üblichen Rahmen sprengt, sehen die Voraussetzungen ganz anders aus. Es gibt viele Gelegenheiten höchst unterschiedlicher Art, mehr Leute als gewöhnlich einzuladen. Doch ob es sich um einen Cocktail-Empfang handelt, ein Grillfest, ein Büffet, ein Gala-Diner, um ein ungezwungenes Zusammensein oder um eine eher förmliche Einladung, eines ist immer gleich: Sie wollen sich persönlich um 10, 20, 30 Personen kümmern und möglichst viel Zeit mit ihnen verbringen.

Natürlich können Sie in solchen Fällen einen Party-Service in Anspruch nehmen; aber das ist nicht immer möglich. Und reizt es Sie nicht, das Fest selbst zu organisieren und ganz nach dem Geschmack Ihrer Freunde zu gestalten?

Dieses Buch soll Ihnen dabei helfen, Menüs zusammenzustellen, die richtigen Mengen einzukaufen, zeitlich richtig vorauszuplanen, hübsch anzurichten und zu präsentieren. Sie finden in diesem Buch Rezepte, die für größere Personenzahlen geeignet sind, mindestens 10 Personen, außerdem Hinweise und Ratschläge, wie Sie Ihren Empfängen eine persönlichere und originellere Note geben können.
Eine unentbehrliche, unersetzliche Hilfe war mir bei diesem Buch meine Tochter Sylvie — viel mehr noch als bei meinen bisherigen —, denn sie hat mir die Schwierigkeiten verdeutlicht, mit denen eine Hausfrau fertig zu werden hat. Sie hat die Menüs gewählt, alle Rezepte in ihrer eigenen Küche nachgekocht und, wo es nötig war, so abgeändert, daß sie überall verwirklicht werden können. Sie hat auch zusammen mit Marcel Derrien, meinem »Chef de la cuisine froide de Plaisir«, die Dekorationen ausgesucht, die in einem normalen Haushalt hergestellt werden können.
Die einzelnen Kapitel enthalten jeweils Grundrezepte und Weiterverarbeitungsmöglichkeiten; sind verschiedene Möglichkeiten gegeben, wurden alle aufgeführt und erläutert.
Natürlich finden Sie Rezepte für alle nur denkbaren Festlichkeiten, Umstände und Gelegenheiten. Aber es sind immer nur Vorschläge, und mit Hilfe der vielen Hinweise in diesem Buch können Sie Ihrer Fantasie freien Lauf lassen und die Speisenzusammenstellungen Ihren eigenen Vorstellungen entsprechend abändern.
Bisher gab es kein vergleichbares Buch zu diesem Thema. Sie halten hier also ein einzigartiges Werk in Händen, das Sie in die Lage versetzen soll, Ihre Freunde stilvoll zu empfangen und Ihre Gastgeber-Rolle optimal auszufüllen und nach Kräften zu genießen.
So können Sie Feste und Parties feiern à la Lenôtre.

KAPITEL 1

Ratschläge für das glückliche Gelingen eines Festes

Art des Festes

- Einladungen zu Aperitifs und Cocktails
- Büffets
- fertig zusammengestellte Portions-Platten

Benötigte Mengen und Planung

- benötigte Mengen
- langfristige Planung
- Vorbereitung

Zubereitung

- in Ihrer Küche
- im Freien

Maßtabelle/Meßhilfen

Menüvorschläge

- Aperitif-Einladung für 24 Personen (18 bis 19 Uhr)
- klassischer Cocktailempfang für 24 Personen (18 bis 20 Uhr)
- exotischer Cocktail für 24 Personen (20 bis 24 Uhr)
- rustikales Büffet für 20 Personen
- rustikales Büffet für 25 Personen
- Mittagsempfang für 24 Personen (12 Uhr 30 bis 14 Uhr 30)
- Abendempfang für 24 Personen (20 bis 23 Uhr)

- festliches Büffet für 24 Personen
- klassisches Büffet für 45 bis 50 Personen
- Gala-Büffet für 48 bis 50 Personen
- Zeit- und Arbeitstabelle zu dem Gala-Büffet
- Büffet für Jugendliche (10 bis 15 Jahre, 24 Personen)
- Büffet für Jugendliche (15 bis 20 Jahre, 24 Personen)
- Büffet für Jugendliche und Eltern, 24 Personen
- Barbecue bei sicherem Wetter für 24 Personen
- Barbecue bei unsicherem Wetter für 24 Personen
- Kindereinladung; 24 Kinder
- fertige Portions-Platten (auvergnatische, bretonische, elsässische, exotische, mittelmeerländische, nordische, normannische, rustikale)

Dieses Kapitel enthält keine Rezepte; trotzdem wird es sich als nützlich erweisen. Wenn man 20 oder 30 Freunde empfängt, ist es schwierig, die richtigen Mengen an Speisen und Getränken zu kalkulieren und sich die Arbeit einzuteilen. Wenn Sie nicht eine Woche lang das gleiche essen oder gegen 10 Uhr abends Brot, Schinken und Champagner besorgen und außerdem auch selbst etwas vom Fest haben wollen, dann müssen Sie gut vorausplanen und dafür als erstes entscheiden, was Sie Ihren Gästen anbieten wollen.

Art des Festes

Einladungen zu Aperitifs und Cocktails

Bedenken Sie bei Aperitif- und Cocktaileinladungen, daß Sie Ihre Vorräte nicht nur nach der Personenzahl, sondern auch nach der auf der Einladungskarte angegebenen Zeitspanne (18 bis 19 Uhr; 18 bis 20 Uhr) berechnen müssen. Je länger der Empfang dauert, desto schwieriger ist es, die richtigen Mengen vorauszuplanen, denn »standfeste« Gäste nehmen erheblich mehr zu sich als solche, die nur auf einen kurzen Sprung vorbeischauen. Es wäre wirklich unangenehm, wenn die zuletzt eintreffenden Gäste, die ja nicht unbedingt die unwichtigsten sein müssen, nichts mehr bekämen.

Kalkulieren Sie also großzügig, zumal Sie kein großes Risiko eingehen, denn fast alle Getränke und die meisten Appetithappen, die bei solchen Gelegenheiten gereicht werden, lassen sich später mühelos weiterverwenden oder einfrieren.

Im zweiten Teil dieses Kapitels finden Sie nähere Angaben zur Zusammenstellung von Speisen und Getränken; wir haben dies hauptsächlich im Hinblick auf die normalerweise benötigten Mengen getan. Sie wissen besser, welche Gäste Sie erwarten und ob diese vielleicht den ganzen Abend mit Ihnen verbringen möchten.

Für ein größeres Essen können Sie zwischen Büffets und fertig zusammengestellten Portions-Platten wählen.

Büffets

Empfangen Sie zwischen 20 und 30 Gäste, denen Sie ein »richtiges« Essen anbieten wollen, arrangieren Sie am besten ein Büffet, denn es läßt Ihnen viel Spielraum.
Sie können viele Gäste auf einmal empfangen und die meisten Vorbereitungen im voraus erledigen, so daß Sie sich Ihren Gästen widmen können. Außerdem entfällt das leidige Problem der Tischordnung.
Wenn Sie nicht genügend Stühle und Tische haben, dann vermeiden Sie Gerichte, die man nicht im Stehen essen kann.
Falls Sie die Möglichkeit haben, Ihren Gästen Sitzgelegenheiten und Tische anzubieten oder falls Sie Ihren Gästen zumuten können, sich irgendwie zu behelfen, können Sie alle Gerichte in diesem Buch anbieten.

Fertig zusammengestellte Portions-Platten

Ich empfehle Ihnen dieses System, wenn Sie so schnell wie möglich eine große Zahl von Gästen, die gleichzeitig eintreffen, beköstigen wollen. Und wenn Sie befürchten, daß Ihre Gäste ausgehungert sind und den später Eintreffenden nichts übrig lassen könnten, ist dieses System auch dann vorzuziehen, wenn die Gäste nicht zur gleichen Zeit eintreffen! Ich denke hierbei an Abschlußfeste von Rallyes, an Parties von Jugendlichen, die gleichzeitig eintreffen, oder auch an gewisse Feste auf dem Lande, wo schon aus Platzgründen kein Büffet aufgebaut werden kann.
Aufgeteilte Tabletts wie die in Flugzeugen verwendeten erleichtern die Arbeit erheblich. Sie können alle Gänge, von der Vorspeise bis zum Nachtisch, auf einmal servieren. Sie brauchen dann nur noch Teller, Besteck und Papierservietten bereitzuhalten. Und warum sollte man eigentlich bei zwanglosen Festen unter Freunden kein Plastikgeschirr oder Wegwerfteller verwenden?
Bei der Auswahl der Speisen müssen Sie bedenken, ob Sie genügend Stühle für alle Gäste haben oder nicht. Ich empfehle Ihnen allerdings dringend, sich auf kalte Speisen zu beschränken, denn dann können Sie die Tabletts vorher anrichten und das Fest entspannt beginnen.
Wenn Sie einen kühlen Ort zum Aufbewahren der fertig zusammengestellten Menüs haben, einen Keller, eine Terrasse, ein küh-

les Zimmer etc., dann können Sie die Tabletts unbesorgt 1 Stunde vor dem Eintreffen der Gäste anrichten. Wenn Sie keinen kühlen Aufbewahrungsort zur Verfügung haben und es sehr heiß ist, können Sie dennoch zumindest Pasteten und Terrinen vorher aufschneiden, die Butterförmchen füllen, Salate und Desserts in Schälchen geben etc. Kurz vor dem Eintreffen der Gäste stellen Sie dann ein Viertel der benötigten Tabletts zusammen, den Rest nach und nach.
Getränke sollten gleichzeitig mit den Tabletts serviert werden. Achten Sie darauf, daß nicht zu viele Flaschen gleichzeitig der Wärme ausgesetzt werden.

Benötigte Mengen und Planung

Alles hängt natürlich davon ab, wie viele Gerichte Sie servieren wollen, wie hungrig Ihre Gäste sind und wie lange Ihr Empfang dauert. Außerdem natürlich von der Bedeutung, die Sie selbst diesem Empfang beimessen.

Benötigte Mengen

Im Unterschied zu klassischen Mahlzeiten umfassen Büffets oft eine Vielzahl verschiedener Speisen, die in kleineren Portionen als üblich angeboten werden (wir nennen sie Büffetportionen).
Diese Vielzahl stellt eine erhebliche Verlockung für die Gäste dar, und wir haben festgestellt, daß während eines reichhaltigen Büffets 20 % mehr gegessen wird als bei einer klassischen Mahlzeit. Das müssen Sie im Auge behalten, wenn Sie die benötigten Mengen kalkulieren.
Wir haben bei den Rezepten immer angegeben, wieviel Büffetportionen Sie daraus herstellen und wieviel Personen Sie damit beköstigen können oder auch nur das Gewicht der fertigen Speisen.

Langfristige Planung

Bei jedem Rezept verweisen wir auf die Möglichkeit des Einfrierens. Wenn Sie viele Empfänge geben, dann profitieren Sie doch

von ruhigen Zeiten, um Terrinen, Fonds und fertige Gerichte vorzubereiten und einzufrieren. Eine gut gefüllte Tiefkühltruhe erleichtert Ihnen die Arbeit und ermöglicht spontane Feste.
Sollte Ihr Kühlschrank zu klein sein, um alle Getränke zu kühlen, frieren Sie stilles Mineralwasser und Obstsäfte ein. Die Flaschen dürfen nur ¾ voll sein. Am Festtag holen Sie sie dann morgens aus der Tiefkühltruhe; abends sind sie dann immer noch kühl.

Vorbereitung

Stellen Sie das Menü 8 bis 10 Tage vor dem Tag X zusammen und beachten Sie die Menüvorschläge am Ende dieses Kapitels. Überlegen Sie anschließend, welche Speisen Sie fertig kaufen und welche Sie selbst zubereiten wollen. Bereiten Sie Ihre Einkaufsliste vor.
Machen Sie sich anschließend einen genauen Zeitplan, der natürlich von den gewählten Speisen und der Zahl der Gäste abhängig ist. Ein Beispiel für einen solchen Zeitplan finden Sie auf Seite 32. Wir haben als Modell ein Gala-Büffet gewählt, was zu dem Kompliziertesten zählt, das in einem Haushalt zu bewältigen ist.
Hier ein etwas allgemeinerer Übersichtsplan, der sich über eine Woche erstreckt und auf alle Empfänge anwendbar ist.

Tag X weniger 8:	Zubereitung der Terrinen und Küchenfonds; Champignons einlegen.
Tag X weniger 7:	Bestellungen aufgeben.
Tag X weniger 6:	Getränke, Konserven, Gewürze und eingelegte Beilagen einkaufen.
Tag X weniger 5:	Tischdekorationen kaufen; bestimmte Marinaden vorbereiten.
Tag X weniger 4:	Ausgangsprodukte wie Teige und Garnituren herstellen.
Tag X weniger 3:	Obst und gewisse Gemüse, die nachreifen müssen (Avocados z.B.), und Käse einkaufen; Geflügel garen.
Tag X weniger 2:	Fische einkaufen und zubereiten; Gemüse und Rohkost vorbereiten, ebenso bestimmte Sandwiches.

Tag X weniger 1: Bestimmte Canapés und Sandwiches fertigstellen; mit Aspik nappieren und dekorieren; Krustentiere, Fische und Fleisch aufschneiden; Gemüse und Speisen zum Grillen in Aluminiumfolie wickeln; Büffet aufbauen.

Tag X: Empfindliche oder platzraubende Gerichte anrichten (Rohkostkorb z.B.), Sandwiches und Canapés fertigstellen, die großen Hauptgänge (Schinken Virginia z.B.) herstellen, Platten dekorieren usw. usw. Im letzten Moment Salate mischen und Gerichte aufwärmen.

Zubereitung

In Ihrer Küche

Sie brauchen viel Arbeitsplatz, um eine größere Anzahl von Gästen zu empfangen. Hier die Punkte, die mir am wichtigsten erscheinen, damit Ihre Arbeit gelingt und Sie am besten von Ihrer Küche profitieren.

Arbeitsfläche

Wenn Sie über große Arbeitsflächen aus abwaschbarem Kunststoff verfügen, dann haben Sie weder Platz- noch Hygieneprobleme. Ist Ihre Arbeitsfläche aus Holz, ist es besser, sie mit einem Wachstuch abzudecken. Wenn notwendig, können Sie mit Hilfe einer ausgehängten Schranktür und zwei Böcken eine zusätzliche Arbeitsfläche schaffen. Die ideale Arbeitshöhe beträgt 90 cm. Sind Ihre Böcke zu niedrig, notfalls auf Unterlagen stellen. Ihr Rücken wird es Ihnen danken.
Die Vorbereitungszeit vieler Rezepte verkürzt sich wesentlich, wenn Sie über eine gute Küchenmaschine verfügen, vorausgesetzt, daß diese Maschine während der ganzen Vorbereitungszeit auf Ihrer Arbeitsfläche installiert bleiben kann. Dies trifft auch auf Ihr anderes Arbeitsmaterial zu. Sie sparen Zeit, wenn alles in Reichweite ist.

Der Herd

Ich persönlich ziehe einen gemischten Gas/Elektroherd vor. Elektrische Backherde, die möglichst von einem Thermostat geregelt sein sollten, backen regelmäßiger und halten die gewünschte Temperatur genauer ein als ein Gasherd. Die Entwicklung von Elektroherden hat große Fortschritte gemacht. Auf Seite 21 finden Sie eine Übersichtstabelle Temperatur/Thermostat.
Unabhängig vom Typ Ihres Herdes ist er wahrscheinlich für einen großen Empfang zu klein. Bedenken Sie bei der Auswahl der Speisen das Fassungsvermögen Ihres Herdes und zünden Sie in Ihrem Kamin, sofern Sie einen haben, ein kräftiges Feuer an; manche Speisen können Sie auch darin garen.

Der Kühlschrank

Denken Sie daran, Ihren Kühlschrank abzutauen, bevor Sie mit den Vorbereitungen zum Fest beginnen. Dann wird er die großen Mengen, die er aufzunehmen hat, leichter kühlen. Verfügen Sie über einen Tiefkühlschrank, ist es ratsam, Eiswürfelmengen im voraus zuzubereiten und im Tiefkühlschrank aufzubewahren. Lassen Sie sich kleine Spanplatten zuschneiden, die genau in Ihren Kühlschrank passen; so können Sie mühelos eine größere Menge von Appetithappen übereinanderstapeln. Bedenken Sie dabei, daß die Luft zirkulieren muß.
Selbst wenn Ihr Kühlschrank überdurchschnittlich groß sein sollte, reicht er wahrscheinlich für ein großes Fest nicht aus. Sie können ohne großen Aufwand zusätzliche Kühlmöglichkeiten schaffen, indem Sie bei Ihrem Fischhändler oder einer Brauerei Stangeneis bestellen und dieses zerkleinert in große Plastikwannen geben.
Für große Empfänge ist es sehr hilfreich, wenn man über ein kühles Zimmer verfügt, in dem man kurzfristig Speisen aufbewahren kann. Selbstverständlich sollte das Zimmer nicht anderweitig benutzt werden. Im Winter genügt es, wenn Sie die Heizung abstellen und die Fenster öffnen. Im Sommer ist es ratsam, ein Nordzimmer zu wählen oder zumindest das Zimmer vor direkter Sonneneinstrahlung zu schützen und für eine ausreichende Belüftung zu sorgen. Bereiten Sie stabile Unterlagen vor, auf die Sie die Platten stellen können, bevor Sie sie auf dem Büffet anrichten.

Der Tiefkühlschrank

Beim Lesen dieses Buches werden Sie immer wieder die Nützlichkeit eines Tiefkühlschrankes feststellen, etwa, um Ausgangsbasen wie Küchenfonds oder auch fertige Gerichte vor oder nach dem Garen einzufrieren. Vergessen Sie nicht, daß Sie ein Vier-Sterne-Gerät benötigen, um Speisen schnell und schonend einzufrieren. Wenn Sie gegarte Speisen einfrieren wollen, kühlen Sie diese immer in einem kalten Wasserbad ab, damit Sie sie so schnell wie möglich in den Gefrierschrank stellen können.
Normalerweise können Sie eingefrorene Nahrungsmittel mindestens 3 Monate aufbewahren. Wir geben Aufbewahrungszeiten nur an, wenn sie kürzer sind. Ihr Tiefkühlgerät kann auch zur Aufbewahrung eines größeren Vorrats an Eiswürfeln dienen, die Sie nicht nur zum Fest, sondern auch für kalte Wasserbäder benötigen.

Organisation eines Grillfestes im Freien

Wenn Sie noch kein Grillgerät besitzen, kaufen Sie möglichst ein vertikales, das mit einer Saftpfanne zum Auffangen des austretenden Fleischsaftes ausgerüstet ist. Praktisch sind Grillpfannen aus doppeltem Gitterrost, in das Sie das Grillgut geben; beim Wenden bleibt die Oberfläche garantiert unverletzt. Vorzuziehen sind emaillierte Wannen, die nicht zu klein sein dürfen. Nützlich ist ein Drehspieß, der mit Hilfe von Batterien gedreht wird; vor allem bei größerem Grillgut erspart dies viel Arbeitsaufwand. Ein kleines Gestell über der Glut ermöglicht es, Platten und Teller vorzuwärmen. Der Grill sollte mindestens vier oder fünf Meter vom Büffet entfernt sein. Denken Sie beim Aufbau an die vorherrschende Windrichtung. Sie brauchen auch unbedingt eine Ablage in greifbarer Nähe, auf der Sie Pfeffer, Salz, das Grillgut und Ähnliches abstellen können. Ein Fleischbrett mit Ablaufrinne ist von Nutzen, wenn Sie größere Stücke grillen wollen.
Grillen Sie nie auf offenem Feuer, sondern nur über glühender Glut. Ich ziehe zum Grillen Holz vor, vor allem Eiche, Buche oder Birke, das kleingespalten sein muß. Nehmen Sie kein harzhaltiges Holz, denn brennendes Harz ist gesundheitsschädlich. Wenn Sie es eilig haben, können Sie auch Holzkohle verwenden. Sie brennt leichter an, doch die Glut wird nicht sehr lange

halten. Vermeiden Sie, wenn irgend möglich, Brennspiritus oder ähnliches, denn er ist sehr gefährlich, vor allem für Kinder, die gerne um den Grill herumtoben. Gießen Sie vor allem niemals Brennspiritus in die Glut; dies könnte eine Explosion verursachen.
Kurz vor dem Grillen können Sie Kräuter aus der Provence oder Fenchel (für Fische) in die Glut werfen.

Maßtabelle/Meßhilfen

Ein gestrichener Eßlöffel enthält:

Creme-Butter	10 g	Mayonnaise	10 g
Kakaopulver	5 g	ganze Eier	1/3
Tomatenmark	10 g	Eiweiß	1/2
Mehl oder		Eigelb	1
Stärkemehl	7 g	Salz	15 g
Öl, Essig,		Zucker	10 g
Flüssigkeiten	1/8 dl		

Ein gehäufter Eßlöffel enthält:

gehackte Kräuter 3 g

Ein gestrichener Teelöffel enthält:

Pfeffer	1,5 g	Zucker	3 g
Salz	4 g		

1/4 l entspricht:

Öl	225 g	mittelgroße Eier	5
Milch	250 g	Eiweiß	8

Einige Gewichte:

1 mittleres Ei wiegt zwischen	45 und 55 g
1 mittlere Zwiebel wiegt zwischen	40 und 60 g
1 mittlere Schalotte wiegt	15 g
1 mittlere Knoblauchzehe wiegt	8 g

Temperatur-Einstellungen/Thermostate von Elektroherden

130°: Thermostat 3
150°: Thermostat 4
170°: Thermostat 5
200°: Thermostat 6
220°: Thermostat 7
240°: Thermostat 8
250°: Thermostat 9/10

Menüvorschläge

Aperitif-Einladung für 24 Personen
18 bis 19 Uhr

Büffet
250 g schwarze Oliven
250 g gefüllte Oliven
250 g gesalzene Mandeln oder Haselnüsse
48 Brioche-Brötchen mit Schinken, S. 126
48 Sandwiches mit Champignons-Duxelles, S. 121
60 Omelette-Würfel mit Oliven und Spinat, S. 142
1 Grapefruit-Igel, S. 53
1,4 kg Tartar, S. 169
50 g gesalzene Cracker

Getränke (+ 30 % Reserve)
6 l Kir
4 Flaschen Champagner
2 Flaschen Whisky
2 l frischer Obstsaft
6 l Mineralwasser
100 Eiswürfel

Anmerkung: Alle Bestandteile dieses Menüs lassen sich leicht transportieren; darüber hinaus braucht nichts aufgewärmt zu werden. Es eignet sich also für ein »Überraschungsfest« oder für einen Aperitif im Freien.

Klassischer Cocktailempfang für 24 Personen
18 bis 20 Uhr

Kaltes Büffet
24 Roquefort-Sandwiches, S. 123
48 Brioche-Brötchen mit Leber-Mousse, S. 127
48 Canapés mit Tomaten und Eiern, S. 118
48 Canapés mit Parma-Schinken, S. 101
insgesamt 8 kalte Teile pro Person

Warmes Büffet
48 Pflaumen und Ananas mit Speck, S. 137
24 Blätterteigtörtchen »Pissaladière«, S. 131
24 Käse-Schweinsohren, S. 133
insgesamt 4 warme Teile pro Person

Desserts
24 verschiedene frische Petit fours
24 kleine Obsttörtchen
insgesamt 4 Stück pro Person

3 l Eis und Sorbet

2,5 l Kaffee

Getränke (+ 30 % in Reserve)
10 Flaschen Champagner
2 Flaschen Whisky
2 l frischer Orangensaft
2 l frischer Grapefruitsaft
12 l Mineralwasser
100 Eiswürfel

Exotischer Cocktail für 24 Personen
20 bis 24 Uhr

Kaltes Büffet
48 Kräuterquark-Sandwiches, S. 121
48 Canapés mit Palmenherzen, S. 107

36 Canapés mit Ziegenkäse, S. 114
48 Sandwiches mit Avocados und Kresse, S. 120

insgesamt 8 Teile pro Person

Besonderheit des Büffets:
1 bunte Wassermelone mit 120 Spießchen, S. 55
- 40 mit marinierten Champignons und Omelettewürfeln mit Oliven gespickt, S. 291 und 142
- 40 mit Kirschen in Essig und Würfeln aus York-Schinken gespickt
- 40 mit Enten-Terrine auf gegrilltem Toastbrot gespickt, S. 199

insgesamt 5 Spießchen pro Person

Warmes Büffet
32 Croque-Madame mit Ananas, S. 146
30 Bananen mit Speck, S. 137
45 Spinattörtchen, S. 130

insgesamt 4 Teile pro Person

Salate
10 Portionen indischer Salat, S. 301
16 Portionen Salat mit Taschenkrebs und Krabben, S. 308

Desserts
1 Obstkorb (4 kg) mit zum Teil exotischen Früchten, S. 59
25 Crêpes mit Vanille-Creme und Rosinen, S. 316
25 Crêpes mit Orangenkonfitüre, S. 318
2,5 l Kaffee

Getränke (+ 30 % in Reserve)
4 l Punsch
12 l leichter, trockener Weißwein
4 l Limonade
2 l frischer Orangensaft
5 Flaschen Mineralwasser
100 Eiswürfel

Rustikales Büffet für 20 Personen

Kaltes Büffet
60 Staudensellerie-Stücke mit Roquefort, S. 138
3 kg Schweinskopf in Petersilie, S. 187

Warmes Büffet
48 Toastbrote mit Tapenade, S. 146
1 Blätterteigpizza, in 24 Portionen geschnitten, S. 163

Fleischgerichte
20 Portionen Lammkeule, als Lammrücken präsentiert, S. 248, dazu die passenden Saucen
20 Portionen gratiniertes Huhn mit Blätterteig, S. 257

Gemüsegericht
Zucchini-Fächer, S. 276

Salate
20 Portionen bunter Zungensalat, S. 302
16 Portionen Salat mit Taschenkrebsen und Krabben, S. 308

Käseplatte, 2 kg, S. 312
aufgeschnittenes Landbrot

Desserts
24 Portionen Pariser Flan mit Vanillesauce, S. 319
15 Blätterteigtörtchen mit roten Früchten, S. 325

2 l Kaffee

Getränke (+ 30 % in Reserve)
3 l Sangria
10 l Rotwein
1 Flasche Whisky
2 l Limonade
2 l frischer Orangensaft
6 l Mineralwasser
80 Eiswürfel

Rustikales Büffet für 25 Personen

Appetithappen
250 g gesalzene Mandeln
250 g gesalzene Haselnüsse
300 g Käsestreichhölzer, S. 129
250 g Käse-Schweinsohren, S. 133

Wurst
500 g Salami
500 g Cocktailwürstchen
500 g Pfeffersalami
1 kg Wurst mit Innereien

Terrinen
1 kg Enten-Terrine mit Pistazien, S. 202
1 kg Geflügelleber-Terrine, S. 196
1 kg Gemüse-Terrine, S. 206
Begleitsauce: 1 kg frische Tomatensauce, S. 84

insgesamt 120 g Terrine pro Person

Fleischgerichte
2 Truthähne in Bouillon, S. 261

Salate
10 Portionen Reissalat Balkan, S. 306
15 Portionen grüner Salat, je nach Jahreszeit, S. 286

Sie können die Salate durch einen Rohkostkorb von 2 kg ersetzen, zu dem Sie 250 g Tomatensauce »Napoleon«, S. 85, und 250 g Kräuterquark-Sauce, S. 89, reichen.

Käseplatte, 2 kg, S. 312
500 g gesalzene Butter
2,5 kg aufgeschnittenes Landbrot
250 g scharfer Senf
500 g Perlzwiebeln
500 g Cornichons und Kirschen in Essig

Desserts
Schokoladencreme, S. 315
Gebäck
3 l Sorbet aus roten Früchten

2,5 l Kaffee

Getränke (+ 30 % in Reserve)
8 l Kir
1 Fäßchen Beaujolais, 15 l, oder 10 l Beaujolais in Flaschen
5 l Apfelmost (Cidre)
2 l Obstsaft
4 l Mineralwasser
100 Eiswürfel

Mittagsempfang für 24 Personen 12 Uhr 30 bis 14 Uhr 30

Besonderheit des Büffets
Halber Melonen-Igel mit 60 Holzspießchen, S. 54

Kaltes Büffet
48 Sandwiches mit Champignons-Duxelles, S.121
48 Sandwiches mit Thunfisch-Sardellenfilet
48 Sandwiches mit York-Schinken
30 Canapés mit Nuß-Butter, S. 104
48 Canapés mit Radieschen, S. 118

insgesamt 9 Teile pro Person

Fleischgericht
2 geräucherte kalte Zungen, in Würfel geschnitten, mit passender Sauce

Käseplatte, 2 kg (aufgeschnitten), S. 312
Toastbrot Ludwig XV., S. 62

Desserts
Schokoladenkuchen (24 Stück), S. 323
Vanillesauce, S. 320
3 l verschiedene Sorbets

2,5 l Kaffee

Getränke (+ 30 % in Reserve)
2 l Whisky sour
6 Flaschen Champagner
12 Flaschen roter Bordeaux
2 l Tomatensaftcocktail
2 l frischer Grapefruitsaft
4 l Mineralwasser
100 Eiswürfel

Abendempfang für 24 Personen
20 bis 23 Uhr

Kaltes Büffet
Meeresfrüchteplatte, S. 226 oder
Rohkostkorb (je nach Jahreszeit), S. 57
48 Sandwiches mit Kopfsalat, S. 123
48 Brioche-Brötchen mit Schinken, S. 126
30 Canapés mit geräuchertem Lachs, S. 103
48 Mosaik-Canapés, S. 108
48 mit Kresse-Sauce gefüllte Champignonköpfe, S. 139
insgesamt 9 Teile pro Person

Fleischgericht
Poularde in Aspik, S. 256

Käseplatte, 2 kg, S. 312
30 Butterschnecken, S. 61
48 Brötchen

Desserts
Pyramide aus Schokoladenkuchen, S. 326
1 kg kleine Obsttörtchen

2,5 l Kaffee

Getränke (+ 30 % in Reserve)
8 Flaschen trockener Weißwein
4 Flaschen Rotwein
2 Flaschen Whisky
4 l frisch gepreßter Obstsaft
12 l Mineralwasser
100 Eiswürfel

Festliches Büffet für 24 Personen

Kaltes Büffet
48 Brioche-Brötchen mit Leber-Mousse, S. 127
48 Canapés mit Lachs, S. 103

insgesamt 4 Teile pro Person

Warmes Büffet
48 Geflügel-Würstchen
24 Blätterteigstangen mit Käse, S. 134
24 Würstchen in Blätterteig, S. 136

insgesamt 4 Teile pro Person

Suppe
3 l Gazpacho aus frischen Tomaten, S. 174

Leichtes Zwischengericht
24 Krustenpasteten mit weichen Eiern und Ratatouille, S. 160

oder Fischgang
24 Portionen Seezungenfilets Madras, S. 214

Fleischgericht
24 Portionen Huhn in Aspik, S. 256

Salat
24 Portionen bunter Zungensalat, S. 302

Käseplatte, 2 kg, S. 312
48 Brötchen
Butter

Desserts
Pyramide aus Schokoladenkuchen, S. 326
3 l Sorbet

2,5 l Kaffee

Getränke (+ 30 % in Reserve)
4 l Kir
10 Flaschen Bordeaux
1 Flasche Whisky
4 l frisch gepreßter Orangensaft
7 l Mineralwasser
100 Eiswürfel

Klassisches Büffet für 45 bis 50 Personen

(Abb. nach S. 48)

Besonderheit des Büffets
2 Grapefruit-Igel mit 120 Holzspießchen, S. 53

Kaltes Büffet
24 Brioche-Brötchen mit Leber-Mousse, S. 127
48 Roquefort-Sandwiches, S. 123
24 Brioche-Brötchen mit Schweizer Käse, S. 126
1 kg marinierte Champignons, mit Holzspießchen versehen, S. 291

Warmes Büffet
60 Würstchen in Blätterteig, S. 136
60 Pflaumen und Bananen in Speck, S. 137

Leichte Zwischengerichte
24 Krustenpasteten mit Lachs und Rühreiern, S. 160
24 Krustenpasteten mit Rühreiern und Spargelspitzen, S. 158

Fleischgericht
Schinken Virginia, S. 251

Käseplatte, 3 kg, aufgeschnitten, mit Brot-Dekoration, S. 312

Desserts
Pyramide aus Schokoladenkuchen, S. 326
3 l Eis
3 l Sorbet
1 kg trockenes Gebäck

5 l Kaffee

Getränke (+ 30 % in Reserve)
3 l verschiedene Cocktails oder
10 Flaschen Champagner
25 Flaschen Burgunder (weiß oder rot)
2 l Tomatensaftcocktail
3 l frisch gepreßter Obstsaft
8 l Mineralwasser
200 Eiswürfel

Gala-Büffet für 48 bis 50 Personen

Besonderheit des Büffets
2 »Igel« mit je 60 Spießchen, S. 45

Kaltes Büffet
48 Canapés mit geräuchertem Lachs, S. 103
48 Canapés mit Spargelspitzen, S. 109

48 Canapés mit Kaviar, S. 117
96 Canapés mit rohem Schinken, S. 101

Warmes Büffet
50 Pflaumen mit Speck, S. 137
60 Blätterteigtörtchen »Pissaladière«, S. 131
40 Blätterteigtörtchen mit Roquefort, S. 132

Fischgericht
2 Lachskränze in Aspik, S. 211

Terrine
2 Enten-Terrinen mit Portwein, S. 199

Fleischgericht
2 Enten Montmorency, in Streifen geschnitten, S. 259

Salat
50 Portionen grüner Salat, je nach Jahreszeit, S. 286

Käseplatte, 3 kg, S. 312
50 Butterschnecken, S. 61
60 Brötchen

Desserts
2 Pyramiden aus Schokoladenkuchen, S. 326
1 kg Obst
1 kg frische Petit fours

5 l Kaffee

Getränke (+ 30 % in Reserve)
12 Flaschen rosa Champagner
12 Flaschen bester Bordeaux oder Burgunder
2 Flaschen Whisky
+ verschiedene andere Schnäpse und Liköre
8 l frisch gepreßter Obstsaft
14 l Mineralwasser
200 Eiswürfel

Zeittabelle zur Herstellung des Gala-Büffets

Vorab vorbereitet werden Tomatengrundsauce, Küchenfonds, Enten-Terrine mit Portwein, die Mayonnaise, der Fischfond und die Garnitur für die Blätterteigtörtchen »Pissaladière«. Die restliche Arbeit verteilt sich auf fünf Tage (den Festtag inbegriffen):

Tag X minus 4:	Kuchen (1 h 30 min).
Tag X minus 3:	Verschiedene Aspiks (30 min), Eier hart kochen (30 min), insgesamt 1 h.
Tag X minus 2:	Pflaumen mit Speck (ohne Äpfel, 25 min), Gemüsemischung (20 min), Enten garen (1 h), Lachs kochen (1 h), Kirsch-Sauce (ohne Gelatine, 30 min), Gemüse und Salate putzen und waschen (1 h 30 min), Vanillesauce (30 min), zusammen 5 h 15 min.
Tag X minus 1:	Holzspießchen (50 min), Canapés mit Kaviar (30 min), Canapés mit Lachs (30 min), Blätterteigtörtchen »Pissaladière« (30 min), Roquefort-Garnitur (5 min), Lachskränze (40 min), gefüllte Tomaten (50 min), Tomaten-Sauce »Napoleon« (5 min), Fertigstellung der Ente (1 h), Butterschnecken (15 min), Aufbau des Büffets (2 h), insgesamt 8 h.
Tag X:	Fertigstellung der Igel (10 min), Canapés mit Spargelspitzen (30 min), Blätterteigtörtchen mit Roquefort (25 min), Fertigstellung der Lachskränze (2 h 20 min), garnierte Eier (20 min), Dekoration und Zusammenbau der Kuchen (1 h), Aufschneiden der Enten-Terrine (10 min), Würzen des Salates (15 min), insgesamt 5 h 35 min.

Büffets für Jugendliche

Hier einige Vorschläge, die das Alter der Jugendlichen, deren Geschmack und die Umstände berücksichtigen; wir haben keine schwierigen Rezepte ausgesucht, so daß die Jugendlichen helfen und vielleicht sogar das Büffet völlig selbständig vorbereiten können.

Büffet für Jugendliche
10 bis 15 Jahre / 24 Personen

Zum Empfang
350 g Popcorn
350 g Chips
2 l frischer Obstsaft
4 l Mineralwasser, Limonaden etc.

Essen

Besonderheit des Büffets
2 Grapefruit-Igel (S. 53), der eine garniert mit
60 Rohkostspießchen, S. 46 f., der andere mit
60 Wurstspießchen, S. 46

Kaltes Büffet
60 Omelettewürfel mit Oliven und geriebenem Schweizer Käse, S. 142

Fleischgericht
6 gebratene Hähnchen, S. 253

Gemüse
24 Portionen Kartoffelgratin dauphinois, S. 279

Desserts
1,6 kg Schokoladencreme, in Portionsschalen serviert, S. 315
48 Löffelbiskuits

Getränke (+ 30 % in Reserve)
3 l Milch
3 l Apfelsaft
3 l Mineralwasser
100 Eiswürfel

Büffet für Jugendliche
15 bis 20 Jahre / 24 Personen

Kaltes Gericht
48 Schinkensandwiches, S. 122

Leichtes Gericht
Käse-Fondue für 24 Personen, S. 153

Salat
Kartoffelsalat mit Fleischwurst (15 Portionen), S. 298
Grüner Salat (15 Portionen), S. 286

Desserts
Obstkorb, 4 kg, S. 59
48 Crêpes mit Konfitüre, S. 318

Getränke (+ 30 % in Reserve)
Weißwein
Cocktail mit Obstsaft
frisch ausgepreßter Obstsaft
Mineralwasser und Limonaden
100 Eiswürfel

Rechnen Sie mit insgesamt 24 Flaschen; die Aufteilung hängt vom Alter der Gäste ab.

Büffet für Jugendliche und Eltern
24 Personen

Besonderheit des Büffets
Rotkohl-Igel mit 60 Spießchen, S. 50

Warmes Büffet
32 Croque-Monsieur, S. 145

Leichtes Gericht
24 Crêpes mit Blutwurst und Äpfeln, S. 151

Fleischgericht
Lammkeule, als Lammrücken präsentiert, 4 kg, S. 248

Gemüse
normannisches Kartoffelgratin, S. 280

Salat
24 Portionen grüner Salat nach Jahreszeit, S. 286

1 ganzer Tortenbrie
Landbrot, 2 kg
Butter

Desserts
4 Königskuchen, S. 322
2 Schalen mit Konditorcreme

2 l Kaffee

Getränke (+ 30 % in Reserve)
Rosé aus der Provence
Crémant aus dem Loire-Tal (oder ein anderer trockener Sekt)
Apfelmost oder Cidre
frisch ausgepreßter Obstsaft
Mineralwasser
100 Eiswürfel

Rechnen Sie mit insgesamt 24 Flaschen; die Aufteilung hängt natürlich vom Alter der Gäste ab.

Barbecue bei sicherem Wetter
24 Personen

Empfangsbüffet
48 gegrillte Toasts mit Tapenade, S. 146
2,5 l Sangrita
2 l Limonade

Essen

Terrinen
2,5 kg Kaninchenterrine mit Geflügelleber, S. 192
1,5 kg eingekochtes Schweinefleisch, S. 191

Fleischgerichte
12 Spieße mit Rinderherz, S. 242
12 normannische Spieße, S. 244

oder Fischgericht
24 gegrillte Makrelen, S. 234

Gemüse
24 Kartoffeln, in der Glut gebraten, S. 284, als Beilage
300 g Kräuterquark-Sauce, S. 89

Salat
24 Portionen grüner Salat, je nach Jahreszeit, S. 286

Käseplatte, 2 kg, S. 312
Landbrot, 2 kg
Butter

Desserts
Obstkorb, 3 kg, S. 59
3 l Sorbet

2,5 l Kaffee

Getränke (+ 30 % in Reserve)
10 l Rot- oder Weißwein
6 Flaschen Apfelmost oder Cidre
2 l Obstsaft
4 Flaschen Mineralwasser
1 Stangeneis und 200 Eiswürfel

Barbecue bei unsicherem Wetter
24 Personen

Empfangsbüffet
3 Orangen-Igel, S. 51 oder
80 Stück Staudensellerie mit Roquefort, S. 138
3 l Kir mit Sancerre
2 l Cocktail mit Tomatensaft

Essen

Pastete
2,5 kg Schweineleberpastete, S. 189

Rohkost
Rohkost, 4 kg, S. 57, dazu
1 Schale Ailloli, S. 78

Fleischgericht
24 Schweinekoteletts in Alufolie, S. 238 und 241

Gemüse
24 Portionen kalte Ratatouille, S. 281

2 kg Quark mit verschiedenen Beilagen:
- gehackte Zwiebeln, Schnittlauch und dünne Zitronenscheiben
- Zucker, Konfitüre und Schlagsahne
1 Landbrot, 2 kg

24 Crêpes mit Konfitüre, S. 318

2,5 l Kaffee

Getränke (+ 30 % in Reserve)
12 l Rosé aus der Provence
4 l frisch ausgepreßter Obstsaft
4 l Mineralwasser
200 Eiswürfel

Anmerkung: Wenn es zu regnen anfangen sollte, können Sie dieses Büffet ohne weiteres ins Haus verlegen; haben Sie keinen offenen Kamin als Ersatz für den Grill, dann backen Sie die Schweinekoteletts 20 min lang bei 200° im Herd.

Kindereinladung
24 Kinder

12 Brioche-Brötchen mit Schweizer Käse, S. 126
12 Brioche-Brötchen mit Schinken, S. 126
24 Sandwiches mit Tomaten und Eiern, S. 124
15 Brioches und 15 Croissants
24 Petit fours
24 Portionen Pariser Flan, S. 319
4 l kalter oder heißer Kakao
2 l frischer Orangensaft
2 l Limonade mit Mandelmilchsirup

500 g Bonbons oder selbst hergestellte Lutscher.

Fertig zusammengestellte Menü-Tabletts

Die Mengen beziehen sich jeweils auf ein Tablett

Auvergnatisches Tablett
2 dl eiskalte Bohnensuppe, S. 175
150 g Rinderkopf in Aspik, S. 247
100 g Roquefort-Salat, S. 307
80 g Fourme d'Ambert oder ein anderer Schimmelpilzkäse

2 Scheiben Bauernbrot
1 Portion Pariser Flan, S. 319
¼ l Côte-du-Rhône

Bretonisches Tablett
120 g Gemüse-Terrine, S. 206
20 g frische Tomaten-Sauce, S. 84
2 Scheiben kaltes Lamm
120 g Salat mit Heringsfilets, S. 300
80 g Saint-Paulin oder ein anderer Schnittkäse
3 Butterschnecken, S. 61, aus gesalzener Butter
2 Scheiben Landbrot
1 Portion Pariser Flan, S. 319
¼ l Gros Plan Nantais oder ein anderer trockener Weißwein

Elsässisches Tablett
2 Scheiben Aal-Terrine, je 80 g, S. 204
20 g Kresse-Sauce, S. 82
1 garniertes Ei, S. 143
120 g Kohl-Salat nach Art des Ostens, S. 299
80 g Carré de l'Est (eine Art etwas schärferer Camembert)
3 Butterschnecken, S. 61
2 Scheiben Landbrot
1 Stück Mirabellenkuchen auf Blätterteigboden, S. 325
¼ l Riesling

Exotisches Tablett
2 dl Avocado-Suppe, S. 172
¼ l kaltes, gebratenes Hähnchen, S. 253
120 g indischer Salat, S. 301
80 g Ziegenkäse
3 Butterschnecken, S. 61
2 Scheiben Roggen- oder Kümmelbrot
1 Stück Schokoladenkuchen, S. 323
¼ l Sangria mit Mineralwasser

Mittelmeerländisches Tablett
2 dl Gazpacho mit frischen Tomaten, S. 174
80 g Radicchio- oder Rauken-Salat, S. 289

2 Scheiben Enten-Terrine mit Orangen, je 70 g, S. 201
80 g Schafs- oder Ziegenkäse aus der Provence
3 Butterschnecken, S. 61
3 Zwieback (*gressins,* in Deutschland kaum zu kaufen; nehmen Sie Toastbrot)
2 Petit fours
$\frac{1}{4}$ l Rosé aus der Provence oder dem Var

Nordisches Tablett
Nordischer Cocktail, S. 217
2 Scheiben Schweinskopf in Petersilie, je 70 g, S. 187
80 g bunter Wintersalat, S. 296
80 g holländischer Gouda
3 Butterschnecken, S. 61
2 Scheiben Schwarzbrot oder 2 Blinis (Buchweizenpfannkuchen)
1 Stück Käsekuchen mit Vanillesauce, S. 320
1 Glas Bier

Normannisches Tablett
1 Scheibe Terrine mit Geflügelleber, 100 g, S. 196
70 g rote Beete in Vinaigrette
140 g Ente Montmorency, S. 259
120 g Gemüse-Mousse, S. 272
80 g Camembert
3 Butterschnecken, S. 61
2 Brötchen
1 Stück Kirschkuchen mit Blätterteigboden, S. 325
$\frac{1}{4}$ l Apfelmost (Cidre)

Rustikales Tablett
1 gefüllte Tomate, S. 141
2 dünne Scheiben roher Schinken, je 60 g
1 Scheibe Schweineleberpastete, 60 g, S. 189
120 g Salat aus Linsen und Speck, S. 303
80 g Reblochon oder einen anderen würzigen Weichkäse
3 Butterschnecken, S. 61
1 Stück Heidelbeerkuchen mit Blätterteigboden, S. 325
$\frac{1}{4}$ l Apremont (kräftiger Rotwein)

KAPITEL 2

Aufbau des Büffets und Dekorationen

Organisation des Büffets

- Empfangs- oder Aperitif-Büffet
- Aufbau des Büffets
- Besteck und Geschirr

Attraktive Besonderheiten eines Büffets

- »Igel« mit Holzspießchen
- Ananas-Igel
- Blumenkohl-Igel
- Rotkohl-Igel
- Orangen-Igel
- Brot-Igel
- Grapefruit-Igel
- Igel aus einer halben Wassermelone
- Bunte Wassermelone
- Rohkostkorb
- Obstkorb

Dekoration von Gerichten

- Ausgehöhlte Ananas als Servierschale
- Zitronen, Orangen und Grapefruits als Dekorationselemente
- Butterschnecken
- Blätterteig zur Dekoration
- Brot als Dekoration: Toastbrot Ludwig XV.
- Hartgekochte Eier
- Dekorieren mit Aspik

Organisation des Büffets

Empfangs- oder Aperitif-Büffet

Bauen Sie in der Nähe des Eingangs einen Tisch auf, auf dem Sie verschiedene Getränke bereitstellen:

- Whisky, Gin, Pastis, Wermut, Portwein usw.
- Obst- und Gemüsesäfte
- prickelnde und süße Getränke, Tonic und Bitter Lemon
- Mineralwasser, stilles Wasser

Sie können zum Begrüßen Ihrer Gäste auch einen Punch reichen und dann die anderen Getränke weglassen, doch Sie müssen dabei bedenken, daß einige Gäste sicher klassische Aperitifs vorziehen und andere keine alkoholischen Getränke zu sich nehmen.
Vergessen Sie nicht, Zitronenscheiben und Eiswürfel herzurichten und — je nach den Getränken, die Sie anbieten — Flaschenöffner, Korkenzieher, Zitruspresse usw. bereitzuhalten.
Verteilen Sie im Empfangsraum vier oder fünf Schalen mit folgendem Inhalt (50 g pro Person):
salzige Kekse, Mandeln, Haselnüsse, Erdnüsse, Pistazien, kleine Käsewürfel, grüne und schwarze Oliven (gefüllt oder nicht), in Essig eingelegte Kirschen, Mixed pickles usw.
Einige dieser Appetithappen können Sie auch als kleine Igel präsentieren (S. 45 ff.).
Legen Sie Papierservietten bereit und vergessen Sie die Aschenbecher nicht.

Aufbau des Büffets

Am besten eignet sich ein langer Tisch. Im Notfall können Sie eine Tür aushängen und auf zwei kleine Tische oder Böcke legen. Nehmen Sie als Unterlage ein Molltuch, bevor Sie die Tischdekke auflegen. Sie können sich auch mit einer Decke und einem Leintuch behelfen. Sie sollten vorne und auf der Seite bis zum Boden reichen, hinten aber nur knapp über die Tischkante hinausgehen.
Falls sich die Gäste selbst bedienen, können Sie ein in dieser Weise gestaltetes Büffet gegen eine Wand rücken. Wenn Sie aber

eine Hilfe haben, die die Gäste bedient, müssen Sie mindestens 60 cm Abstand halten, damit man sich unbehindert bewegen kann. Auch wenn Sie keine Hilfe haben, sollten Sie überlegen, ob Ihnen dieser Raum nicht nützlich sein kann zum Aufbewahren von Flaschen, leeren Tabletts etc. Bedenken Sie dabei, daß alles, was in unmittelbarer Nähe des Büffets untergebracht werden kann, Ihnen später viele Wege erspart. Bauen Sie die Teller in nicht zu hohen Stapeln und das Besteck auf der Seite auf, auf der die Gäste kommen. Anschließend dann die Gerichte in ihrer logischen Reihenfolge. Sandwiches und ähnliches sollten auf kleineren Tabletts angeboten werden, die Sie öfters erneuern. Den so gewonnenen Platz benutzen Sie, um Hauptgerichte oder attraktive Besonderheiten des Büffets ins rechte Licht zu setzen. Und denken Sie an Salz- und Pfefferstreuer.

Auf der den Tellern entgegengesetzten Seite finden die Gläser ihren Platz, dahinter die Eiswürfel und die geöffneten Flaschen. Denken Sie auch an Saftgläser.

Es ist selbstverständlich, daß die Gläser bei Büffets, bei denen kein Geschirr gebraucht wird, auf der Seite aufgebaut werden, auf der die Gäste ankommen. Plazieren Sie kleine Spieße und Servietten neben den Speisen.

Es ist besser, wenn Sie mit mehr Geschirr rechnen, als unbedingt notwendig wäre. Rechnen Sie mit einem zusätzlichen Verbrauch von 30 %, bei Gläsern noch mehr, vor allem, wenn Sie verschiedene Getränke anbieten.

Wenn Sie ein Blumenarrangement vorbereiten, dann denken Sie daran, daß man es nur von einer Seite aus betrachten kann. Blumenarrangements sollten nie bedeutender sein als das eigentliche Büffet; stimmen Sie die Farben mit denen des Tischtuches, des Geschirrs und der Speisen ab.

Das gleiche trifft auch für Büffets im Freien zu, die zumindest teilweise im Schatten sein müssen. Sie können einen Teil des Geschirrs durch Wegwerfgeschirr ersetzen. Vergessen Sie nicht, daß die Speisen vor Insekten und Staub bis zum letzten Moment geschützt werden müssen.

Für ein Büffet im Freien brauchen Sie erheblich mehr Eiswürfel als für Büffets in geschlossenen Räumen, denn Sie müssen auch Flaschen und Getränke in Champagnerkübel kühlen können. Falls Sie keinen Wasseranschluß in der Nähe des Grilles haben,

ist es für alle Fälle ratsam, einen großen, mit Wasser gefüllten Eimer bereitzustellen.
Benutzen Sie natürliche Dekorationselemente wie Zweige, Obst, Wiesenblumen, Getreidehalme, Maiskolben usw., je nach Jahreszeit.

Rundes Büffet

Verfügen Sie über einen großen Empfangssaal, können Sie auch an ein rundes Büffet denken, unter einem Kronleuchter etwa, oder mit einem von allen Seiten aus sehenswerten Blumenarrangement in der Mitte.
In diesem Fall muß das Empfangsbüffet größer sein und nicht allzuweit vom runden Büffet aufgebaut werden, denn Sie müssen dort alle Gläser und alle Flaschen, nicht nur die für den Aperitif, unterbringen.
Bauen Sie zwei Tellerstapel und zwei Besteckstapel auf und richten Sie die Platten zwischen den Stapeln an, damit Ihre Gäste sich leicht bedienen können, wenn Sie um den Tisch herumgehen.
Es ist besser, wenn Sie nicht alle Speisen auf einmal aufbauen, sondern mit dem Käse und dem Nachtisch warten, bis der Hauptgang vorbei ist.

Besteck und Geschirr

Bewirten Sie viele Gäste, werden Sie vermutlich verschiedenartige Platten und Anrichteteller verwenden müssen. In diesem Fall empfehle ich Ihnen, alle Platten mit Alufolie oder farbigem Papier zu überziehen, damit das Büffet einen einheitlichen Charakter erhält. Sie können sich übrigens dünne Spanplatten, rund oder viereckig, zuschneiden lassen und diese ebenfalls mit Alufolie überziehen. Doch Vorsicht: Papier, das nicht lebensmittelgeeignet ist, müssen Sie unbedingt mit Frischhaltefolie überziehen oder Konditorpapier mit Spitzen darauf legen.
Es ist unmöglich, genaue Angaben zum Geschirrbedarf zu geben, denn der hängt natürlich von dem Menü ab, das Sie auswählen. Als Anhaltspunkt hier zwei Aufstellungen, damit Sie eine ungefähre Vorstellung erhalten.

Für einen Abendempfang mit 25 Gästen brauchen Sie

40 flache Teller und 40 Dessert-Teller
60 Gabeln und 30 kleine Messer
Anrichteplatte für jeden Gang und 2 Käsemesser
40 Champagner- oder Weingläser und 30 Whiskygläser
1 Champagnerkübel und 2 Eiswürfelbehälter
2 Brotkörbe
60 Papierservietten

Für ein rustikales Büffet mit 25 Personen brauchen Sie:

60 kleine Teller
40 kleine Gabeln und 40 kleine Messer
40 Champagner- oder Weingläser und 30 Whiskygläser
1 Champagnerkübel und 1 Eiswürfelbehälter
2 Brotkörbe
60 Papierservietten

Darüber hinaus Salz- und Pfefferstreuer, Senftopf etc. etc. und Aschenbecher.

Attraktive Besonderheiten eines Büffets

»Igel«

Man kann auf ziemlich einfache Weise einen gewissen dekorativen Effekt erzielen — mit »Igeln«: Kleine Holz- oder Plastikspieße mit zwei, drei Zutaten werden wie Nadeln in einen Garnknäuel, in ein großvolumiges Gemüse oder Obst gesteckt. Je nach Größe des Trägers und der Anzahl der Spießchen kann dies zu einer besonderen Attraktion Ihres Büffets werden oder, auf mehrere kleine Träger verteilt, dazu dienen, kleine Appetithappen an verschiedenen Tischen gleichzeitig anzubieten.

Die Spießchen

Meistens denkt man nur an Cocktail-Würstchen und Perlzwiebeln, wenn man von Spießchen innerhalb eines Büffets spricht. Tatsächlich sind ungeheuer viele Varianten möglich. Man kann

Erstes Element	*Form*	*2. Element (Form siehe 1. Spalte)*	*Brot (Würfel)*	*Beilage (Gewürze)*	*Beilagensauce*
Fische:					
Krabben	ganz	Cocktailtomate	–	Zitronendreieck	Ailloli
Lachs, geräuchert	gerollt	–	Brioche	Zitronendreieck	–
Lachs, mariniert	gerollt	–	Toast (gebuttert)	Dillspitzen	Mayonnaise mit braunem Senf
Rollmops	in Streifen gerollt	Sellerie	–	–	geschlagene saure Sahne
Sardellenfilet	gerollt	Gurke	–	Kapern	–
Wurst:					
Chorizo, Kolbacz o. ä.	Scheiben	Schweizer Käse	Toast (gebuttert)	–	–
Enten-Terrine	Würfel	Fenchel	–	Perlzwiebeln	frische Tomatensauce
Hartwurst, fein	Scheiben	–	Roggenbrot	Kirsche in Essig	–
Hartwurst, grob	Scheiben	–	Roggenbrot	Cornichons	–
Kaninchen-Terrine	Würfel	Sardellenfilet	–	–	–
Schinken, gekocht	Würfel	Ananas	–	–	Tomatensauce »Napoleon«
Schinken, roh	gerollt	Feige oder Pflaume	–	–	–
Schweineleberpastete	Würfel	Dörrpflaume	–	Cornichons	–
Schweinskopf	Würfel	Radieschen	–	Perlzwiebel	–
Wild-Terrine	Würfel	rote Beete	Toast	–	Kresse-Sauce
Eier:					
Omelette mit Oliven	Würfel	schwarze Olive	–	–	frische Tomatensauce
Rohkost:					
Rote Beete	Würfel	Chicorée	–	–	Remouladen-Sauce
Blumenkohl	Röschen	¹/₄ Sardellenfilet	–	–	Kräuterquark-Sauce
Champignon, mariniert	Köpfe	gekochter Schinken	Toast	–	–

Chicorée	Stücke	Gouda	–	eingeweichte Rosinen	–
Fenchel	Dreiecke	Krabben	–	Zitronendreiecke	–
Frühlingszwiebeln	ganz	alter Gouda	–	Kapern	Kräuterquark
Gurken	Würfel	geräucherter Lachs	–	Zitronendreiecke	Leichte Sauce
Neue Karotten	Streifen	grüne Oliven	–	–	Kresse-Sauce
Paprika	Dreiecke	Hartwurst	Roggenbrot, gebuttert	–	–
Radieschen	ganz oder als Blume aufgeschnitten	Terrine	Roggenbrot	–	–
Rettich	Würfel	Rollmops	Toastbrot mit gesalzener Butter	–	–
Sellerie	Würfel	Comté (Käse)	–	marinierte Champignons	Senf-Sauce
Cocktail-Tomate	ganz	Chorizo	–	Mixed Pickles	–
Obst:					
Ananas	Würfel	Enten-Terrine mit Orangen	–	–	–
Frische Feigen	geviertelt (gepfeffert)	Enten-Terrine	–	–	–
Honigmelone	Würfel	roher Schinken	–	–	–
Olive	entkernt	Paprika	–	–	–
Pflaume und Dörrpflaume	ganz (entkernt)	Schweinskopf	–	–	–
Rosinen (gequollen)	ganz	marinierte Champignons	Toast	–	–
Wassermelone	Würfel	Hartwurst	Brioche	–	–
Weintrauben	ganz	Wild-Terrine	Brioche	–	–
Käse:					
fester Schnittkäse	Würfel	Wurst oder Rohkost	–	Cornichons oder Perlzwiebeln	Senf-Sauce

Spieße mit bis zu drei Elementen bespicken. Doch es ist vorzuziehen, pro Igel eine gewisse Einheit zu bewahren.
Ausgangspunkt sind Größe und Farbe des Trägers. Ist dieser groß und farbintensiv wie zum Beispiel eine halbierte Wassermelone, sollte man für die Spieße zartere Tongebungen bevorzugen: Blumenkohl, Schweizer Käse, Schinken usw. Ist der Träger jedoch klein oder farbneutral, dann zögern Sie nicht, die Spieße bunt zu gestalten. Neben den ausführlichen Rezepten, die dieses Kapitel enthält, finden Sie viele Anregungen in der Tabelle S. 46/47.
Wenn Sie alle notwendigen Teile, auf die gewünschten Formen und Größen zugeschnitten, auf verschiedenen Tellern bereitlegen und die Spieße dann »fließbandartig« und eng bespicken, sparen Sie erheblich an Zeitaufwand. Die Spieße erst dann auf dem Träger anbringen, wenn alle Spieße fertig sind. Fertige Spieße können Sie übrigens, mit einem feuchten Tuch geschützt, 24 h im Kühlschrank aufbewahren.

Anmerkung: Meistens gibt es pikante Spießchen, aber vergessen Sie nicht, daß Sie auch süße machen können! Entweder indem Sie Biskuit- oder Königskuchen in Würfel schneiden, kleine Windbeutel aufspießen, Petits fours verwenden oder auch Zukkerformen, die Sie selbst gegossen haben.

Folgende Doppelseite: *Klassisches Buffet* (S. 29)

1. Grapefruit-Igel, S. 53
2. Brioche-Brötchen, S. 126 + 127
3. Petit Fours
4. Pyramide aus Schokoladenkuchen, S. 326
5. Käseplatte, S. 312
6. Marinierte Champignons, S. 291
7. Virginia-Schinken, S. 251
8. Krustenpasteten mit Lachs und Rührei, S. 160
9. Würstchen in Blätterteig, S. 136
10. Krustenpasteten mit Rührei und Spargelspitzen, S. 158
11. Roquefort-Sandwiches, S. 123
12. Pflaumen mit geräuchertem Speck, S. 137

CHAMPAGNE
CHAMPAGNE
Faites
la fête
avec

Lenôtre

Ananas-Igel

Achten Sie darauf, daß Ihre Ananas schöne, grüne Blätter aufweist.

Vorbereitungszeit: 30 min
Blanchieren: einige Minuten

Zutaten für 60 Spieße:
1 Ananas
100 g Tomme de Savoie (Käse), 1 cm dick
150 g roher Schinken (5 dünn geschnittene Scheiben)
oder 5 Cornichons
100 g Comté (mittelscharfer Hartkäse), 1 cm dick
20 Perlzwiebeln
100 g alter Gouda, 1 cm dick
1 Blumenkohl

Geräte und Arbeitsmaterial:
Auflaufform
60 Spießchen
Holzbrett
scharfes Messer
Alufolie

Den Blumenkohl waschen und 20 Röschen blanchieren, siehe S. 265. Die Käsesorten in jeweils 20 Würfel und die Cornichons in 20 Scheiben schneiden. Den Schinken in 20 Streifen schneiden, um die Cornichons rollen und zusammen mit einem Würfel Tomme de Savoie aufspießen. 20 weitere Spieße mit einer Perlzwiebel und einem Comté-Würfel und die letzten 20 mit einem Gouda-Würfel und einem Blumenkohlröschen garnieren. Die Ananas aufrecht in die mit Alufolie überzogene Auflaufform stellen und mit den Spießen dekorieren.

Aufbewahrung: Die Spieße, mit einem feuchten Tuch bedeckt, 24 h im Kühlschrank.

◁ *Rohkostkorb* (Rezept S. 57)

Blumenkohl-Igel

Vorbereitungszeit: 30 min

Zutaten für 60 Spießchen:
1 schöner, fleckenloser Blumenkohl
180 g York-Schinken, 1 cm dick
200 g Comté (mittelscharfer Hartkäse)
140 g Chorizo (oder Kolbacz, Paprikasalami o. ä.)
20 mit Paprika gefüllte Oliven
20 Omelette-Würfel mit Oliven (S. 142)
Salz, Pfeffer

Geräte:
Servierplatte
60 Holzspießchen
Holzbrett
scharfes Messer

Den Schinken in 20, den Käse in 40 Würfel schneiden, den Käse salzen und pfeffern. Die Chorizo in 20 Scheiben schneiden. 20 Spieße mit je einem Schinken- und Käsewürfel, 20 mit einem Käsewürfel und einer Olive und die letzten 20 mit einer Chorizo-Scheibe und einem Omelettewürfel garnieren. Den Blumenkohl am unteren Ende gerade schneiden, so daß er fest aufliegt, waschen und auf die Servierplatte geben. Mit den Spießchen garnieren.

Aufbewahrung: Die mit einem feuchten Tuch bedeckten, fertigen Spieße im Kühlschrank 24 h.

Rotkohl-Igel

Vorbereitungszeit: 30 min

Zutaten für 60 Spieße:
1 möglichst runder Rotkohl
140 g Mortadella (20 dünne Scheiben)
4 oder 5 Cornichons
20 mit Sardellenfilets gefüllte Oliven
20 Omelettewürfel mit Oliven (S. 142)
180 g York-Schinken (1 cm dick)
20 Perlzwiebeln

Geräte:
Servierplatte
60 Holzspieße
Holzbrett
scharfes Messer

Die Cornichons und die Perlzwiebeln abtropfen lassen. Die Cornichons in 20 schöne Scheiben schneiden. Den Schinken in 20 Würfel schneiden. Die Mortadellascheiben zusammenrollen und zusammen mit einer Cornichonscheibe aufspießen; weitere 20 Spießchen mit je einer Olive und einem Omelettewürfel und die restlichen 20 mit je einer Perlzwiebel und einem Schinkenwürfel garnieren. Die Unterseite des Rotkohls gerade schneiden, waschen, auf die Servierplatte legen und mit den Spießchen garnieren.

Aufbewahrung: Die garnierten Spießchen mit einem feuchten Tuch bedeckt 24 h im Kühlschrank.

Orangen-Igel

Vorbereitungszeit: 10 min

Zutaten für 30 Spieße:
1 große, regelmäßig geformte Orange
1 Carré de l'Est (würziger Camembert)
1 EL Kümmel
1 EL Curcuma oder Curry
1 EL Paprika
1 EL gemahlener grauer Pfeffer
1 EL gequollene Rosinen

Geräte:
1 kleine Auflaufform oder Schale mit hohem Rand
30 Holzspießchen
Holzbrett
scharfes Messer
5 kleine Teller

Den Käse entrinden und in 30 regelmäßige Würfel schneiden. Die Gewürze auf fünf verschiedene Teller verteilen; glatt streichen. Jeweils 6 Käsewürfel in je einem Gewürz rollen und aufspießen. Die Orange waschen und trocknen. Aufrecht in die Auflaufform stellen, mit den Holzspießchen garnieren.

Aufbewahrung: Die fertigen Spießchen mit einem feuchten Tuch bedeckt 24 h im Kühlschrank.

Brot-Igel

Vorbereitungszeit: 1 h 30 min

Zutaten für
80 bis 100 Spießchen:
1 großes, rundes Bauernbrot (2 kg)
1 rundes Roggenbrot (800 g)
750 g Wurst und Sauerkonserven (Cornichons, Perlzwiebeln etc.)
Butter

Dekoration:
100 g Creme-Butter (S. 66)
200 g Semmelbrösel

Geräte und Arbeitsmaterial:
Großes Holzbrett oder Anrichteplatte
Folie (gold)
80 bis 100 Holzspießchen
Holzbrett
scharfes Messer
Sägemesser

80 bis 100 Holzspieße mit Wurst und Cornichons usw. garnieren; Anregungen finden Sie in der Tabelle S. 46 und 47. Das große Brett mit Folie überziehen, dünn mit Creme-Butter (S. 66) einstreichen und großzügig mit Semmelbrösel bestreuen.
Das große Bauernbrot aushöhlen (Deckel aufbewahren). Das Innere in 2 cm dicke Streifen und anschließend in Würfel schneiden. Auf das große Brett legen, den Deckel schräg hineinlegen und mit den Brotwürfeln auffüllen. Den Deckel mit einigen Spießen dekorieren. Das Roggenbrot auf das Brett legen und mit den restlichen Spießchen dekorieren. Die Butter zu einem Kegel formen und zwischen den beiden Broten auf das Brett geben; Buttermesser bereitlegen.

Aufbewahrung: Das geschnittene Brot, in ein Tuch oder Frischhaltefolie gehüllt, 24 h bei Zimmertemperatur; die garnierten Spieße mit einem feuchten Tuch bedeckt 24 h im Kühlschrank.

Anmerkung: Auf ähnliche Weise können Sie auch eine Käseplatte anrichten.

Grapefruit-Igel

(Abb. nach S. 48)

Vorbereitungszeit: 1 h
Blanchieren: einige Minuten

Beilagen:
Kräuterquark-Sauce (S. 89)

Zutaten für 60 Spießchen:
1 sehr große Grapefruit
1 Blumenkohl
1 Gurke
10 Karotten
½ Staudensellerie
20 Radieschen
1 Fenchel

Geräte:
Servierplatte
60 Holzspießchen
Kasserolle
Holzbrett
scharfes Messer
Pariser Löffel (nach Belieben)

Den Blumenkohl waschen und 20 Röschen blanchieren. Die Gurke schälen, in kleine Würfel schneiden oder mit Hilfe des Pariser Löffels kleine Kugeln formen. Die Karotten schälen, vierteln, und in schräge Lamellen schneiden; sie sollten an kleine Blätter erinnern. Die Radieschen putzen und den grünen Ansatz abschneiden; mit dem Messer viermal vertikal einschneiden, so daß kleine Blüten entstehen.

Die einzelnen Schichten des Fenchels trennen und in kleine Rechtecke oder Dreiecke von 2 cm Länge schneiden. Den Staudensellerie waschen, die Fäden entfernen und in 20 schöne Stücke schneiden.

20 Spießchen mit je einem Stück Gurke und einem Blumenkohlröschen garnieren; weitere 20 mit einem Stück Karotte und einem Stück Sellerie und die letzten 20 mit einem Radieschen und einem Fencheldreieck garnieren.

Die Grapefruit am unteren Ende notfalls begradigen, auf die Anrichteplatte stellen und mit den Spießchen garnieren. Eine Schale mit Kräuterquark-Sauce dazu reichen.

Aufbewahrung: Die fertigen Spießchen, mit einem feuchten Tuch bedeckt, 24 h im Kühlschrank.

Igel aus einer halben Wassermelone

Vorbereitungszeit: 35 min

Zutaten für 60 Spieße:
1 Wassermelone
180 g Parmaschinken (5 dünne Scheiben
20 marinierte Champignonköpfe (S. 291)
20 Omelettewürfel mit Oliven (S. 142)
20 Kirschen in Essig
180 g York-Schinken, 1 cm dick

Geräte und Arbeitsmaterial:
Servierplatte
60 Holzspießchen
Holzbrett
scharfes Messer

Die Kirschen und die Champignons abtropfen lassen. Den Schinken in 20 Würfel schneiden. Die Melone halbieren; eine Hälfte zum Teil aushöhlen; mindestens 2 cm Fruchtfleisch stehenlassen. Aus dem so gewonnenen Fruchtfleisch 20 Würfel schneiden. Den Parmaschinken in 20 Streifen schneiden, um die Melonenwürfel wickeln und aufspießen. Weitere 20 Spieße mit je einem Omelettewürfel und einem Champignonkopf und die letzten 20 mit je einer Kirsche und einem Schinkenwürfel garnieren. Die Melone mit der gewölbten Seite nach oben auf die Platte legen und mit den Spießen garnieren.

Aufbewahrung: die fertigen Spieße, mit einem feuchten Tuch bedeckt, 24 h im Kühlschrank.

Anmerkung: Ist die Schale der Melone sehr hart, mit Hilfe eines dünnen Metallspießes Löcher vorbohren.

Bunte Wassermelone

(Abb. S. 48)

Auf diesem großen Dekorationsträger können Sie 120 salzige oder süße Spießchen unterbringen.

Vorbereitungszeit: 1 h 30 min

Zutaten:
1 möglichst ovale, regelmäßig geformte Wassermelone von 4 kg
120 Holzspießchen, in hellen Farben garniert

Dekoration:
1 Grapefruit
Seidenschleife

Geräte und Arbeitsmaterial:
runde Servierplatte (ø 40 cm)
Auflaufform oder Servierschüssel (klein, mit hohen Wänden)
120 Holzspießchen
Holzbrett
scharfes Messer
dünner Metallspieß
weiches Zentimetermaß (Schneidermaß)
großer Gummiring
Bleistift

120 Spießchen vorbereiten; lassen Sie sich von der Tabelle auf den Seiten 46 und 47 inspirieren. Das Aufschneiden der Melone ist ein wenig mühsam, aber das Ergebnis lohnt die Anstrengung.
Stellen Sie sich die Melone als einen Planeten mit zwei Polen und einem Äquator vor. Ziehen Sie als erstes zwei Kreise, die mindestens 10 cm Abstand von den Polen haben; am einfachsten geht das, wenn Sie Schalen über die Pole stülpen. Damit die Melone stabil bleibt, dürfen Sie später beim Schneiden nicht über diese Linien hinauskommen.
Messen Sie den imaginären Äquator aus und teilen Sie ihn durch zehn. Markieren Sie mit Hilfe des Gummiringes den Äquator auf der Melone und teilen Sie ihn in zehn Abschnitte, die Sie jeweils mit einem Punkt auf der Melone festhalten. Entfernen Sie den Gummiring.
Ziehen Sie zehn Linien von den Polen über die Markierungspunkte auf dem Äquator, so als ob Sie auf der Erdkugel Längengrade markieren würden. Numerieren Sie die so entstehenden zehn Felder von 1 bis 10. Nur jedes zweite Feld wird später aus der Melone geschnitten.

Wählen Sie die geraden Felder und markieren Sie die Mitte auf dem oberen und unteren »Polarkreis« mit einem Kreuz. Ziehen Sie von diesen Kreuzen Linien zu den auf dem Äquator markierten Punkten. Sie erhalten auf diese Weise fünf gleichmäßige Rauten. Lösen Sie mit einem breiten, schweren Messer diese Rauten aus der Melone, ohne mit dem Messer bis ganz in die Mitte der Melone vorzudringen und ohne die Rauten selbst zu beschädigen. Ihre Melone, die oben und unten intakt geblieben ist, weist jetzt 5 tiefe Höhlen und 5 stehengebliebene Verstrebungen auf.
Legen Sie die Melone auf die Auflaufform oder die Servierschale und stellen Sie diese auf das runde Tablett. Arrangieren Sie die 5 ausgeschnittenen Rauten und garnieren Sie die ganze Melone, aber nicht den Nordpol, mit Holzspießchen. Falls die Schale der Melone sehr dick ist, ist es ratsam, alle 120 Löcher mit einem dünnen Metallspieß vorzubohren, bevor Sie die Melone garnieren.
Stechen Sie mit dem Metallspieß durch die Grapefruit und befestigen Sie diese auf der Spitze der Melone, indem Sie den Metallspieß in die Melone treiben. Verzieren Sie die Grapefruit mit einer Seidenschleife.
Sind Sie sich Ihrer Geschicklichkeit nicht sehr gewiß, ist es ratsam, die Melone erst nach dem Befestigen der Grapefruit mit Holzspießchen zu garnieren.

Aufbewahrung: Die vorgeschnittene, aber noch nicht angerichtete Melone, mit einem leicht feuchten Tuch bedeckt, 12 h bei Zimmertemperatur; die garnierten Holzspießchen, mit einem feuchten Tuch bedeckt, 24 h im Kühlschrank.

Rohkostkorb

(Abb. S. 49)

Einen Rohkostkorb können Sie das ganze Jahr über zusammenstellen — im Winter notfalls auch mit gekochtem Gemüse. Sie müssen mit mindestens 200 g Gemüse und 30 g Begleitsauce pro Person rechnen.
Die Gemüse können vorab geputzt und gewaschen werden, doch es ist ratsam, den Korb selbst erst am Empfangstag zusammenzustellen.

Vorbereitungszeit: ca. 2 h 30 (1. Tag) und 30 min. (2. Tag)

Zutaten für 20 Personen
5 Basiselemente (2 kg):
10 kleine Tomaten
400 g Karotten, in Streifen geschnitten, oder
400 g kleine, junge Karotten im Stück
400 g blanchierte Blumenkohlröschen
400 g schwarze und grüne Oliven
10 kleine hartgekochte Eier
+ 5 Gemüse je nach Saison (2 kg)

Dekoration:*
1 Kopfsalat
1 Rotkohl oder
3 Salate in verschiedenen Farben
2 Wirsingköpfe
1 Blumenkohl
1 Staudensellerie
1 schöner Bund Radieschen oder
1 schöner Bund junge Karotten
1 Bund Petersilie
dekorative Salat- und Gemüseblätter

Beilagen:
300 g Kräuterquark-Sauce (S. 89) oder
300 g frische Tomatensauce (S. 84)

Geräte und Arbeitsmaterial:
großer Korb
Kuppel aus Styropor, Moos, gerollten Holzspänen oder leeren Eierschachteln
Holzspießchen
Metallspießchen
Alufolie
feuchte Tücher
Zerstäuber (nach Belieben)

---

* Die Dekoration ist nicht direkt zum Verzehr bestimmt. Sie dient in erster Linie zur Verschönerung und zum Aufbau des Rohkostkorbes.

Wählen Sie einen großen, nicht zu tiefen Korb von mindestens 50 cm Länge oder 40 cm Durchmesser, mit oder ohne Henkel. Errichten Sie auf dem Boden eine Kuppel aus Moos, Sägespänen oder Styropor, zur Not auch aus leeren Eierschachteln, und bedecken Sie alles mit Alufolie oder Salat- und Gemüseblättern.

Erster Tag

Bereiten Sie zuerst alle Dekorationselemente vor. Lösen Sie vorsichtig die Wirsingblätter, ohne Sie zu zerbrechen, und waschen Sie sie gründlich. Die großen dienen zur Dekoration, die kleineren, tieferen als »Gemüseschalen«. Den Rotkohl oder die verschiedenfarbigen Salate waschen, aber nicht zerpflücken. Den Kopfsalat waschen und zerpflücken. Die Radieschen oder Karotten als Bund belassen, die grünen Blätter nicht abschneiden, nur gründlich waschen. Den Staudensellerie waschen, ganz lassen, den Petersilienbund waschen. Die äußeren Röschen des Blumenkohls zum späteren Verzehr abpflücken (400 g); den Reststrunk ganz lassen; notfalls zusammenbinden.
Bereiten Sie alle Gemüse vor und befolgen Sie dabei die Ratschläge im Kapitel 11. Füllen Sie die Kohl-Blätter mit Gemüse und bewahren Sie sie, mit einem feuchten Tuch bedeckt, im Kühlschrank oder in einem sehr kalten Raum auf.
Schälen Sie die hartgekochten Eier und bewahren Sie sie in einer Schale mit gesalzenem Wasser auf.

Zweiter Tag

Auch für einen Abendempfang können Sie den Rohkostkorb schon morgens herrichten. Legen Sie den Korb mit Kopfsalatblättern aus, so daß diese an den Rändern leicht überstehen. Befestigen Sie auf der Kuppel in der Mitte mit Hilfe der Spieße den Staudensellerie, den Blumenkohl, den Rotkohl oder die verschiedenfarbigen Salate, wobei die Farben kontrastieren sollten. Achten Sie darauf, daß das Ganze relativ stabil wird.
Befestigen Sie den Radieschen- oder Karottenbund am Henkel; hat Ihr Korb keinen Henkel, warten Sie bis zum Schluß und suchen Sie dann einen Platz aus, an dem noch etwas Farbe fehlt. Befestigen Sie mit Hilfe der Holzspießchen abwechselnd Tomaten und Eier auf dem Kopfsalat. Verteilen Sie die gefüllten Kohlblätter auf dem Gemüsekorb und achten Sie darauf, daß sie sich

nicht gegenseitig stören. Schaffen Sie mit der Petersilie zusätzliche Farbeffekte.
Sobald Ihr Korb fertig ist, besprühen Sie alles leicht mit Wasser und bewahren Sie ihn an einem kühlen Ort auf. Stellen Sie später auf dem Büffet die Begleitsaucen dazu.

Aufbewahrung: Die fertig geputzten Gemüse in den Kohl-Schalen, mit einem feuchten Tuch bedeckt, 24 h im Kühlschrank.

Obstkorb

Während der kalten Jahreszeit können Sie einheimisches Obst durch exotisches ersetzen.

Vorbereitungszeit: 1 h

Zutaten für 20 Personen:
4 kg Obst:
1 Ananas
3 rote Äpfel
3 Bananen
2 Birnen
3 Orangen
+ 5 Sorten Obst je nach Saison

Dekoration:
Blätter, möglichst von Obstbäumen

Grundmaterial:
1 runder oder ovaler Korb
Stroh oder Hobelspäne
Seidenpapier

Den Korb mit Stroh oder Hobelspänen auspolstern, darüber Seidenpapier decken. Ananas aushöhlen (S. 60). Das Fleisch in Würfel schneiden. Mit der gleichen Menge roter Früchte oder Litschis oder halbierten, 30 min in Rum marinierten Kumquats vermischen; die Ananas damit füllen, den Deckel wieder aufsetzen und im Obstkorb drapieren.
Das restliche Obst waschen und polieren und in dem Korb hübsch anrichten; die farbigsten Früchte für die oberste Schicht aufbewahren. Empfindliches Obst in Nestern aus Blättern präsentieren.

Ananas als Servierschale

Wählen Sie eine schöne Ananas mit prächtigen, grünen Blättern. Die Ananas gründlich waschen und trocknen. Falls Sie eine vertikale Servierschale herstellen wollen, müssen Sie zuerst den Boden glätten, damit sie richtig steht; anschließend das obere Viertel mit den Blättern abschneiden und aufbewahren.
1 cm von der Schale entfernt ein Sägemesser in die Ananas bohren, dabei den Boden nicht durchstoßen. Mit Sägebewegungen das Ananasfleisch von den Wänden lösen; dann das Messer so tief wie möglich horizontal einführen und das Fleisch herausschneiden. Vorgang notfalls mehrmals wiederholen. Das Fruchtfleisch herausnehmen. Die geleerte Ananas mit der gewünschten Mischung füllen und den Deckel wieder aufsetzen.
Wünschen Sie eine längliche Servierschale, legen Sie die Ananas auf die Seite und schneiden Sie das obere Drittel ab. Mit Hilfe eines kurzen, scharfen Messers und eines Löffels die Ananas aushöhlen. Vergessen Sie nicht, auch das obere Drittel, dessen Schale Sie unter Umständen als Deckel verwenden können, auszuhöhlen.

Aufbewahrung: 24 h in Frischhaltefolie gewickelt im Kühlschrank.

Zitronen, Orangen und Grapefruits als Dekorationselemente

Kannelieren

Mit einem Orangenschälmesser oder zur Not mit einem kleinen scharfen Küchenmesser in gleichmäßigen Abständen schmale Schalenstreifen von oben bis unten heraustrennen.
Eine kannelierte Zitrone wird normalerweise in dünne Scheiben geschnitten und anschließend halbiert und dient zur Dekoration von Platten und Getränken. Eine kannelierte und in dünne Scheiben geschnittene Orange oder Grapefruit kann auch für Salate oder als Dekoration verwendet werden.

Halbierte, gezackte Zitronen oder Orangen

Die beiden Enden der Frucht glattschneiden, so daß sie zwei stabile Basen bekommen. Mit der Spitze eines Küchenmessers in der Mitte zwischen den beiden Basen eine gezackte Linie vorzeichnen; die Zacken sollten 2 cm hoch sein. Mit einem spitzen, geraden Messer der Linie entlang die Zitrone oder Orange bis zur Mitte einschneiden; sobald Sie alle Schnitte durchgeführt haben, lösen sich die beiden Hälften. Gezackte Zitrusfrüchte werden häufig zur Dekoration benutzt.

Zitrone als Untersatz für andere Dekorationen

Wählen Sie eine Zitrone mit einer glatten, elastischen Haut und kannelieren Sie sie bis etwa 2 cm über dem Boden; dabei die Streifen nur am oberen Ende der Zitrone ablösen, unten nicht. Die Streifen vorsichtig zurückklappen und die Zitrone halbieren; die obere Hälfte können Sie in feine Scheiben schneiden und zur Dekoration verwenden. Die Streifen so an der Basis der unteren Zitronenhälfte befestigen, daß sich um die Zitrone ein Kranz aus lauter Ringen bildet.
Eine solche Zitrone dient als Unterlage für Dekorationen.

Butterschnecken

Wenn Sie Rollenbutter verwenden, werden Ihre Schnecken regelmäßiger. Die Butter kurz vor Arbeitsbeginn aus dem Kühlschrank nehmen. Sie darf nicht zu weich sein, sonst bietet sie keinen Widerstand und die Butter rollt sich nicht um das Messer; ist sie zu hart, brechen die Schnecken leicht ab.
Bereiten Sie ein kleines, kaltes Wasserbad vor. Nehmen Sie ein Buttergarniermesser, befeuchten Sie es und ziehen Sie es mit der gezackten Seite über die Butter. Die Rolle dabei gut festhalten. Der Butterstreifen rollt sich selbständig zusammen und ähnelt einem Schneckenhaus. Diese erste Schnecke in das kalte Wasserbad legen, das Messer wieder befeuchten und eine zweite Schnecke von der Rolle abziehen usw.
Denken Sie daran, Buttermesser oder Holzspieße bereitzuhalten, damit sich Ihre Gäste bedienen können.

Blätterteig zur Dekoration

Süßer oder salziger Blätterteig eignet sich dank seiner Leichtigkeit, Handlichkeit und nicht zuletzt dank seines Geschmacks zu den verschiedensten Dekorationen.
Den Teig bis zum Verwenden im Kühlschrank aufbewahren. Anschließend auf 2 mm Dicke ausrollen und auf der gesamten Oberfläche mit einer Gabel einstechen.
Es gibt eine große Anzahl verschiedenartigster Ausstecher; beginnen Sie immer an einem äußeren Ende des ausgerollten Teiges, damit Sie nicht zuviel Abfall haben. Die ausgestochenen Blätterteigstücke auf das leicht befeuchtete Backblech legen und 15 min in den Kühlschrank stellen. Mit einem geschlagenen Ei, reinem Eigelb oder Milch bestreichen und 10 min bei 200° (Th. 6) backen, dabei die Färbung genau überwachen.
Sie können die gebackenen Blätterteigstücke 6 Tage in einer Dose oder an einem anderen trockenen Ort aufbewahren.

Brot als Dekoration; Toastbrot Ludwig XV.

Das ist die hübscheste Art, Toastbrotwürfel anzubieten. Nehmen Sie dazu ein rechteckiges Toastbrot mit Kruste. Zuerst vom Brot einen etwa 1,5 cm dicken Deckel möglichst gerade abschneiden. Anschließend mit einem Messer 1 cm von der Kante entfernt einstechen und den ganzen Laib umfahren. Nehmen Sie ein Lineal zu Hilfe, damit Sie gerade schneiden.
Anschließend mit dem Messer 1 cm vom Boden entfernt einstechen und den Laib lösen; dabei möglichst gerade schneiden und nicht über die Hälfte hinausgehen. Das Brot dann von der anderen Seite in der gleichen Weise lösen. Das Innere herausnehmen und in vier lange Streifen und anschließend in Würfel schneiden. Das Brot mit den Würfeln füllen.
Den Deckel mit Hilfe von Holzspießchen so befestigen, daß man sich bedienen kann, oder einfach auflegen und mit einer Seidenschleife dekorieren.
In Frischhaltefolie gehüllt kann das Toastbrot Ludwig XV. 24 h bei Zimmertemperatur aufbewahrt werden.

Hartgekochte Eier

Die Eier schälen, dann die beiden Enden glatt abschneiden, ohne das Eigelb zu verletzen, damit die Eier eine stabile Basis bekommen. Mit Hilfe eines spitzen Küchenmessers das Eiweiß in der Mitte einschneiden, dabei 2 cm hohe Zacken formen. Die beiden Eiweißhälften lassen sich dann leicht von der harten Eigelbkugel lösen. Da das Eiweiß sehr empfindlich ist, sollte es sofort garniert werden.

Dekorieren mit Aspik

Aspik wird häufig zum Dekorieren von Terrinen, kaltem Fleisch und kaltem Fisch verwendet. Lassen Sie das Aspik zuerst in flachen quadratischen oder rechteckigen Behältern festwerden. Sie können Aspik als Kranz, ausgestochen, gewürfelt oder grob gehackt servieren. Messer oder Ausstecher müssen vor und während der Arbeit immer wieder in heißes Wasser getaucht werden.

Grob gehacktes Aspik

Mit einem Messer das Aspik grob und unregelmäßig hacken und um ein Gericht herum oder in die Mitte eines Kranzes geben.

Ausgestochenes und gewürfeltes Aspik

Die Aspik-Schicht darf nicht dicker als 1 cm sein. Mit einem Messer regelmäßige, nicht zu große Würfel schneiden oder mit einem Ausstecher Formen nach Ihrem Wunsch ausstechen. Die Formen sollten nicht zu groß sein.

Aspik-Kranz

Das Aspik würfeln und den Spritzbeutel (Tülle ø 1 cm) damit füllen. Um das zu dekorierende Gericht herumspritzen.

KAPITEL 3

Garnituren, Saucen und Küchenfonds

Buttermischungen

- Allgemeine Hinweise; Creme-Butter
- Mayonnaisen-Butter
- Senf-Butter
- Nuß-Butter
- Roquefort-Butter

Garnituren

- Taschenkrebs- oder Krustentier-Garnitur
- Champignons-Duxelles-Garnitur
- Spinat-Garnitur
- Entenleber-Mousse
- Rühreier
- hartgekochte Wachteleier
- Ratatouille-Garnitur
- Tapenade Lenôtre
- Tomaten-Pulpe

Salatsaucen

- Ratschläge zur richtigen Wahl des Öls
- Erdnußöl, mit Haselnüssen parfümiert
- Erdnußöl, mit Walnüssen parfümiert
- Olivenöl-Zitronen-Sauce
- Vinaigrette

Kalt geschlagene Saucen

- Mayonnaise
- Mayonnaise mit braunem Senf

- Ailloli (Knoblauchmayonnaise)
- Avocado-Sauce
- Sauce béarnaise
- Sauce »Choron«
- Kresse-Sauce
- Sauce »Gribiche«
- Remouladen-Sauce
- Tartar-Sauce
- Frische Tomatensauce
- Tomatensauce »Napoleon«

Samtsaucen

- Einbrenne
- Béchamel-Sauce
- Normannische Sauce
- Pikante Sauce

Verschiedene Saucen

- Kräuterquark-Sauce
- Leichte Sauce
- Senf-Sauce
- Tomaten-Grundsauce

Küchenfonds

- Allgemeine Hinweise
- Heller Fond und Geflügelfond
- Brauner Fond
- Klares Aspik (Klärung, Vorbereitung zum Nappieren, Nappieren)
- Fischessenz

Verwendung von Blattgelatine

Buttermischungen

Allgemeine Hinweise zu den Buttermischungen

Für Buttermischungen wird Butter mit verschiedenen Zutaten vermengt: Kräutern, Käse, Gewürzen, Leber- oder Fisch-Mousse, Mayonnaise usw.
Sie werden hauptsächlich als Brotaufstrich verwendet.
Ausgangspunkt ist immer eine Creme-Butter.

Creme-Butter

Creme-Butter ist keineswegs einfach eine weiche Butter.
Die Butter einige Stunden vor Gebrauch aus dem Kühlschrank nehmen und mit einem Rührlöffel aus Holz in einer Schüssel so lange rühren, bis sie die Konsistenz einer Creme annimmt.

Verwendung: Als Brotaufstrich oder für Buttermischungen.

Mayonnaise-Butter

Mayonnaise bleibt immer weich; dadurch kann man leichter viele Brote auf einmal schmieren.

Zubereitungszeit: 5 min

Zutaten für 300 g:
200 g Creme-Butter
100 g Mayonnaise (S. 77)
1 EL Senf
½ TL Salz
Pfeffer aus der Mühle

Geräte:
1 Schüssel
weicher Spatel

Alle Zutaten gründlich mit dem Spatel verrühren.

Aufbewahrung: In einem geschlossenen Behälter im Kühlschrank 4 Tage.

Senf-Butter

Zubereitungszeit: 5 min

Zutaten für 200 g:
190 g Creme-Butter
1 gestrichener EL Senf
1 TL Salz
Pfeffer aus der Mühle (3 Umdrehungen)

Geräte:
1 Schüssel
Schneebesen

Alle Zutaten gründlich mit dem Schneebesen vermengen; die Senf-Butter sofort verbrauchen, da sie schnell hart wird.

Aufbewahrung: In einem geschlossenen Behälter im Kühlschrank 2 Tage; vor der Verwendung in einem lauwarmen Wasserbad wieder weich werden lassen.

Nuß-Butter

Paßt ausgezeichnet zu Roggenbrot, vor allem zu Roggenbrot mit Rosinen.

Zubereitungszeit: 10 min

Zutaten für 350 g:
200 g Creme-Butter
125 g Walnußkerne
40 g Schweizer Käse
2½ TL Senf
½ TL Salz
Pfeffer aus der Mühle (1 Umdrehung)

Geräte:
Küchenmaschine
oder elektrische Mühle
oder Hackmesser

Nüsse und Käse fein reiben und hacken. In einer Schüssel mit den anderen Zutaten vermischen.

Aufbewahrung: In einem geschlossenen Behälter im Kühlschrank 2 Tage; einige Stunden vor Gebrauch aus dem Kühlschrank nehmen.

Roquefort-Butter

Paßt gut zu Roggenbrot und vor allem zu Sellerie.

Zubereitungszeit: 10 min

Zutaten für 350 g:
170 g Creme-Butter
120 g Roquefort
40 g geriebenen Schweizer-Käse
2½ EL gehackte Kräuter (Estragon, Petersilie, Schnittlauch)
1 TL Weißwein
Salz, Pfeffer (nach Belieben)

Geräte:
Küchenmaschine
oder Moulinette
oder Hackmesser

Den Roquefort zerbröckeln oder hacken. Butter und Käse miteinander vermengen, den Wein hinzufügen und als letztes die Kräuter. Abschmecken. Wenn der Geschmack zu stark ist, etwas Creme-Butter hinzufügen; hängt ganz von dem gewählten Roquefort ab.

Aufbewahrung: In einem geschlossenen Behälter im Kühlschrank 2 Tage.

Garnituren

Taschenkrebs- oder Krustentier-Garnitur

Zubereitungszeit (Kochzeit): 10 min

Zutaten für 300 g:
130 g gekochtes Taschenkrebsfleisch oder das Fleisch eines anderen Krustentieres
130 g Tomatensauce »Napoleon« (S. 85)
1 EL Crème fraîche
3 Blatt weiße Gelatine

Geräte:
1 kleiner Schmortopf

Die Crème fraîche erhitzen. Neben dem Feuer die eingeweichte und ausgedrückte Gelatine einrühren. Einige Minuten abkühlen lassen, dann unter Rühren die Tomatensauce »Napoleon« hinzufügen. Das Taschenkrebs- oder Krustentierfleisch abtropfen lassen und klein schneiden. Gut mit der Sauce vermengen.

Aufbewahrung: In einem geschlossenen Behälter im Kühlschrank 24 h.

Champignons-Duxelles-Garnitur

Die Champignons-Duxelles wird für manche Gerichte ohne weitere Zutaten verwendet; als Garnitur sind zwei Zubereitungsarten möglich.

Zubereitungszeit: 20 min
(Kochzeit 10 min)

Zutaten für 400 g:
320 g Champignons-Duxelles, bestehend aus:
60 g Schalotten
400 g Champignons, Köpfe oder Stiele
2 ungespritzte Zitronen
50 g Butter
2 TL gehackte Petersilie
Salz, Pfeffer

Geräte:
kleine Kasserolle (ø 20 cm) mit Deckel
Rührschüssel
Zitruspresse
Holzspatel

Für die erste Zubereitungsart:
80 g Mayonnaise (S. 77)

Für die zweite Zubereitungsart:
80 g warme Béchamel-Sauce (S. 86)

Schalotten fein hacken; etwas Zitronenschale hauchdünn abschneiden und bereitstellen; Zitronen auspressen. Champignons waschen und abtropfen lassen, in Scheiben schneiden und mit dem Zitronensaft vermischen.
Butter im Schmortopf schmelzen lassen, die Schalotten darin andünsten, Champignons und Zitronenschale hinzufügen und bei geschlossenem Deckel zum Kochen bringen. Den Deckel abnehmen und ca. weitere 10 min kochen lassen, bis die Mischung trocken wird. Schnell abkühlen und die Petersilie hinzufügen.

Weiterverarbeitung zur Garnitur:
Die gewonnene Duxelles grob hacken.
Für eine kalte Garnitur (erste Zubereitungsart) die Mayonnaise,

für eine warme Garnitur (zweite Zubereitungsart) die Béchamel-Sauce unterrühren.

Aufbewahrung: Als Duxelles 3 Tage in einem geschlossenen Behälter im Kühlschrank; als Garnitur 24 h in einem geschlossenen Behälter im Kühlschrank.

Spinat-Garnitur

siehe Spinatauflauf, (S. 277)

Gemüse-Garnitur

siehe Gemüsesalat, (S. 295)

Entenleber-Mousse

Zubereitungszeit: 5 min

Zutaten für 300 g:
1 150-g-Dose Parfait de foie gras de canard
150 g Creme-Butter
1 TL Portwein
½ TL Salz

Geräte:
weicher Spatel
Rührschüssel

In der Schüssel das Leberparfait so lange mit dem Spatel durcharbeiten, bis eine homogene, krümelfreie Masse entstanden ist. Die Creme-Butter unterziehen. Salzen und pfeffern, den Portwein als letztes hinzufügen. Möglichst sofort verwenden.

Rührreier

Zubereitungszeit: 10 min
(Garzeit 5 min)

Zutaten für 500 g:
8 Eier
75 g Butter
3 EL saure Sahne
Salz
Pfeffer aus der Mühle

Geräte:
Schmorpfanne
oder beschichtete Pfanne
Rührschüssel (1 l)
Schneebesen

In der Rührschüssel Eier mit Salz und Pfeffer schlagen, ohne sie zum Schäumen zu bringen. Die Butter schmelzen lassen. Bei sehr kleiner Hitze die Eier braten, dabei unaufhörlich mit dem Schneebesen umrühren, besonders intensiv am Boden und an den Seiten der Pfanne. Sollten die Eier ansetzen, die Pfanne für einige Sekunden vom Herd nehmen.
Sobald die Eier die Konsistenz eines Pürees angenommen haben, vom Herd nehmen und die Sahne unterziehen; die Masse sollte cremig werden. Die Rührreier können bis zu 30 Minuten in einem auf 40° erwärmten Wasserbad zugedeckt warmgehalten werden.

Aufbewahrung: In einem geschlossenen Behälter im Kühlschrank 24 h. Die Rührreier können unter neuerlichem Rühren in einem Wasserbad (60°) warmgemacht werden.

Hartgekochte Wachteleier

Zubereitungszeit: 20 min
Kochzeit: 4 min

Zutaten für 24 Wachteleier:
½ dl Essig
40 g grobes Salz

Geräte:
Kochtopf (2 l)
Schüssel (2 l)

Die Eier eine Stunde vor Beginn aus dem Kühlschrank nehmen. In dem Kochtopf 1 l Wasser zusammen mit dem Salz und dem Essig zum Kochen bringen. Vorsichtig die Eier ins kochende Wasser legen und 4 min leicht sprudelnd kochen lassen.
Anschließend sofort in einem kalten Wasserbad abkühlen. Die Eier in der Hand gegeneinander schlagen, um sie zu schälen. Nach und nach in eine mit kaltem, leicht gesalzenem Wasser gefüllte Schüssel legen.

Aufbewahrung: In kaltem, gesalzenem Wasser im Kühlschrank 24 h.

Ratatouille-Garnitur

Siehe Seite 281

Tapenade Lenôtre

Zubereitungszeit: 10 min

Zutaten für 300 g:
100 g entkernte schwarze Oliven
40 g Sardellenfilets in Öl
100 g Thunfisch in eigenem Saft
½ Zitrone (nach Belieben)
1 TL Cognac
3 EL Olivenöl
3 EL Erdnußöl
Pfeffer

Geräte:
Mixer
oder elektrische Moulinette
oder Stößel und Mörser

Oliven- und Erdnußöl miteinander vermengen. Die Zutaten möglichst klein zerdrücken (im Mörser, wenn Sie traditionelle Methoden lieben), nach und nach das Öl und zum Schluß den Cognac hinzufügen. Kurz vor Gebrauch können Sie die Tapenade mit Zitronensaft abschmecken.

Aufbewahrung: Ohne Zitrone in einem geschlossenen Behälter im Kühlschrank, nachdem Sie die Tapenade mit etwas Olivenöl bedeckt haben, 1 Monat.

Tomaten-Pulpe

Zubereitungszeit: 15 min

Gerät:
Kochtopf (2 l)

Zutaten für 1 kg:
1,4 kg reife, aromatische Tomaten

Jeweils drei oder vier Tomaten kurz in kochendes Wasser legen, herausnehmen und sofort die Haut abziehen. In zwei Hälften schneiden. Jede Hälfte leicht pressen, um die Kerne und das überflüssige Wasser zu entfernen. Je nach Größe weiter grob zerhacken oder als Hälften belassen. Leicht salzen.

Aufbewahrung: In einem geschlossenen Behälter im Kühlschrank 3 Tage, falls das Wasser richtig ausgepreßt wurde und die Tomaten richtig gesalzen sind.

Einfrieren: Das Fruchtfleisch im Mixer zerhacken und in Gefrierbeutel füllen. Vor dem Gebrauch 1 Nacht im Kühlschrank oder 2 h unter fließendem Wasser auftauen.

Salatsaucen

Ratschläge zur richtigen Wahl des Öls

Alle Öle können kalt verwendet werden. Einige eignen sich besonders für hohe Temperaturen.

Pflanzenöle, die für hohe Temperaturen empfehlenswert sind:

Erdnußöl: Verträgt die höchsten Temperaturen (180° bis 200°). Braucht nicht über 180° erhitzt werden. Wird normalerweise für Frituren verwendet.

Olivenöl: Läßt sich ebenfalls auf 180° bis 200° erhitzen, ist aber wegen des ausgeprägten Eigengeschmacks nur für Frituren südlichen Charakters zu empfehlen.
Olivenöl mit dem Vermerk »Vierge extra«, »Kalt gepreßt« oder »Erste Pressung« ist anderem Olivenöl in jedem Fall vorzuziehen.

Öl aus Traubenkernen: Kann bis zu 170° oder 180° erhitzt werden. Eignet sich besonders für Fondue bourguignonne und Barbecue-Gerichte, da es nicht raucht und schnell heiß wird.

Sonnenblumenöl: Kann bis zu 160° erhitzt werden. Ist besonders leicht und eignet sich daher für die leichte Küche. Immer dann verwenden, wenn die restlichen Zutaten besonders schwer sind.

Pflanzenöle, die nur kalt verwendet werden sollten:

Maisöl, Öl aus Sojakernen: Diese beiden Öle eignen sich besonders für Mayonnaisen, da sie besonders haltbar sind.

Rapsöl

Nußöl

Haselnußöl

Erdnußöl, mit Haselnüssen parfümiert

Zubereitungszeit: 5 min
Röstzeit: 5 min
Marinade: 48 h

Zutaten:
1 l Erdnußöl
100 g geschälte und gehäutete Haselnußkerne

Gerät:
Mixer

Die Haselnüsse rösten, dabei nicht zu dunkel werden lassen. Im Mixer pulverisieren. Mit dem Erdnußöl vermischen, heftig schütteln. 48 h marinieren.

Aufbewahrung: Im Kühlschrank 2 Monate

Erdnußöl, mit Walnüssen parfümiert

Zubereitungszeit: 5 min
Marinade: 48 h

Zutaten:
1 l Erdnußöl
100 g frische oder getrocknete Walnußkerne

Gerät:
Mixer

Bei Verwendung von frischen Walnußkernen zuerst die Haut abziehen; anschließend die Nüsse im Mixer pulverisieren. Mit dem Erdnußöl vermischen und heftig schütteln. 48 h marinieren.

Aufbewahrung: Im Kühlschrank 2 Monate.

Olivenöl-Zitronen-Sauce

Zubereitungszeit: 5 min

Zutaten für 60 g:
3 EL Olivenöl
1 Zitrone
1 TL gehackte Kräuter
(Estragon und Schnittlauch oder Basilikum und Kerbel)
½ TL Salz
Pfeffer aus der Mühle

Gerät:
Zitruspresse

Zitrone auspressen und den Saft in eine Schüssel gießen. Unter ständigem Rühren Salz, Kräuter, Olivenöl und zum Schluß den Pfeffer untermengen.

Aufbewahrung: Ohne Kräuter in einem geschlossenen Behälter im Kühlschrank 24 h.

Vinaigrette

Zubereitungszeit: 5 min

Zutaten für 60 g:
3 EL Öl
1 EL Weinessig
oder 2 EL Apfelessig (möglichst Cidre-Essig)
1 EL Senf
oder 1 TL gehackte Kräuter
(Kerbel, Estragon, Schnittlauch)
½ TL Salz

Geräte:
Schüssel
Schneebesen

Unter Rühren das Salz im Essig auflösen, Senf und Kräuter zugeben, dann das Öl und zum Schluß den Pfeffer.

Aufbewahrung: Ohne Kräuter in einem geschlossenen Behälter im Kühlschrank 1 Woche.

Anmerkung: Verwenden Sie je nach Salat das passende Öl. Sie können den Weinessig auch durch alten Weinessig oder durch Sherry-Essig ersetzen.

Kalt geschlagene Saucen

Mayonnaise

Es ist wichtig, alle Zutaten 2 h vor Arbeitsbeginn aus dem Kühlschrank zu nehmen. Verschiedene Temperaturen können zum Scheitern führen. Wenn Sie Soja- oder Maisöl verwenden, können Sie die Mayonnaise im Kühlschrank lange aufbewahren.

Zubereitungszeit: 15 min

Zutaten für 600 g:
4 Eigelb oder 4 ganze Eier
½ l Öl
½ Zitrone
20 g scharfen Senf
2 EL Weißweinessig
½ TL Salz
½ TL gemahlener Pfeffer

Geräte:
Rührschüssel
Schneebesen
oder elektrischer Qirl
oder Mixer
Zitruspresse

Wenn Sie einen Mixer verwenden, richten Sie sich nach dem im Begleitschreiben angegebenen Rezept; in diesem Fall können Sie ganze Eier nehmen. Die Mayonnaise wird dann leichter. Wenn nicht, benutzen Sie möglichst einen elektrischen Quirl; es ist dann viel leichter, Öl und Eigelb zu verbinden. Eigelb, Senf, Pfeffer und Salz gründlich vermengen. Die Mischung 1 min ruhen lassen.
Unter ständigem Rühren das Öl einfließen lassen, zuerst tropfenweise, wenn die Mayonnaise dicker wird, schneller. Wenn alles Öl aufgebraucht ist, den Zitronensaft unter weiterem Rühren hinzufügen; den Essig aufkochen und auf einmal unterrühren.

Aufbewahrung: Bei Verwendung von Mais- oder Sojaöl in einem geschlossenen Behälter im Kühlschrank 2 Wochen.

Mayonnaise mit braunem Senf

Es ist wichtig, alle Zutaten zwei Stunden vor Arbeitsbeginn aus dem Kühlschrank zu nehmen.

Zubereitungszeit: 15 min

Zutaten für 600 g:
4 EL brauner Senf (60 g)
4 Eigelb
½ l Öl
4 EL Zitronensaft
25 g frischer oder 10 g getrockneter Dill
½ EL Salz

Geräte:
Rührschüssel
Schneebesen
oder elektrischer Quirl

Verfahren Sie wie bei der normalen Mayonnaise, aber nehmen Sie statt des scharfen Senfes braunen Senf. Sobald die Mayonnaise fertig ist, den gehackten Dill hinzufügen.

Aufbewahrung: Bei Verwendung von Mais- oder Sojaöl in einem geschlossenen Behälter im Kühlschrank 48 h.

Anmerkungen des Übersetzers: Der französische »braune Senf« hat mit unserem braunen, süßen Senf nichts zu tun. Den französischen braunen Senf gibt es in Feinkostgeschäften unter der Bezeichnung »Moutarde brune aux quatre fruits«.

Ailloli (Knoblauchmayonnaise)

Es ist wichtig, alle Zutaten zwei Stunden vor Arbeitsbeginn aus dem Kühlschrank zu nehmen.

Zubereitungszeit: 20 min

Zutaten für 600 g:
8 bis 10 Knoblauchzehen
3 Eigelb
oder 2 Eigelb und 1 Kartoffel
1 TL Salz
Pfeffer aus der Mühle
½ l Olivenöl
½ Zitrone

Geräte:
Stößel mit Mörser
oder elektrischen Mixer
Schneebesen
oder elektrisches Handrührgerät

Den Knoblauch schälen und im Mörser zerstoßen. Salzen, pfeffern. Wird ein sehr festes Ailloli gewünscht, eine kleine Kartoffel kochen, schälen und noch heiß mit dem zerstoßenen Knoblauch vermengen. Die erzielte Masse mit dem Eigelb und dem Zitronensaft vermengen und nach und nach, wie für eine Mayonnaise, das Öl einrühren.

Aufbewahrung: Einige Stunden bei Zimmertemperatur oder 24 h im Kühlschrank.

Avocado-Sauce

Zubereitungszeit: 15 min

Zutaten für 450 g Sauce:
1 große Avocado (150 g Fruchtfleisch)
Brunnenkresse
Petersilie
1 Zitrone
10 g Zwiebel
1 Msp. Knoblauchpulver
1 Hauch Cayennepfeffer
1 Msp. Salz und Pfeffer vermischt
200 g Olivenöl-Mayonnaise mit Zitrone (S. 77)

Geräte:
Küchenmaschine oder Mixer
Zitruspresse

Die Avocado halbieren, den Kern entfernen und mit einem Löffel sauber alles Fruchtfleisch herauskratzen. Die Zitrone auspressen. Kresse, Petersilie und Zwiebel mit den Gewürzen im Mixer zerkleinern, den Zitronensaft und anschließend das Avocado-Fleisch hinzufügen. Wenn alles eine homogene Masse ist, die Mayonnaise unterziehen.

Aufbewahrung: In einem geschlossenen Behälter im Kühlschrank 12 h.

Sauce béarnaise

Es gibt zwei verschiedene Zubereitungsarten.

Zubereitungszeit (inkl. Kochzeit): 30 min

Zutaten für 800 g:
200 g Schalottenreduktion, hergestellt aus:
150 g Schalotten
2 TL gehackter Estragon
2 TL gehackter Kerbel
6 EL Weinessig
1,5 dl trockener Weißwein
1 TL feines Salz
2 TL grob zerstoßener weißer Pfeffer

Erste Zubereitungsart:
600 g Mayonnaise (Rezept S. 77)

Zweite Zubereitungsart:
600 g geschlagene Sahne
2 TL Salz
1/3 TL Pfeffer

Geräte:
Kochtopf (1)
Schneebesen

Schalottenreduktion:
Essig, Wein, Salz und Pfeffer im Kochtopf miteinander verrühren, die feingehackten Schalotten und Kräuter hinzufügen. 15 min auf kleiner Flamme einkochen lassen. Sobald die Masse fast trocken ist, vom Feuer nehmen und in einem kalten Wasserbad rasch abkühlen.

Erste Zubereitungsart:
Die Schalottenreduktion mit der Mayonnaise verrühren.

Zweite Zubereitungsart:
Die Schalottenreduktion im Kühlschrank gut kühlen. Die Sahne zusammen mit Salz und Pfeffer schlagen und mit der kalten Reduktion vermengen.

Aufbewahrung: Die Schalottenreduktion in geschlossenem Behälter im Kühlschrank 5 Tage. Die 1. Zubereitungsart unter der Voraussetzung, daß die Mayonnaise mit Mais- oder Sojaöl hergestellt wurde, in einem geschlossenen Behälter im Kühlschrank 5 Tage; die zweite Zubereitungsart in einem geschlossenen Behälter im Kühlschrank 24 h.

Sauce »Choron«

Zwei Zubereitungsarten sind möglich.

Zubereitungszeit: 10 min
Kochzeit: 10 min

Zutaten für 900 g:
300 g Tomaten-Schalotten-Reduktion, hergestellt aus:
200 g Schalottenreduktion (S. 80)
200 g Tomaten-Pulpe
1 EL Tomatenmark
1 EL süßer Paprika
1 EL Butter

Erste Zubereitungsart:
600 g Mayonnaise (S. 77)

Zweite Zubereitungsart:
600 g geschlagene Sahne
2 TL Salz
⅓ TL Pfeffer

Geräte:
Pfanne
Kochtopf (1 l)
Schneebesen

Tomaten-Schalotten-Reduktion:
Das Tomatenfleisch hacken, in der Pfanne in der Butter 10 min bei kleiner Hitze schmoren lassen. Sobald keine Flüssigkeit mehr vorhanden ist, Kochvorgang beenden. Es bleiben ungefähr 50 g reines Tomaten-Fruchtfleisch übrig. Das Tomatenmark und den süßen Paprika hinzufügen.
Mit der Schalottenreduktion vermengen und gut durchrühren. In einem kalten Wasserbad schnell kühlen.

Erste Zubereitungsart:
Mit der Mayonnaise vermengen.

Zweite Zubereitungsart:
Die Tomaten-Schalotten-Reduktion 1 h in den Kühlschrank stellen. Die Sahne mit Pfeffer und Salz schlagen und mit der gekühlten Reduktion vermischen.

Aufbewahrung: Die Tomaten-Schalotten-Reduktion in einem geschlossenen Behälter im Kühlschrank 5 Tage; die 1. Zubereitungsart unter der Bedingung, daß die Mayonnaise mit Mais- oder Sojaöl hergestellt wurde, in einem geschlossenen Behälter im Kühlschrank 5 Tage; die 2. Zubereitungsart in einem geschlossenen Behälter im Kühlschrank 24 h.

Kresse-Sauce

Kann im Winter mit Brunnenkresse allein zubereitet werden; ab dem Frühjahr ziehe ich diese Sauce mit verschiedenen frischen Kräutern vor.

Zubereitungszeit: (inkl. Kochzeit): 20 min

Zutaten für 450 g:
½ Bund Brunnenkresse oder 20 g Brunnenkresse-Blätter
3 EL gehackter Schnittlauch
3 EL gehackter Kerbel
3 EL gehackter Estragon
400 g Mayonnaise (S. 77)

Geräte:
Kochtopf (2 l)
Küchenmaschine oder Moulinette

Die Kresse-Blätter und Kräuter einige Sekunden in kochendem, gesalzenem Wasser blanchieren, dann in einem Sieb unter fließendem kalten Wasser sofort abkühlen und alles Wasser sorgfältig ausdrücken. In der Küchenmaschine oder der Moulinette hacken, bis ein geschmeidiges Püree entstanden ist. Dieses Püree mit der Mayonnaise vermischen, gut durchrühren. Abschmecken und eventuell nachwürzen.

Aufbewahrung: Das Kräuterpüree in geschlossenem Behälter mit Olivenöl bedeckt im Kühlschrank 5 Tage. Das Öl abschöpfen, bevor das Püree mit der Mayonnaise vermischt wird. Die fertige Sauce in geschlossenem Behälter im Kühlschrank 24 h.

Sauce »Gribiche«

Zubereitungszeit: 10 min

Zutaten für 300 g:
2 hartgekochte Eier
25 g Cornichons
1 Schalotte
2 TL Kapern
2 EL gehackte Kräuter
200 g Mayonnaise (S. 77)

Gerät:
elektrische Moulinette

Cornichons und Schalotte fein hacken. Die Eier (Eiweiß und Eigelb) zerdrücken (wenn Sie nur Eigelb verwenden wollen, benötigen Sie 5 EL). Cornichons, Schalotte, harte Eier und Kräuter mit der Mayonnaise vermischen, als letztes die Kapern unterziehen.

Aufbewahrung: Bei Zimmertemperatur 12 h oder 24 h in der Gemüseschale des Kühlschranks. In diesem Fall muß die Sauce erst wieder Zimmertemperatur erhalten haben, bevor Sie sie umrühren.

Remouladen-Sauce

Diese flüssige Mayonnaise mit viel Senf läßt sich auf zwei Arten herstellen.

Zubereitungszeit: 5 min

Zutaten für 250 g:

Erste Zubereitungsart:
1 Ei
1 EL scharfer Senf
2 EL Essig
2 dl Erdnußöl
Salz, Pfeffer

Zweite Zubereitungsart:
200 g steife Mayonnaise (S. 77)
15 g scharfer Senf
2 EL Weißweinessig oder Apfelessig (möglichst Cidre-Essig)
Salz, Pfeffer

Gerät:
Mixer

Erste Zubereitungsart:
Den Mixer mit dem Ei, dem Senf, dem Essig, Salz und Pfeffer und der Hälfte des Öles füllen. Anschalten. Das restliche Öl hinzufügen. In einigen Sekunden ist die Sauce fertig.

Zweite Zubereitungsart:
Mayonnaise und Senf vermischen und nach und nach den Essig und 4 EL Wasser unterrühren; ist die Mayonnaise nicht sehr fest, weniger Wasser unterrühren. Abschmecken.

Aufbewahrung: 5 Tage in einem geschlossenen Behälter im Kühlschrank (falls zur Mayonnaise der zweiten Zubereitungsart Mais- oder Sojaöl verwendet wurde).

Tartar-Sauce

Zubereitungszeit: 10 min

Zutaten für 500 g:
80 g Crème fraîche
60 g Cornichons
15 g kleine Kapern
10 EL gehackte Kräuter (Kerbel, Schnittlauch, Estragon, 30 g)
300 g Mayonnaise (S. 77)

Gerät:
Schüssel

Die Cornichons hacken und alle Zutaten miteinander vermischen.

Aufbewahrung: In einem geschlossenen Behälter im Kühlschrank 12 h.

Frische Tomatensauce

Zubereitungszeit: 30 min

Zutaten für 600 g:
250 g Tomaten-Pulpe
½ mittelgroße Zwiebel
½ Knoblauchzehe
40 g Toastbrot
1 dl heller Fond (S. 91)
½ dl Olivenöl
1 EL Weinessig
40 g Mayonnaise (S. 77)
¼ TL Salz
Pfeffer aus der Mühle (1 Umdrehung)

Gerät:
Küchenmaschine oder Mixer

Das Brot in der Mischung aus Essig und Öl einweichen. Im Mixer Knoblauch, Zwiebel und Tomaten-Fruchtfleisch hacken, das Brot mit der Flüssigkeit und die Mayonnaise hinzugeben, mit dem weißen Fond verlängern, abschmecken.

Aufbewahrung: In einem geschlossenen Behälter im Kühlschrank 24 h.

Tomatensauce »Napoleon«

Zubereitungszeit: 5 min

Zutaten für 400 g:
4 EL Tomaten-Sauce (S. 90)
1 TL Tomatenmark
1 EL gehackte Kräuter
(Estragon, Schnittlauch, Kerbel)
1 TL Sherry oder Cognac
3 Tropfen Tabasco
oder 1 Msp. Cayennepfeffer
150 g Mayonnaise (S. 77)

Gerät:
1 Schüssel

Alle Zutaten bis auf die Kräuter in einer Schüssel vermengen. Vorsicht bei dem Tabasco oder Cayennepfeffer, deren Wirkung sich mit der Zeit noch verstärkt. Die Kräuter erst kurz vor Gebrauch unterrühren.

Aufbewahrung: Ohne die Kräuter in einem geschlossenen Behälter im Kühlschrank 24 h.

Samtsaucen

Allgemeine Hinweise

Die Bindung einer Sauce mit einer Einbrenne verhindert manche Enttäuschung beim Aufwärmen. Trotzdem sollte diese klassische Binde-Methode sparsam verwendet werden, da sie, ohne das Aroma wesentlich zu beeinträchtigen, die Speisen doch leicht fad werden läßt. Ihr Vorteil liegt in dem samtenen Charakter, den die Saucen bekommen. Erinnern wir uns daran, daß es in diesem Buch um Rezepte geht, die aufgewärmt werden können; während eines Festes kann man nicht dauernd am Herd stehen wie bei der Vorbereitung eines klassischen Diners, bei der der Küchenchef andere Möglichkeiten hat, eine Sauce zu binden. Für die Neue Küche rate ich von Einbrennen ab.

Die Einbrenne

Zubereitungszeit: 5 min
(Kochzeit 3 min)

Zutaten für 60 g:
30 g Butter
30 g Mehl

Geräte:
kleiner Kochtopf
Rührlöffel aus Holz

Die Butter in dem Topf schmelzen lassen, dunkel werden lassen für eine dunkle Einbrenne, sonst hell lassen. Das Mehl hinzufügen und unaufhörlich umrühren, damit sich nichts ansetzt. Nach 3 min ist die Einbrenne fertig und verwendungsfähig. Wenn die Einbrenne heiß ist, fügen Sie kalte, wenn sie kalt ist, heiße Flüssigkeit hinzu. Auf diese Weise gibt es niemals Klümpchen.

Aufbewahrung: In einem geschlossenen Behälter im Kühlschrank 3 bis 4 Tage.

Béchamel-Sauce

Vorbereitungszeit: 10 min
Kochzeit: 10 min

Zutaten für 500 g:
100 g helle Einbrenne
½ l Milch
Salz, Pfeffer
1 Msp. Muskat

Geräte:
Kochtopf (1 l)
Schneebesen oder Rührlöffel aus Holz

Es geht schneller, wenn man von einer kalten Einbrenne ausgeht. Die Milch mit den Gewürzen zum Kochen bringen, die Einbrenne hinzufügen und unter Rühren wieder zum Kochen bringen. Unter ständigem Rühren ungefähr 10 min leicht köcheln lassen.

Aufbewahrung: Im Kühlschrank, nachdem man die Oberfläche sofort nach Beendigung des Kochvorgangs mit Butter geschützt hat, 24 h.

Normannische Sauce

Zubereitungszeit (Kochzeit):
15 min

Zutaten für 1 l Sauce:
10 g Butter
20 g Schalotten
(1 Knoblauchzehe)
Petersilienstengel
70 g Champignons
1 dl Weißwein
8 dl Fischessenz (S. 95)
50 g helle Einbrenne
2,5 dl Crème fraîche
10 g feines Salz
1 Msp. Pfeffer

Geräte:
1 Kochtopf (2 l)
Holzkochlöffel
Spitzsieb oder anderes feines Sieb
Schneebesen

In der Butter die gehackten Schalotten anschwitzen, die Petersilie, die in Scheiben geschnittenen Champignons und den Wein hinzugeben und einkochen lassen. Die Fischessenz hinzufügen. Wieder zum Kochen bringen und mit der kalten hellen Einbrenne binden; 8 min unter Kochen rühren, dann durch das Sieb abgießen. Die Sahne hinzufügen, salzen und pfeffern. Rechnen Sie 1 dl Sauce pro Person.

Aufbewahrung: Ohne die Sahne in einem geschlossenen Behälter im Kühlschrank 48 h.

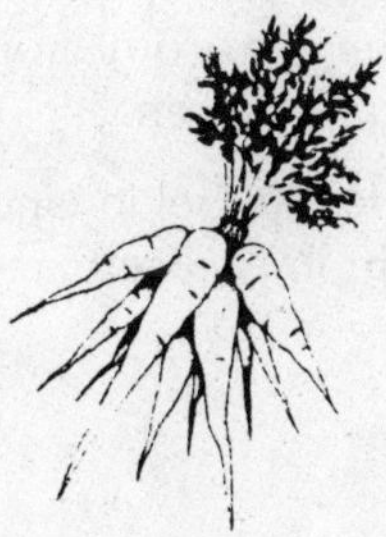

Pikante Sauce

Die Sauce wird von einem Fleisch-Fond oder der Bouillon ausgehend, in der das Fleisch, zu dem sie gereicht wird, gekocht wurde, hergestellt.

Zubereitungszeit: 15 min
Kochzeit: 30 min

Zutaten als Beilage für 2 kg Fleisch:
1 l Bouillon
80 g helle Einbrenne
80 g Schalotten
80 g Cornichons
40 g Kapern
100 g Tomatenmark
20 g Kerbel
1 EL Öl
1 dl Weinessig
1 EL Butter
Salz, Pfeffer
2 dl roter Burgunder

Geräte:
Kochtopf (3 l)
kleiner Kochtopf
Holzspatel

Die Einbrenne vor der Verwendung kalt werden lassen. In dem großen Kochtopf die Schalotten in der Mischung aus Butter und Öl schwitzen lassen, Wein und Essig hinzufügen, einkochen lassen, mit der Bouillon und dem Tomatenmark auffüllen. Zum Kochen bringen und mit der Einbrenne binden. Unter Rühren auf die Hälfte einkochen lassen. Abschmecken, erst dann salzen und pfeffern.
Die in Scheiben geschnittenen Cornichons und die Kapern 5 min in kochendem Wasser blanchieren.
Kurz vor dem Auftragen die Cornichons, die Kapern und den grobgehackten Kerbel unterrühren.

Aufbewahrung: Ohne den Kerbel in einem geschlossenen Behälter im Kühlschrank 24 h; im Wasserbad oder auf kleiner Flamme warm werden lassen.

Verschiedene Saucen

Kräuterquark-Sauce

Zubereitungszeit: 15 min

Zutaten für 800 g:
500 g glattgerührter Quark
5 EL gehackte Kräuter (Kerbel, Petersilie, Schnittlauch)
2,5 dl Sahne
1 EL Olivenöl
2 EL Essig oder Zitronensaft
1 EL Salz
1 TL Pfeffer

Geräte:
große Rührschüssel und Schneebesen
weicher Spatel

Zuerst alle Zutaten bis auf die Sahne vermengen. Die Sahne schlagen und mit Hilfe des weichen Spatels vorsichtig unter die Mischung heben.

Aufbewahrung: In einem geschlossenen Behälter im Kühlschrank 24 h.

Leichte Sauce

Zubereitungszeit: 10 min

Zutaten für 300 g:
5 Becher Joghurt (1,2 dl)
1 Zitrone
3 EL gehackte Kräuter (Petersilie, Kerbel, Estragon)
1 TL Salz
¼ TL Pfeffer

Geräte:
Zitruspresse
Schüssel
Schneebesen

Die Zitrone auspressen. Den Joghurt durchschlagen, mit 5 EL Zitronensaft, den Kräutern und dem Salz gut vermengen, pfeffern.

Aufbewahrung: In einem geschlossenen Behälter im Kühlschrank 24 h.

Senf-Sauce

Diese Sauce wird heiß gereicht.

Zubereitungszeit (inkl. Kochzeit): 10 min

Zutaten für 250 g:
5 EL Senf (50 g)
¼ l Sahne
1 TL Stärkemehl
Salz und Pfeffer

Geräte:
kleiner Kochtopf
Schneebesen

Alle Zutaten in dem Topf vermischen, auf den Herd stellen und unter ständigem Rühren zum Kochen bringen; anschließend bei milder Hitze, ohne zu rühren, 5 min köcheln lassen.

Aufbewahrung: In einem geschlossenen Behälter im Kühlschrank 48 h. Sie können die Sauce problemlos unter Rühren in einem Kochtopf erwärmen.

Tomaten-Grundsauce

Diese Sauce ist Ketchup vorzuziehen und läßt sich sehr gut aufbewahren. Sie wird für viele andere Saucen verwendet.

Zubereitungszeit: 5 min

Zutaten für 500 g:
140 g Tomatenmark
70 g alter Weinessig
1 Tropfen Tabasco
½ TL Zucker
1 TL Salz
½ TL Pfeffer

Gerät:
Mixer

Im Mixer unter hoher Geschwindigkeit Tomatenmark und Essig miteinander vermischen, dann die Gewürze (Zucker, Salz, Pfeffer und Tabasco) und langsam 3,5 dl Wasser hinzufügen, bis die Sauce schäumt. Ungefähr 2 min durchmixen.

Aufbewahrung: In einem geschlossenen Behälter im Kühlschrank 15 Tage.

Küchenfonds

Allgemeine Hinweise

Für viele Rezepte in diesem Buch brauchen Sie Küchenfonds. Ganz allgemein gesprochen, dienen sie hauptsächlich dazu, Fleisch, Saucen, Aspik oder Suppen mehr Geschmack zu verleihen. Ich rate Ihnen, an einem Wintertag gleich mehrere Liter auf einmal herzustellen und einzufrieren, als Eiswürfel oder in ½ l Portionen. Die Vorbereitungen sind schnell erledigt, und die Zeit, die Sie zum Überwachen des Kochvorganges aufwenden, wird reichlich aufgewogen durch die Qualität, die Sie später beim Kochen erzielen. Normalerweise wird ein Fond nicht oder nur wenig gesalzen, denn er wird fast immer zusammen mit anderen Zutaten eingekocht.
Der Kräuterstrauß für 1,5 l Fond ist in seiner Zusammensetzung immer gleich:

- 1 Lorbeerblatt
- 3 Petersilienzweige
- 1 Thymianzweig
- 1 kleines Stück Staudensellerie

Den Kräuterstrauß fest zusammenbinden, damit er nach dem Kochen leicht entfernt werden kann.

Heller Fond und Geflügelfond

Vorbereitungszeit: 15 min
Garzeit: mindestens 3 h

Zutaten für 1,5 l:
1,5 kg aufgeschlagene Rindsknochen
oder das Gerippe von drei Hühnern (inkl. Hühnerklein)
1 Kalbsfuß
100 g Zwiebeln
100 g Karotten
25 g Lauch (nur das Weiße)
1 Kräuterstrauß
1 TL gemahlener Pfeffer

Geräte:
großer Kochtopf (5 l)
kleiner Kochtopf
Spitzsieb

Wenn Sie Rindsknochen verwenden, bitten Sie Ihren Metzger, die Knochen auseinanderzuschlagen; im Notfall machen Sie es zu Hause mit einem Hammer. Knochen und Kalbsfuß in einem kleinen Kochtopf in gesalzenem Wasser rasch zum Kochen bringen und 5 min blanchieren. Unterdessen die Gemüse waschen und grob zerkleinern. Alle Zutaten in den großen Kochtopf legen, mit 2,5 l kaltem Wasser bedecken und zum Kochen bringen; mindestens 3 h leise kochen lassen und dabei immer wieder abschäumen. Durch das Spitzsieb abgießen. Kalt werden lassen. Klären oder vor dem Klären einfrieren.

Einfrieren: Den noch lauwarmen Fond in Eiswürfelbehälter gießen, völlig erkalten lassen und dann im Gefrierschrank gefrieren lassen. Sobald die Würfel völlig gefroren sind, in Gefrierbeutel umpacken und genau beschriften.

Brauner Fond

Vorbereitungszeit: 15 min
Kochzeit: mindestens 3½ h

Zutaten für 1,5 l:
1,5 kg Kalbsknochen
1 Kalbsfuß
2 Zwiebeln
1 Kräuterstrauß
1 Knoblauchzehe
200 g Tomaten
100 g Karotten
1 EL Butter

Geräte:
Saftpfanne des Herdes
Schmorpfanne
großer Kochtopf (5 l)
Spitzsieb

Den Ofen auf 220° (Th. 7) vorheizen. Die Gemüse waschen und grob zerkleinern. Die Knochen in der Saftpfanne im Ofen während 15 bis 20 min Farbe annehmen lassen und dabei öfters wenden. Abgießen. Die Gemüse in der Schmorpfanne bei starker Hitze in der Butter 10 min unter häufigem Rühren braten und trocknen lassen. Alles in den großen Kochtopf legen, mit 2,5 l kaltem Wasser bedecken und zum Kochen bringen. Mindestens 3 h zugedeckt köcheln lassen, dabei häufig abschäumen. Durch das Spitzsieb gießen und abkühlen lassen. Klären, wie nachstehend beschrieben, oder wie den hellen Fond einfrieren.

Klares Aspik

1. Klären:

Vorbereitungszeit: 15 min
Kochzeit: 2 h

Zutaten für für 1,5 l:
2 l heller Fond (S. 91)
200 g mageres Rindfleisch
80 g Lauch
80 g Zwiebeln
80 g Karotten
60 g Knollensellerie (nach Belieben)
1 Kräuterstrauß
4 Eiswürfel
6 Eiweiß (2 dl)
2 Nelken
1 EL Salz
1 TL Pfeffer
2 dl Weißwein
2 dl Portwein

Geräte:
1 großer Kochtopf (5 l)
1 mittlerer Kochtopf (3 l)
Moulinette oder Hackmesser
Schneebesen
großes Sieb
große Rührschüssel
Spatel
Gefäß zum Aufbewahren des Aspiks
Fließpapier

Den Fond in dem 3-l-Kochtopf erhitzen. Die Gemüse putzen und mit dem Fleisch fein hacken. Dieses Haschee zusammen mit dem Kräuterstrauß, den Gewürzen, dem Eiweiß und den Eiswürfeln auf den Boden des 5-l-Kochtopfes legen.
Neben dem Herd den kochenden Fond nach und nach hinzufügen und dabei heftig mit dem Spatel den Boden kratzen, damit das Eiweiß nicht gerinnt. Unter weiterem Rühren langsam zum Kochen bringen, dann 2 h ohne Rühren köcheln lassen. Nicht zudecken.
Das Eiweiß steigt an die Oberfläche und bindet alle Unreinheiten in dem Schaum, der schon bald die ganze Oberfläche bedeckt. Nach 110 min Kochzeit eine Öffnung in den Schaumteppich machen und vorsichtig Wein und Portwein dem Fond hinzufügen. Weiter 10 min leise köcheln lassen.
Das Sieb mit einer doppelten Lage Fließpapier auslegen. Die Flüssigkeit vorsichtig in ein Gefäß durchseien. Das so gewonnene Aspik in einem kalten Wasserbad schnell abkühlen.

Aufbewahrung: In einem geschlossenen Behälter im Kühlschrank 3 Tage.

Einfrieren: Siehe heller Fond S. 92.

2. Vorbereitung des Aspiks zum Nappieren

Geräte:
2 Kochtöpfe
1 Schüssel
1 Rührschüssel
1 Pinsel oder 1 Löffel

Man sollte nie mehr Aspik aus dem Kühlschrank holen, als man zum Nappieren braucht. Ich rate Ihnen, alle Gerichte gleichzeitig zu nappieren. Da Aspik, das die zum Nappieren richtige Konsistenz erreicht hat, sofort verwendet werden muß, ist es ratsam, die zu nappierenden Gerichte zuerst herzurichten, kleine auf einem Rost, größere auf der Servierplatte, die sie durch Alufolie vor dem überschüssigen Aspik schützen. Sobald Sie alles hergerichtet haben, stellen Sie die Roste und Servierplatten in den Kühlschrank, damit die Speisen kalt sind und das Aspik schnell steif werden kann.
Mit Hilfe von Eiswürfeln und kaltem Wasser ein kaltes Wasserbad herstellen. Das Aspik schnell zum Kochen bringen; $^3/_4$ in die Rührschüssel gießen, diese sofort ins Wasserbad stellen; den Rest neben dem Herd im Kochtopf aufbewahren. Während des Abkühlens öfters mit dem Löffel vorsichtig umrühren, ohne Blasen zu verursachen.
Den Pinsel oder den Löffel, mit dem später nappiert werden soll, in einen Kochtopf mit kaltem Wasser stellen und schnell zum Kochen bringen, vom Feuer nehmen, Pinsel oder Löffel darin lassen. Sobald Sie beim Umrühren des Aspiks spüren, daß das Aspik am Löffel fest wird, die Rührschüssel aus dem kalten Wasserbad nehmen, die vorbereiteten Gerichte aus dem Kühlschrank nehmen, das Aspik 2 Sekunden erhitzen und sofort die Gerichte mit dem heißen Pinsel oder Löffel nappieren.

3. Nappieren

Benutzen Sie den gleichen Löffel zum Nappieren wie zum Umrühren des Aspiks, damit möglichst immer die gleiche Temperatur beibehalten wird. Beim Nappieren dürfen Sie die Speisen nicht berühren; lassen Sie das Aspik vorsichtig darüber laufen und sich selbst ausbreiten. Wenn sehr viele oder sehr große Gerichte zu nappieren sind, während der Arbeit das beiseite gestellte, heiße Aspik dem erkaltenden hinzufügen und durchrühren.

Manchmal sind zwei Lagen Aspik notwendig. In diesem Fall die Speisen nach der ersten Schicht für 5 min in den Kühlschrank stellen. Wenn sie hart geworden ist, das Aspik wieder zum Nappieren vorbereiten und die zweite Schicht auftragen.

Fischessenz

Bestehen Sie, wenn Sie Fischfilets kaufen, immer darauf, daß man Ihnen auch die Abfälle miteinpackt (Gräten, Kopf, helle Haut), um daraus eine Fischessenz zuzubereiten. Nie dunkle Fischhaut verwenden. Die Abfälle von Seezunge, Butt, Rotzungen oder Limanden, Scholle, Seehecht und Merlen (Wittling) eignen sich am besten.

Vorbereitungszeit: 25 min
Kochzeit: 20 min

Zutaten für 1 l:
1 kg Fischabfälle
2 Schalotten
1 Karotte
1 Zwiebel
1 Kräuterstrauß
1 Msp. Salz
10 grob zerstoßene Pfefferkörner
1 EL Butter
2 dl trockener Weißwein

Geräte:
Kochtopf (4 l)
kleiner Kochtopf
Spitzsieb
Schaumlöffel
Spatel

Schalotten und Karotte putzen und klein hacken. Zwiebel schälen und in Scheiben schneiden. Die Fischabfälle mehrmals in kaltem Wasser waschen, die Kiemen entfernen. In dem großen Kochtopf Schalotten, Karotte und Zwiebel 5 min in heißer Butter dünsten, die Fischabfälle und den Kräuterstrauß hinzufügen, mit ungefähr 1,5 l kaltem Wasser aufgießen, so daß alles gut bedeckt ist. Schnell zum Kochen bringen und höchstens 20 min leise köcheln lassen, dabei mehrmals abschäumen. Unterdessen den Wein um die Hälfte einkochen lassen. Sobald die Gemüse weich sind, den eingekochten Wein zur Fischessenz geben. Die kalte Essenz durch das Spitzsieb gießen. Wenn Sie die Essenz aufbewahren wollen, die Abkühlung durch ein kaltes Wasserbad beschleunigen.

Aufbewahrung: In einem geschlossenen Behälter im Kühlschrank 48 h.

Einfrieren: Im Eiswürfelbehälter. Sobald die Eiswürfel hart sind, in einen Tiefkühlbeutel umpacken.

Verwendung von Blattgelatine

Gelatine ist ein neutrales Produkt, das nicht für frisch hergestellte und sofort gegessene Gerichte verwendet wird. Für Saucen oder Gerichte, die über mehrere Stunden hinweg ihr gutes Aussehen bewahren oder nicht zusammenfallen dürfen, ist der Gebrauch von Gelatine jedoch manchmal unabdingbar.
Die Gelatine-Blätter einige Minuten in einer Schüssel mit kaltem Wasser einweichen. Gut ausdrücken. Wenn die Gelatine für ein Gericht verwendet wird, das noch heiß ist, zum Beispiel ein Gelee, einfach unter Rühren der Masse hinzufügen. Wenn sie einem kalten Gericht beigefügt werden soll, zum Beispiel einer Garnitur mit Taschenkrebsen, muß sie zuerst in einem auf 50° erwärmten EL Wasser aufgelöst werden. Es ist ratsam, die dabei verwendete Rührschüssel vorher heiß auszuspülen. Anschließend mit 1 EL des kalten Gerichtes unter heftigem Rühren vermischen, anschließend den Rest auf einmal einarbeiten.

KAPITEL 4

Canapés und Sandwiches

Allgemeine Vorbemerkungen:

- Die Brotsorten
- Grundmaterialien

Rechteckige Canapés

- schnelle Methode
- Canapés mit rohem Schinken
- Canapés mit gekochtem Schinken
- Canapés mit geräuchertem Lachs
- Canapés mit kaltem Braten
- Canapés mit Nuß-Butter
- Canapés mit Roquefort-Butter
- Canapés mit Champignons-Duxelles
- Canapés mit Kräuterquark
- Canapés mit Rührei
- Canapés mit Palmenherzen
- Mosaik-Canapés
- Canapés mit Spargelspitzen
- Canapés mit Rollmops

Runde Canapés

- Schnelle Methode
- Klassische Methode
- Grundmaterialien
- Canapés mit Sardellenfilets
- Canapés mit Chorizo
- Canapés mit Leber-Pastete
- Canapés mit Ziegenkäse
- Canapés Mimosa
- Canapés mit Wachteleiern

- Canapés mit Rogen (Kaviar, Lachs- und Seehasenrogen)
- Canapés mit Radieschen
- Canapés mit Tomaten und Eiern

Rechteckige Sandwiches

- Schnelle Methode; Arbeitsmaterial
- Sandwiches mit Avocado und Brunnenkresse
- Sandwiches mit Champignons-Duxelles
- Sandwiches mit Kräuterquark
- Sandwiches mit gekochtem Schinken
- Sandwiches mit rohem Schinken oder Hartwurst
- Sandwiches mit Roquefort
- Sandwiches mit Kopfsalsat
- Sandwiches mit geräuchertem Lachs
- Sandwiches mit Tomaten und Eiern
- Sandwiches mit kaltem Braten

Brioche-Brötchen

- Brioche-Brötchen mit Schweizer Käse
- Brioche-Brötchen mit Schinken
- Brioche-Brötchen mit Entenleber-Mousse

Allgemeine Vorbemerkungen

Canapés und Sandwiches sind für Buffets à la française unerläßlich. Ihre Vielfalt und die mannigfachen Dekorationsmöglichkeiten erlauben es jedem, seinem Geschmack und seiner Fantasie freien Lauf zu lassen. Sie sind nicht sehr kostspielig, verlangen aber Sorgfalt und Geduld. Sie stört, daß sie soviel Vorbereitungszeit verlangen? Sie täuschen sich. Man muß nur alles gut vorbereiten und wie am »Fließband« arbeiten.
Entscheiden Sie zuerst, was Sie als Hauptgerichte reichen wollen, bevor Sie die Canapés und Sandwiches festlegen, denn häufig können Sie die Grundzubereitungen weiterverwenden. Das gilt für Saucen, Salate, kalten Braten, aber natürlich vor allem für das Aspik, denn Sie gewinnen sehr viel Zeit, wenn Sie alle Speisen gleichzeitig mit Aspik nappieren. Gehen Sie beim Dekorieren der Canapés mit Zutaten sparsam um, damit der eigentliche Geschmack der Canapés nicht überdeckt wird. Wechseln Sie bei den einzelnen Canapés-Reihen ab, so daß Auge und Gaumen gleichermaßen genießen können. Schichten Sie die Sandwiches zu Pyramiden oder Türmen auf oder legen Sie sie bei den Überraschungsbroten in die ausgehöhlten Brotlaibe.
Canapés und Sandwiches mit Braten, Käse, geräuchertem Fisch und Champignons-Duxelles können am Vortag zubereitet werden, ebenso einige mit Aspik nappierte Canapés; Canapés und Sandwiches mit Salat oder rohem Gemüse müssen am selben Tag zubereitet werden, halten sich aber 12 h im Kühlschrank frisch.

Die Brotsorten

Man kann fast alle Brotsorten verwenden. Doch welches Brot Sie auch wählen, es darf nicht backfrisch sein, damit Sie es problemlos aufschneiden können. Kaufen Sie es deshalb 48 h, bevor Sie Canapés oder Sandwiches vorbereiten.
Wir haben bei unseren Versuchen mit Brot aus verschiedenen Bäckereien festgestellt, daß nicht das Gewicht entscheidend ist. Ein luftiges, gut aufgegangenes Brot ergibt doppelt soviel Schei-

ben wie ein schlecht aufgegangenes. Richten Sie sich also eher nach den Maßen als nach dem Gewicht.
Die Dicke der Scheiben richtet sich nach dem Belag; feuchter Belag benötigt natürlich eine dickere Unterlage als trockener. Bei den rechteckigen Canapés und Sandwiches hat man es leichter, wenn der Bäcker die Kruste abschneidet und die länglichen Laibe horizontal in 6 bzw. 10 mm dicke Streifen schneidet. Ein entkrustetes Brot im Format 22×7,5×7,5 cm ergibt bei 1 cm Dicke ungefähr 21 Sandwiches oder 56 Canapés oder 30 Sandwiches oder 80 Canapés bei 6 mm Dicke.

Grundmaterialien

1 großes Brotbrett
1 langes, scharfes Messer
1 Palette (25 cm lang)
einige weiße, saubere Küchentücher
kleine Holzbretter
Lineal mit Skala

Die kleinen Holzbretter dienen zur Herstellung eines Gittermusters, mit dessen Hilfe Sie Canapés und Sandwiches zuschneiden; mit feuchten Tüchern bedeckt, dienen sie auch zur Aufbewahrung der fertigen Brote im Kühlschrank. Wenn Sie öfters Empfänge geben, lohnt es sich, Holzbretter zuschneiden zu lassen, die genau in Ihren Kühlschrank passen.

Rechteckige Canapés

Schnelle Methode

Bereiten Sie zuerst das Gittermuster vor, damit Sie die Canapés schnell und problemlos in gleich große Stücke schneiden können. Zeichnen Sie auf ein Holzbrett mit einem Bleistift die Form einer langen Brotscheibe; zeichnen Sie die Schnittlinien ein. Verlängern Sie alle Linien über das eigentliche Format hinaus, damit

sie noch sichtbar sind, wenn das eigentliche Schnittmuster durch eine Lage Brot verdeckt wird.
Legen Sie die Brotlagen auf das große Brotbrett und garnieren Sie alle gleichzeitig nach den Anweisungen in den einzelnen Rezepten.
Legen Sie jetzt mit Hilfe der Palette die Brotscheiben auf das vorbereitete Schnittmuster und schneiden Sie mit Hilfe eines mindestens 25 cm langen, scharfen Messers die Canapés. Legen Sie anschließend wieder mit Hilfe der Palette alle Canapés in einer Reihe auf ein mit einem feuchten Tuch bedecktes Brett. Legen Sie die Reihen dicht nebeneinander, ohne Platz zu verlieren. Fügen Sie das Dekor hinzu und stellen Sie die Brettchen in den Kühlschrank. Wenn Sie mehrere Lagen aufeinanderstapeln wollen, trennen Sie sie mit Hilfe von dicken Korken oder kleinen Portionsförmchen, damit das Dekor nicht zerstört wird.

Canapés mit rohem Schinken

Dieses Rezept dient auch als Grundmodell für die folgenden.

Zubereitungszeit: 15 min
Kühlzeit: 1 h

Zutaten für 24 Canapés:
3 6 mm dicke Brotstreifen (22×7,5 cm)
100 g von Fett und Sehnen befreiter, 2 mm dick geschnittener roher Schinken
50 g Creme-Butter (S. 66)

Dekoration:
25 g Creme-Butter (S. 66)

Geräte und Arbeitsmaterial:
Grundmaterialien S. 100
zusätzlich 1 Teigrolle
Spritzbeutel mit gezackter Tülle
Bleistift
Frischhaltefolie

Das Brotbrett mit Folie bedecken, die Brotstreifen darauflegen und den Umriß mit einem Bleistift festhalten. Das Brot wieder wegnehmen.
Den Schinken auf das Brotbrett legen, so daß die markierte Fläche vollständig ausgefüllt wird. Wenn nötig, den Schinken mit der Teigrolle flach rollen. Darauf achten, daß keine Stelle unbedeckt bleibt.

Auf den kleinen Holzbrettchen die 2 Brotstreifen mit Butter bestreichen und mit der gebutterten Seite auf den Schinken legen; fest andrücken und im Kühlschrank eine Stunde kühlen lassen. Den Schinken zwischen den Brotstreifen durchschneiden. Auf sauberen Schnitt achten. Mit Hilfe der Palette die einzelnen Streifen nach und nach auf das Schnittmuster legen (mit dem Schinken nach unten!) und die jeweils 8 Canapés durchschneiden. Anschließend mit der Palette die Canapés auf ein mit einem feuchten Tuch belegtes Brett legen, Schinkenseite nach oben, und sorgfältig die Frischhaltefolie entfernen.

Dekoration: Mit Hilfe des Spritzbeutels auf jedes Canapés eine kleine Butterrose spritzen.

Aufbewahrung: Auf dem Holzbrett im Kühlschrank 24 h.

Canapés mit gekochtem Schinken

Zubereitungszeit: 15 min
Kühlzeit: 15 min

Zutaten für 24 Canapés:
3 6 mm dicke Brotstreifen (22×7,5 cm)
160 g gekochter Schinken, 3 mm dick geschnitten
50 g Mayonnaisenbutter (S. 66)

Dekoration:
2 Cornichons

Geräte und Arbeitsmaterial:
Grundmaterialien S. 100
außerdem 1 Teigrolle (nach Bedarf)
Frischhaltefolie
Bleistift

Die Mayonnaisenbutter vor Arbeitsbeginn aus dem Kühlschrank nehmen, damit sie weich wird. Verfahren Sie in gleicher Weise wie bei den Canapés mit rohem Schinken; ersetzen Sie den rohen Schinken durch gekochten und die Creme-Butter durch Mayonnaisenbutter.

Dekoration: In der Mitte jedes Canapés eine dünne Cornichonscheibe.

Aufbewahrung: Auf dem Holzbrett im Kühlschrank 24 h.

Canapés mit geräuchertem Lachs

Zubereitungszeit: 15 min
Kühlzeit: 1 h

Zutaten für 24 Canapés:
3 6 mm dicke Brotstreifen (22×7,5 cm)
100 g geräucherter Lachs (2 bis 3 mm dick)
50 g Creme-Butter (S. 66)

Geräte und Arbeitsmaterial:
Grundmaterialien S. 100
Frischhaltefolie
Bleistift

Arbeiten Sie, wie im Rezept zu den Canapés mit rohem Schinken angegeben.
Bei Lachs ist eine Dekoration überflüssig; stellen Sie später auf dem Buffet ein Schälchen mit Zitronenschnitzen in die Nähe.

Aufbewahrung: Auf dem Holzbrett im Kühlschrank 24 h.

Canapés mit kaltem Braten

Zubereitungszeit: 15 min
Kühlzeit: 1 h

Zutaten für 24 Canapés:
3 6 mm dicke Brotstreifen (22×7,5 cm)
160 g kalter Braten (3 mm dick geschnitten)
50 g Senf-Butter (S. 67)

Dekoration:
2 Cornichons

Geräte und Arbeitsmaterial:
Grundmaterialien S. 100
Frischhaltefolie
Bleistift

Bereiten Sie die Senf-Butter im letzten Moment zu, damit sie weich bleibt. Gehen Sie genauso vor wie bei den Canapés mit rohem Schinken.

Dekoration: In der Mitte jedes Canapés eine dünne Cornichonscheibe.

Aufbewahrung: Auf dem Holzbrett im Kühlschrank 24 h.

Canapés mit Nuß-Butter

Dieses Rezept dient auch als Modell für die folgenden.

Zubereitungszeit: 15 min

Zutaten für 24 Canapés:
3 6 mm dicke Brotstreifen (22×7,5 cm)
90 g Nuß-Butter (S. 67)
30 g Roquefort-Butter (S. 68)

Geräte:
Grundmaterialien S. 100
Spritzbeutel mit gezackter Tülle

Dekoration:
48 Nußkerne

Legen Sie die drei Brotstreifen nebeneinander auf das Brotbrett und bestreichen Sie sie mit Hilfe der Palette. Legen Sie anschließend jeden Streifen auf das Gittermuster und schneiden Sie die 8 Canapés zurecht. Die Canapés anschließend auf ein mit einem feuchten Tuch belegtes Holzbrett legen.

Dekoration: Jedes Canapé mit zwei durch zwei kleine Roquefort-Butter-Rosen getrennte Walnußkerne belegen.

Aufbewahrung: Auf dem Holzbrett im Kühlschrank 24 h.

Canapés mit Roquefort-Butter

Zubereitungszeit: 15 min

Zutaten für 24 Canapés:
3 6 mm dicke Brotstreifen (22×7,5 cm)
90 g Roquefort-Butter (S. 68)
75 g Staudensellerie

Dekoration:
1 TL gehackte Petersilie

Geräte:
Grundmaterialien S. 100

Die Roquefort-Butter mit einer Gabel weich kneten. Staudensellerie sehr fein hacken. Anschließend wie bei den Canapés mit

Nuß-Butter vorgehen. Vor dem Zerschneiden die Brotstreifen mit dem feingehackten Staudensellerie bestreuen.

Dekoration: Ein Hauch Petersilie in der Mitte jedes Canapés.

Aufbewahrung: Auf dem Holzbrett im Kühlschrank 24 h.

Canapés mit Champignons-Duxelles

Zubereitungszeit: 15 min

Zutaten für 24 Canapés:
3 10 mm dicke Brotstreifen (22×7,5 cm)
200 g Champignons-Duxelles mit Mayonnaise (S. 69)

Dekoration:
24 kleine geschmorte oder marinierte Champignonköpfe (S. 267 und S. 291)
1 EL Mayonnaise

Nappierung (nach Belieben):
2 EL klares Aspik

Geräte:
Grundmaterialien S. 100
Pinsel (nach Belieben)

Gehen Sie genauso vor wie bei den Canapés mit Nuß-Butter, ersetzen Sie nur die Nuß-Butter durch die Champignons-Duxelles.

Dekoration: Setzen Sie in die Mitte jedes Canapés einen Champignonkopf und verzieren Sie das Canapé mit vier kleinen Mayonnaisepunkten. Nach Belieben kann auch mit Aspik nappiert werden.

Aufbewahrung: Auf dem Holzbrett im Kühlschrank 24 h.

Canapés mit Kräuterquark

Zubereitungszeit: 15 min

Zutaten für 24 Canapés:
3 10 mm dicke Brotstreifen (22×7,5 cm)
210 g Kräuterquark-Sauce (S. 89)

Dekoration:
24 Walnußkerne

Geräte:
Grundmaterialien S. 100

Verfahren Sie genauso wie bei den Canapés mit Nuß-Butter.

Dekoration: Setzen Sie in die Mitte jedes Canapés einen Walnußkern.

Aufbewahrung: Auf dem Holzbrett im Kühlschrank 24 h.

Canapés mit Rührei

Zubereitungszeit: 15 min

Zutaten für 24 Canapés:
3 10 mm dicke Brotstreifen (22×7,5 cm)
Rührei (aus 4 Eiern, S. 71)
20 g blanchierte Paprika

Dekoration:
1 TL gehackte Petersilie

Geräte:
Grundmaterialien S. 100

Die Paprika in kleine Würfel schneiden und unter das Rührei ziehen. Gehen Sie ansonsten genauso vor wie bei den Canapés mit Nuß-Butter.

Dekoration: 1 Hauch Petersilie auf jedes Canapé.

Aufbewahrung: Auf dem Holzbrett im Kühlschrank 12 h.

Canapés mit Palmenherzen

Zubereitungszeit: 20 min

Zutaten für 24 Canapés:
3 10 mm dicke Brotstreifen (22×7,5 cm)
240 g Palmenherzen
90 g Tomatensauce »Napoleon« (S. 85)

Dekoration:
1 TL gehackte Petersilie

Nappierung (nach Belieben):
2 EL klares Aspik

Geräte:
Grundmaterialien S. 100, zusätzlich 1 Pinsel (nach Belieben)

Die zartesten Palmenherzen aussuchen und auf die Größe der Canapés zurechtschneiden. Die drei Brotstreifen nebeneinander auf das Brotbrett legen und mit der Tomatensauce bestreichen. Auf dem Gittermuster jeden Streifen in 8 Canapés zerschneiden; jedes Canapé mit Palmenherzen belegen. Die Canapés anschließend auf ein mit einem feuchten Tuch belegtes Brett legen.

Dekoration: Ein Hauch Petersilie auf jedes Canapé.
Nach Belieben anschließend mit klarem Aspik nappieren.

Aufbewahrung: Auf dem Holzbrett im Kühlschrank 12 h.

Mosaik-Canapés

Zubereitungszeit: 30 min
Kühlzeit: 1 h

Zutaten für 24 Canapés:
3 10 mm dicke Brotstreifen (22 × 7,5 cm)

Garnitur:
25 g blanchierter Paprika
50 g geriebener Schweizer Käse
25 g Crème fraîche
1 TL gehackte Petersilie
50 g Creme-Butter (S. 66)
1 Msp. Salz
Pfeffer aus der Mühle

Dekoration:
120 g gekochter Schinken (3 mm dick)
3 Cornichons

Geräte:
Grundmaterial S. 100

Die Paprika in kleine Würfel schneiden, anschließend alle Zutaten der Garnitur miteinander vermengen. Die drei Brotstreifen nebeneinander auf das Brotbrett legen, großzügig mit der Garnitur bestreichen. Im Kühlschrank 1 h hart werden lassen, anschließend auf dem Gittermuster die Streifen in Canapés schneiden. Die Canapés auf ein mit einem feuchten Tuch bedecktes Brett legen.

Dekoration: Den Schinken in Rechtecke der Größe eines Canapés schneiden, anschließend diagonal in zwei Dreiecke teilen. Auf jedes Canapé ein Schinkendreieck legen und in der Mitte mit einer Cornichon-Scheibe verzieren.

Aufbewahrung: Die fertigen Canapés auf dem Holzbrett im Kühlschrank 12 h; die Garnitur in einem geschlossenen Behälter im Kühlschrank 24 h; in diesem Fall die Garnitur 2 h vor Arbeitsbeginn aus dem Kühlschrank nehmen und sie, ohne umzurühren, langsam auf Zimmertemperatur bringen.

Canapés mit Spargelspitzen

Zubereitungszeit: 15 min

Zutaten für 24 Canapés:
3 10 mm dicke Brotstreifen (22 × 7,5 cm)
150 g kleine grüne Spargelspitzen
90 g Mayonnaise (S. 77)

Dekoration:
40 g Tomatenmark

Nappierung (nach Belieben):
2 EL klares Aspik

Geräte:
Grundmaterialien S. 100
1 Sieb
1 Spritzbeutel
Pinsel (nach Belieben)

Die Spargelspitzen abtropfen lassen. Die drei Brotstreifen nebeneinander legen und mit der Mayonnaise bestreichen. Jeden Brotstreifen auf das Gittermuster legen und in 8 Canapés zerschneiden; die Spargelspitzen auf die Größe der Canapés zurechtschneiden; zwei oder drei Spargelspitzen auf jedes Canapé legen.

Dekoration: Zwei dünne Tomatenmarkstreifen mit Hilfe der Spritztülle quer über die Canapés ziehen. Nach Belieben mit klarem Aspik nappieren.

Aufbewahrung: Im Kühlschrank 12 h.

Canapés mit Rollmops

Zubereitungszeit: 15 min

Zutaten für 24 Canapés:
3 10 mm dicke Brotstreifen (22×7,5 cm)
200 g Rollmops
50 g Creme-Butter (S. 66)

Nappierung:
2 EL dicke Sahne
2 EL klares Aspik

Geräte:
Grundmaterialien S. 100
Sieb
Schneebesen
Pinsel
Fließpapier

Die Rollmöpse abtropfen lassen und trockentupfen. Auf die Größe der Canapés zurechtschneiden, dabei die Seiten glatt schneiden. Die drei Brotstreifen auf einem Brotbrett nebeneinanderlegen und mit der Creme-Butter bestreichen. Jeden Streifen auf das Gittermuster legen und in 8 Canapés zerteilen. Die Rollmops-Stücke auf die Canapés legen.

Nappierung: Mit dem Schneebesen das lauwarme Aspik und die Sahne miteinander verrühren und sofort die Canapés mit Hilfe des Pinsels nappieren. Die Canapés auf ein mit einem feuchten Tuch belegtes Brett legen.

Aufbewahrung: Auf dem Holzbrett im Kühlschrank 24 h.

Runde Canapés

Sie haben die Wahl zwischen zwei Methoden:

Schnelle Methode

Wählen Sie ein Kastentoastbrot, das Sie horizontal in lange Scheiben schneiden. Legen Sie die Scheiben nebeneinander und bestreichen Sie sie mit Hilfe einer rostfreien Palette mit Creme-Butter oder dem entsprechenden Grundaufstrich. Stechen Sie die Canapés mit Hilfe eines Ringes aus und belegen Sie sie mit der entsprechenden Garnitur.

Klassische Methode

Wählen Sie ein rundes Toastbrot, schneiden Sie es in Scheiben und stechen Sie mit Hilfe eines Ringes die Kruste ab. Legen Sie die Scheiben nebeneinander und bestreichen Sie sie.
Die schnelle Methode bedeutet eine erhebliche Zeitersparnis, ist allerdings etwas teurer. Bei der klassischen Methode gibt es kaum Abfälle, doch das Bestreichen mit Butter oder einem anderen Grundaufstrich nimmt acht- bis zehnmal soviel Zeit in Anspruch.
In den folgenden Rezepten geben wir jeweils beide Zubereitungsarten an; die Mengen der jeweiligen Zutaten sind für die schnelle Methode kalkuliert.
Bei beiden Methoden legen Sie nach der Garnierung die Canapés mit Hilfe der Palette auf ein mit einem feuchten Tuch belegtes Brett.

Grundmaterialien

1 Brotbrett
1 runde Ausstechform (ø 5 cm)
2 oder 3 Holzbrettchen
rostfreie Palette (25 cm)
feuchte weiße Küchentücher

Canapés mit Sardellenfilets

Zubereitungszeit:
20 min (schnelle Methode)
30 min (klassische Methode)

Zutaten für 24 Canapés:
3 6 mm dicke Brotstreifen (22×7,5 cm)
oder 24 runde, 6 mm dicke Toastscheiben
12 Sardellenfilets in Öl
6 kleine hartgekochte Eier
50 g Creme-Butter (S. 66)

Nappierung (nach Belieben):
2 EL klares Aspik

Geräte:
Grundmaterial S. 111
Eierschneider
Pinsel (nach Belieben)

Wenn nötig, Brotkruste entfernen. Die Sardellen zuerst der Länge, dann der Breite nach halbieren, so daß insgesamt 48 kleine Stücke entstehen. Eier schälen und in Scheiben schneiden. Alle Canapés buttern; auf jedes Canapé eine Eischeibe und darauf gekreuzt zwei Sardellenstreifen legen. Wenn gewünscht, mit klarem Aspik nappieren.

Aufbewahrung: Im Kühlschrank, auf einem mit einem feuchten Tuch bedeckten Brett, 24 h.

Canapés mit Chorizo

Zubereitungszeit:
15 min (schnelle Methode)
25 min (klassische Methode)

Zutaten für 24 Canapés:
3 6 mm dicke Toatbrotstreifen (22×7,5 cm) oder
24 6 mm dicke, runde Toastbrotscheiben
24 g scharfe oder milde Chorizo
50 g Creme-Butter (S. 66)

Dekorierung:
24 Kapern
1 EL Creme-Butter (S. 66)

Geräte:
Grundmaterial S. 111
Sieb

Wenn nötig, Brotkruste entfernen. Die Kapern abtropfen lassen. Alle Canapés auf dem Brotbrett buttern. Die Chorizo in 72 feine

Scheiben schneiden; drei Scheiben jeweils überlappend auf ein Canapé legen. Statt Chorizo können Sie auch Kolbacz oder eine ähnliche Wurst nehmen.

Dekoration: In die Mitte jedes Canapés einen Butterpunkt drükken und eine Kaper darauflegen.

Aufbewahrung: Im Kühlschrank, auf einem mit einem feuchten Tuch bedeckten Brett, 24 h.

Canapés mit Leber-Pastete

Zubereitungszeit:
15 min (schnelle Methode)
25 min (klassische Methode)

Zutaten für 24 Canapés:
3 6 mm dicke Toastbrotstreifen (22×7,5 cm)
oder 24 6 mm dicke, runde Toastbrotscheiben
300 g getrüffelte Gänse- oder Entenleber-Pastete in Rollenform (Ø 5 cm) (foie gras truffé)
50 g Creme-Butter (S. 66)

Geräte:
Grundmaterial S. 111
Eierschneider
oder flaches Messer

Die Leber-Pastete bis zum letzten Moment im Kühlschrank lassen, damit sie sich besser schneiden läßt. Alle Canapés mit wenig Creme-Butter bestreichen. Die Leber-Pastete mit Hilfe des Eierschneiders, der vorher in heißes Wasser gelegt und dann abgetrocknet wurde, oder eines flachen Messers, das vor jedem Schnitt in heißes Wasser getaucht und abgetrocknet wird, in 5 mm dicke Scheiben schneiden.

Aufbewahrung: Im Kühlschrank, auf einem mit einem feuchten Tuch bedeckten Brett, 12 h.

Anmerkung: Bleibt Leberpastete über, können Sie Leber-Mousse daraus machen.

Canapés mit Ziegenkäse

Zubereitungszeit:
15 min (schnelle Methode)
25 min (klassische Methode)

Zutaten für 24 Canapés:
3 6 mm dicke Toastbrot-streifen (22×7,5 cm)
24 6 mm dicke, runde Toast-brotscheiben
1 Ziegenkäse in Rollenform (Ø 5 cm)
50 g Creme-Butter (S. 66)
3 EL Olivenöl
3 TL Cognac

Geräte:
Grundmaterial S. 111
kleine Schale
Eierschneider (nach Belieben)
Pinsel

Dekoration:
Thymianblüten

Den Käse bis zum letzten Moment im Kühlschrank lassen. Alle Canapés buttern. Die Kruste des Käses abkratzen. Mit dem Eierschneider in Scheiben schneiden: diese Methode hat den Vorteil, daß man gleichmäßig dicke Käsescheiben erhält. Die Käsescheiben halbieren und leicht überlappend auf die Canapés legen. Öl und Cognac miteinander vermischen und den Käse damit einpinseln.

Dekoration: Einige Thymianblüten.

Aufbewahrung: Im Kühlschrank, auf einem mit einem feuchten Tuch bedeckten Brett, 12 h.

Canapés Mimosa

Zubereitungszeit:
20 min (schnelle Methode)
30 min (klassische Methode)

Zutaten für 24 Canapés:
3 1 cm dicke Toastbrotstreifen (22×7,5 cm)
oder 24 1 cm dicke, runde Toastbrotscheiben
4 kleine hartgekochte Eier
3 harte Eigelb
50 g Mayonnaise (S. 77)
1 Msp. Salz und Pfeffer gemischt

Dekoration:
Einige Kerbelstengel oder Tomatenmark

Nappierung (nach Belieben):
2 EL klares Aspik

Geräte:
Grundmaterial S. 111
kleine Schüssel
Eierschneider
Pinsel (nach Belieben)

Die drei Eigelb in der Schüssel zerdrücken, die Mayonnaise hinzufügen und gut vermischen; die so erzielte Paste mit der Palette auf die Canapés streichen. Die Eier schälen und in Scheiben schneiden; auf jedes Canapé eine schöne Scheibe legen, salzen und pfeffern.

Dekoration: Etwas Kerbel oder ein Tupfer Tomatenmark.
Nach Wunsch mit geklärtem Aspik nappieren.

Aufbewahrung: Im Kühlschrank, auf einem mit einem feuchten Tuch bedeckten Brett, 24 h.

Canapés mit Wachteleiern

Zubereitungszeit:
20 min (schnelle Methode)
30 min (klassische Methode)

Zutaten für 24 Canapés:
3 1 cm dicke Toastbrotstreifen (22×7,5 cm)
oder 24 1 cm dicke, runde Toastbrotscheiben
24 hartgekochte Wachteleier
100 g Tomatensauce »Napoleon« (S. 85)

Dekoration:
1 EL Tomatenmark

Nappierung:
2 EL klares Aspik

Geräte:
Grundmaterial S. 116
kleine Schüssel

Die Eier schälen und in einer kleinen, mit kaltem, leicht gesalzenem Wasser gefüllten Schüssel aufbewahren. Die Sauce auf alle Canapés verteilen. Die Eier halbieren; die beiden Hälften nebeneinander auf die Canapés legen.

Dekoration: Auf die Mitte jedes Canapés einen Klecks Tomatenmark tupfen.

Nappierung: Mit klarem Aspik dünn nappieren.

Aufbewahrung: Im Kühlschrank, auf einem mit einem feuchten Tuch bedeckten Brett, 24 h.

Canapés mit Rogen (Kaviar, Lachs- und Seehasenrogen)

Zubereitungszeit:
20 min (schnelle Methode)
30 min (klassische Methode)

Zutaten für 24 Canapés:
3 6 mm dicke Toastbrotstreifen (22×7,5 cm)
oder 24 6 mm dicke, runde Toastbrotscheiben
240 g Kaviar
oder 280 g Seehasenrogen
oder 320 g Lachsrogen
50 g Creme-Butter

Dekoration (nur bei Kaviar):
1 EL Eigelb, grobgehackt
1 EL weiße Zwiebeln, roh, gehackt

Geräte:
Grundmaterial S. 111

Alle Canapés buttern. Den Ausstecher mit einigen Canapés füllen, so daß zwischen dem ersten und dem Rand nur wenige Millimeter Abstand bleiben; mit Hilfe einer Palette diesen Abstand mit Rogen auffüllen und glattstreichen. Auf der unteren Seite ein weiteres Canapés hineindrücken, so daß das mit Rogen bestrichene oben herausgepreßt wird und abgenommen werden kann.

Dekoration: Für Kaviar-Canapés: 1 Msp. gehacktes Eigelb und 1 Msp. gehackte Zwiebeln.

Aufbewahrung: Im Kühlschrank, auf einem mit einem feuchten Tuch bedeckten Brett, 24 h.

Canapés mit Radieschen

Zubereitungszeit:
20 min (schnelle Methode)
30 min (klassische Methode)

Zutaten für 24 Canapés:
3 6 mm dicke Toastbrotstreifen (22×7,5 cm)
oder 24 6 mm dicke, runde Toastbrotscheiben
36 längliche, rosa Radieschen
Petersilie
50 g Creme-Butter (S. 66)
Salz, Pfeffer

Nappierung (nach Belieben):
2 EL klares Aspik

Geräte:
Grundmaterial S. 111
Pinsel (nach Belieben)

Die Canapés buttern, salzen und pfeffern. Die Radieschen waschen, den grünen Blattansatz abschneiden und der Länge nach halbieren. Auf $^2/_3$ der Oberfläche jedes Canapés drei halbe Radieschen tulpenförmig anordnen; auf dem restlichen Drittel mit der Petersilie einen Stiel andeuten. Nach Wunsch mit klarem Aspik nappieren.

Aufbewahrung: Im Kühlschrank, auf einem mit einem feuchten Tuch bedeckten Brett, 12 h.

Canapés mit Tomaten und Eiern

Zubereitungszeit:
20 min (schnelle Methode)
30 min (klassische Methode)

Zutaten für 24 Canapés:
3 1 cm dicke Toastbrotstreifen (22×7,5 cm)
24 1 cm dicke, runde Toastbrotscheiben
3 schöne, runde Tomaten (je ca. 45 g)
3 kleine hartgekochte Eier
50 g Mayonnaise (S. 77)

Dekoration:
Petersilie

Nappierung (nach Wunsch):
2 EL klares Aspik

Geräte:
Grundmaterial S. 111
Eierschneider
Pinsel (nach Belieben)

Alle Canapés mit der Mayonnaise bestreichen. Die Tomaten achteln, die Eier schälen und in Scheiben schneiden; jede Scheibe halbieren. Die Canapés mit je einem Tomatenachtel und einer halben Eischeibe belegen.

Dekoration: Petersilie zwischen Ei und Tomate. Nach Wunsch mit klarem Aspik nappieren.

Aufbewahrung: Im Kühlschrank, auf einem mit einem feuchten Tuch bedeckten Brett, 12 h.

Rechteckige Sandwiches

Schnelle Methode und Arbeitsmaterial

Das Grundmaterial ist praktisch das gleiche wie für rechteckige Canapés, das heißt:

Brotbrett
3 oder 4 zusätzliche Brettchen
Brett oder Platte mit Gittermuster
langes, scharfes Messer
Palette (25 cm lang)
feuchte weiße Küchentücher

Bereiten Sie zuerst das Brett mit dem Gittermuster vor, das dazu dient, in einem Arbeitsgang zwölf gleich große Sandwiches herzustellen. Zeichnen Sie auf das Brett die Form eines rechteckigen Brotstreifens (22×7,5 cm) oder das Format der von Ihnen verwendeten Brotstreifen. Zeichnen Sie die Schnittlinien ein. Verlängern Sie alle Linien um einige Zentimeter, so daß sie auch dann sichtbar sind, wenn das Muster mit Brotstreifen bedeckt ist.
Belegen Sie die Brotstreifen auf dem Brotbrett je nach dem von Ihnen gewählten Rezept. Klappen Sie jeweils zwei Brotstreifen mit der Belagseite aufeinander. Legen Sie diese beiden Brotstreifen auf das Gittermuster, bedecken Sie sie mit weiteren doppelten Brotstreifen und schneiden Sie dann mit dem scharfen Messer entlang der Schnittlinien alle vier Brotlagen durch.

Aufbewahrung: Fahren Sie mit der Palette unter die geschnittenen Sandwiches und legen Sie sie auf ein mit einem feuchten Tuch bedecktes Brett. Achten Sie darauf, daß die Sandwiches eng nebeneinander liegen, damit Sie keinen Platz verlieren. Wenn das Brett voll ist, bedecken Sie die Sandwiches mit einem weiteren feuchten Tuch und legen darauf zur Beschwerung ein zweites Holzbrett, das gegebenenfalls als Unterlage für weitere Sandwiches dienen kann. Schichten Sie alles in den Kühlschrank.

Sandwiches mit Avocado und Brunnenkresse

Zubereitungszeit: 20 min

Zutaten für 24 Sandwiches:
8 1 cm dicke Toastbrotstreifen (22×7,5 cm)
200 g Avocadosauce (S. 79)
1 Bund Brunnenkresse
2 Blatt weiße Gelatine

Geräte:
Grundmaterial S. 119
großer Kochtopf
Rührschüssel

Die Kresse waschen und die Stengel entfernen. In der Rührschüssel im Wasserbad die Gelatine in einem EL Avocadosauce schmelzen lassen. Diese Mischung schnell mit dem Rest der Sauce vermengen. Kresse grob hacken und hinzufügen. Die 8 Brotstreifen nebeneinander legen und mit der Garnitur bestreichen. Jeweils 2 mit den bestrichenen Seiten aufeinanderklappen. Wie auf Seite 119 vermerkt, in der Arbeit fortfahren.

Sandwiches mit Champignons-Duxelles

Zubereitungszeit: 10 min

Zutaten für 24 Sandwiches:
8 1 cm dicke Toastbrotstreifen (22×7,5 cm)
400 g Champignons-Duxelles mit Mayonnaise (S. 69)

Geräte:
Grundmaterial S. 119

Vier nebeneinanderliegende Brotstreifen mit der Champignons-Duxelles bestreichen, mit den restlichen vier unbestrichenen Brotstreifen bedecken. Danach, wie auf Seite 119 vermerkt, fortfahren.

Aufbewahrung: Zwischen zwei feuchten Tüchern im Kühlschrank 24 h.

Sandwiches mit Kräuterquark

Zubereitungszeit: 10 min

Zutaten für 24 Sandwiches:
8 1 cm dicke Toastbrotstreifen (22×7,5 cm)
280 g Kräuterquarksauce S. 89

Geräte:
Grundmaterial S. 119

Die Sauce auf vier nebeneinanderliegende Brotstreifen streichen, mit den restlichen vier unbestrichenen Brotstreifen belegen. Weiterverarbeitung siehe Seite 119.

Aufbewahrung: Zwischen zwei feuchten Tüchern im Kühlschrank 12 h.

Sandwiches mit gekochtem Schinken

Zubereitungszeit: 15 min
Kühlzeit: 1 h

Zutaten für 24 Sandwiches:
8 6 mm dicke Toastbrotstreifen (22×7,5 cm)
160 g gekochter Schinken (3 mm dick)
60 g Mayonnaisen-Butter (S. 66)
25 g Cornichons

Geräte:
Grundmaterial S. 119

Die Mayonnaisen-Butter aus dem Kühlschrank nehmen und mit einer Gabel geschmeidig rühren. Alle Brotstreifen nebeneinander legen und mit der Mayonnaisen-Butter bestreichen. Auf vier Streifen den Schinken verteilen, dabei aufpassen, daß die Streifen vollständig bedeckt werden; die in Scheiben geschnittenen Cornichons darauf verteilen. Mit den anderen vier Brotstreifen bedecken. Den Schinken zwischen den Brotstreifen durchschneiden. Die langen Brotstreifen ungeschnitten in einem feuchten Tuch 1 h im Kühlschrank kühlen; anschließende Weiterverarbeitung, wie auf Seite 119 beschrieben.

Aufbewahrung: Zwischen zwei feuchten Tüchern im Kühlschrank 24 h.

Sandwiches mit rohem Schinken oder Hartwurst

Zubereitungszeit: 15 min
Kühlzeit: 1 h

Zutaten für 24 Sandwiches:
8 6 mm dicke Toastbrotstreifen (22×7,5 cm)
120 g roher Schinken oder Hartwurst (2 mm dick)
60 g Creme-Butter (S. 66)

Geräte:
Grundmaterial S. 119

Die Brotstreifen nebeneinander legen und buttern. Die Hartwurst oder den rohen Schinken auf 4 Brotstreifen verteilen; die Brotstreifen darauflegen und fest andrücken. Den Schinken oder die Hartwurst zwischen den einzelnen Brotstreifen durchschneiden und sauber abtrennen. In ein feuchtes Tuch hüllen und 1 h im Kühlschrank kühlen. Weiterverarbeitung siehe Seite 119.

Aufbewahrung: Zwischen zwei feuchten Tüchern im Kühlschrank 24 h.

Sandwiches mit Roquefort

(Abb. nach S. 48)

Zubereitungszeit: 10 min

Zutaten für 24 Sandwiches:
8 6 mm dicke Toastbrotstreifen (22×7,5 cm)
240 g Roquefort-Butter (S. 68)

Geräte:
Grundmaterial S. 119

Die Butter auf vier nebeneinanderliegende Brotstreifen streichen, die anderen vier unbestrichenen darauflegen und fest andrükken. Weiterverarbeitung siehe Seite 119.

Aufbewahrung: Zwischen zwei feuchten Tüchern im Kühlschrank 24 h.

Sandwiches mit Kopfsalat

Zubereitungszeit: 25 min

Zutaten für 24 Sandwiches:
8 1 cm dicke Toastbrotstreifen (22×7,5 cm)
1 Kopfsalat
1 hartgekochtes Ei
¼ Zitrone
60 g Mayonnaise (S. 77)
2 Msp. Salz und gemahlenen Pfeffer

Geräte:
Grundmaterial S. 119

Den Kopfsalat waschen und trocknen. 160 g Blätter abwiegen und in feine Streifen schneiden. Die Brotstreifen nebeneinander legen und mit Mayonnaise bestreichen. Auf vier Streifen das feingehackte hartgekochte Ei und anschließend die Salatstreifen verteilen; mit Zitronensaft beträufeln, salzen und pfeffern. Die übrigen vier Brotstreifen darauf legen. Weiterverarbeitung siehe Seite 119.

Aufbewahrung: Zwischen zwei feuchten Tüchern im Kühlschrank 12 h.

Sandwiches mit geräuchertem Lachs

Zubereitungszeit: 15 min
Kühlzeit: 1 h

Zutaten für 24 Sandwiches:
8 6 mm dicke Toastbrotstreifen (22×7,5 cm)
120 g geräucherter Lachs (2 oder 3 mm dick)
60 g Creme-Butter (S. 66)
½ Zitrone (nach Wunsch)

Geräte:
Grundmaterial S. 119

Die Brotstreifen nebeneinander legen und buttern, ganz mit Lachs bedecken. Je nach Wunsch mit Zitronensaft beträufeln. Mit den restlichen, nur gebutterten Streifen bedecken. Den Lachs zwischen den einzelnen Streifen sauber durchschneiden. Die Sandwichstreifen paarweise auf einem mit einem feuchten Tuch bedeckten Brett stapeln und eine Stunde im Kühlschrank hart werden lassen. Weiterverarbeitung siehe Seite 119.

Aufbewahrung: Zwischen zwei feuchten Tüchern im Kühlschrank 24 h.

Sandwiches mit Tomaten und Eiern

Zubereitungszeit: 15 min

Zutaten für 24 Sandwiches:
8 1 cm dicke Toastbrotstreifen (22×7,5 cm)
260 g Tomaten
1 hartgekochtes Ei
60 g Mayonnaise (S. 77)
1 Msp. Salz und gemahlener Pfeffer

Geräte:
Grundmaterial S. 119

Die Tomaten waschen und abtrocknen, in Scheiben schneiden, alles Grün vom Fruchtansatz entfernen. Die Brotstreifen nebeneinander legen und mit der Mayonnaise bestreichen. Das kleingehackte harte Ei auf vier Brotstreifen verteilen, die Tomatenscheiben dicht an dicht darauf legen, salzen und pfeffern. Die restlichen vier Brotstreifen darauflegen, die Tomaten zwischen den Rändern sauber abschneiden. Weiterverarbeitung siehe Seite 119.

Aufbewahrung: Zwischen zwei feuchten Tüchern im Kühlschrank 12 h.

Sandwiches mit kaltem Braten

Zubereitungszeit: 15 min
Kühlzeit: 1 h

Zutaten für 24 Sandwiches:
8 6 mm dicke Toastbrotstreifen (22×7,5 cm)
300 g kalter Braten (3 mm dick)
60 g Senf-Butter (S. 67)
25 g Cornichons

Geräte:
Grundmaterial S. 119

Machen Sie die Senf-Butter erst im letzten Moment, damit sie weich bleibt. Die Cornichons fein hacken und unter die Senf-Butter mischen. Die Brotstreifen nebeneinander legen und mit der Mischung bestreichen. Vier Brotstreifen lückenlos mit dem kalten Braten belegen, mit den restlichen vier Brotstreifen bedekken. Das Fleisch zwischen den Brotstreifen sauber durchtrennen. Die Sandwichstreifen auf einem mit einem feuchten Tuch bedeckten Brett aufeinanderstapeln und eine Stunde im Kühlschrank kühlen. Weiterverarbeitung siehe Seite 119.

Aufbewahrung: Zwischen zwei feuchten Tüchern im Kühlschrank 24 h.

Brioche-Brötchen mit Schweizer Käse

Zubereitungszeit: 20 min

Zutaten für 24 Sandwiches:
24 ovale Brioche-Brötchen (S. 329)
140 g Schweizer Käse am Stück
50 g Senf-Butter (S. 67)
1 Msp. Salz und Pfeffer

Geräte:
Messer
feuchtes Küchentuch oder Frischhaltefolie

Bereiten Sie die Senf-Butter erst im letzten Moment zu, damit sie weich bleibt. Den Käse in Scheiben schneiden und anschließend in Rechtecke in der Größe der Brötchen; die Käsescheiben würzen. Brötchen öffnen, ohne sie auseinanderzuschneiden, mit der Senf-Butter bestreichen und mit je einem Käserechteck füllen. Wieder zuklappen. Die Brötchen in ein feuchtes Tuch oder Frischhaltefolie wickeln und bis zum Servieren im Kühlschrank aufbewahren.

Aufbewahrung: Eingewickelt, wie oben beschrieben, im Kühlschrank 24 h.

Brioche-Brötchen mit Schinken

(Abb. nach S. 48)

Zubereitungszeit: 20 min

Zutaten für 24 Sandwiches:
24 ovale Brioche-Brötchen (S. 329)
140 g gekochter Schinken (3 mm dick)
50 g Senf-Butter (S. 67)

Gerät und Arbeitsmaterial:
feuchtes Tuch oder Frischhaltefolie

Die Senf-Butter erst im letzten Moment zubereiten, damit sie weich bleibt. Den Schinken in 24 Rechtecke schneiden, die die

Größe der Brötchen haben (aus einer großen Scheibe gekochtem Schinken kann man ungefähr 14 kleine Rechtecke schneiden).
Die Brötchen auf-, aber nicht auseinanderschneiden, mit der Senf-Butter ausstreichen und mit je einem Schinkenrechteck füllen. Wieder zuklappen. Die Brötchen in ein feuchtes Tuch oder in Frischhaltefolie wickeln und bis zum Servieren im Kühlschrank aufbewahren.

Aufbewahrung: Eingewickelt, wie oben beschrieben, im Kühlschrank 24 h.

Brioche-Brötchen mit Entenleber-Mousse

(Abb. nach S. 48)

Zubereitungszeit: 15 min

Zutaten für 24 Sandwiches:
24 ovale Brioche-Brötchen (S. 329)
75 g Entenleber-Mousse (S. 70)
75 g Creme-Butter (S. 66)
1½ EL Portwein, Cognac oder Madeira
1 Msp Salz und Pfeffer

Geräte und Arbeitsmaterial:
Spritzbeutel mit Tülle (Ø 1 cm) (nach Belieben)
feuchtes Küchentuch oder Frischhaltefolie

Die Entenleber-Mousse mit der Creme-Butter und dem von Ihnen gewählten Alkohol verrühren. Die Brötchen auf-, aber nicht auseinanderschneiden, mit einem Messer oder dem Spritzbeutel mit der Leber-Creme füllen und wieder zuklappen. Die Brötchen in ein feuchtes Tuch oder in Frischhaltefolie wickeln und bis zum Servieren im Kühlschrank aufbewahren.

Aufbewahrung: Eingewickelt, wie oben beschrieben, im Kühlschrank 24 h.

KAPITEL 5

Kleine kalte und warme Gerichte

Kleine Teiggerichte

- Käsestreichhölzer
- Spinattörtchen
- Blätterteigtörtchen »Pissaladière«
- Blätterteigtörtchen mit Roquefort
- Käse-Schweinsohren
- Blätterteigstangen mit Käse
- Blätterteigstangen mit geräuchertem Lachs
- Würstchen in Blätterteig

Kleine Obstspieße

- Ananas, Bananen oder Pflaumen mit geräuchertem Speck

Kleine Gemüsegerichte

- Staudensellerie mit Roquefort
- Gefüllte Champignons
- Gefüllte Gurken
- Gefüllte Tomaten

Kleine Eigerichte

- Omelettewürfel mit Oliven
- Hartgekochte Eier mit Tapenade
- Garnierte Eier

Kleine Gerichte mit Toast

- Bulotade (Gericht mit Meeresschnecken)
- Croque-Monsieur (Käse-Schinken-Toast)
- Croque-Madame (Käse-Schinken-Ananas-Toast)
- Geröstete Baguette mit Tapenade

Blätterteigtörtchen (Rezept S. 131) ▷
Käse-Schweinsohren (Rezept S. 133)

Käsestreichhölzer

Zubereitungszeit: 25 min
Backzeit: 2 × 10 min

Zutaten für 80 Stück:
500 g Blätterteig
100 feingeriebener, trockener Schweizer Käse
1 Hauch Muskat
Pfeffer aus der Mühle
1 Msp. Salz

Geräte und Arbeitsmaterial:
Backblech
Teigrolle
Lineal (30 cm)
Backtrennpapier

Am Vorabend den Käse reiben und mit den Gewürzen vermengen. Auf der Arbeitsfläche den Blätterteig ausrollen, mit dem Käse bestreuen, zusammenklappen. Den Teig 5 min in die Tiefkühltruhe geben.
Den Herd auf 200° (Th. 6) vorheizen; diese Temperatur muß möglichst genau eingehalten werden, damit der Blätterteig beim Backen aufgehen kann. Den Teig auf 2 mm Dicke ausrollen. Den

Vorhergehende Doppelseite: *Rustikales Buffet* (S. 24)

1. Bunter Zungensalat, S. 302
2. Schweinskopf in Petersilie, S. 187
3. Lammkeule, als Lammrücken präsentiert, S. 248
4. Salat aus Taschenkrebsen und Krabben, S. 308
5. Käseplatte, S. 312
6. Staudensellerie mit Roquefort, S. 138
7. Gratiniertes Huhn mit Blätterteig, S. 257
8. Zucchini-Fächer, S. 276
9. Pariser Flan, S. 319
10. Blätterteigtorte mit roten Früchten, S. 325

◁ *Croque Monsieur* (Rezept S. 145)

ausgerollten Teig in zwei Hälften teilen; die eine Hälfte zusammenschlagen und auf einem Teller im Kühlschrank aufbewahren. Die andere Hälfte mit Hilfe des Lineals in 1,5 cm breite und 7 cm lange »Streichhölzer« schneiden.
Ungefähr 40 Streichhölzer auf das mit Backtrennpapier belegte Backblech geben. Bei 200° 10 Minuten backen. Unterdessen die zweite Teighälfte in gleicher Weise vorbereiten. Auf Tellern oder in Schüsseln kalt oder heiß reichen.

Aufbewahrung: In einer hermetisch geschlossenen Dose 8 Tage. Sie können die Streichhölzer vor dem Servieren 5 min im auf 150° (Th. 5) vorgeheizten Herd aufwärmen.

Spinattörtchen

Die Mürbeteigböden und die Spinat-Garnitur können am Vortag hergestellt werden, aber es ist ratsam, mit dem Garnieren und Backen bis zum letzten Moment zu warten.

Zubereitungszeit: 5 bis 10 min
Backzeit: 9 bis 15 min

Zutaten für 15, 30 oder 45 Stück:
1,3 kg Spinatgarnitur (S. 277)
Mürbeteigtörtchen, in ihren Formen aufbewahrt:
15 Törtchen Ø 8 cm
oder 30 8 cm lange Kuchenschiffchen
oder 45 kleine Petit-fours-Förmchen

(Rezept für Mürbeteig siehe Lenôtre, Das große Buch vom König der Feinbäcker, Heyne-Taschenbuch 4317)

Die Mürbeteigtörtchen am Vortag backen, nicht auslösen und erst in letzter Minute mit der Spinat-Garnitur füllen, damit der Teig nicht durchweicht. Den Herd auf 170° (Th. 5) vorheizen. 9, 12 oder 15 min, je nach Größe, backen. Aus den Formen nehmen, anrichten und sofort servieren.

Blätterteigtörtchen »Pissaladière«

(Abb. S. 128)

Die Garnitur kann einige Tage zuvor hergestellt werden.

Zubereitungszeit: 2 × 15 min
Backzeit: 10 min und 15 min

Zutaten für 25 bis 30 Stück:
350 g Blätterteig
300 g Tomatenpulpe
350 g Zwiebeln
10 Sardellenfilets in Öl
30 kleine schwarze Oliven
2 EL Tomatenmark
1 TL gehackte Petersilie
1 Hauch Oregano
4 EL Olivenöl
2 TL feines Salz
1 Msp. Pfeffer

Geräte:
Backblech
2 Pfannen
Teigrolle
runder Ausstecher Ø 6 cm

Die Zwiebeln fein hacken. In der Hälfte des Öles in einer Pfanne 10 min schwitzen lassen, ohne daß sie Farbe annehmen. Mit einem Spatel aus Holz umrühren. Unterdessen in der zweiten Pfanne unter häufigem Rühren in dem restlichen Öl das Tomatenfleisch und -mark einkochen lassen. Salzen und pfeffern. Am Schluß Petersilie und Oregano hinzufügen. In einer Schüssel Zwiebeln und Tomatenfleisch miteinander vermengen.
Den Herd auf 220° (Th. 7) vorheizen. Den Blätterteig sehr dünn ausrollen (1,5 mm); mit dem Ausstecher runde Teigstücke ausstechen. Auf das angefeuchtete Backblech legen. Die ganze Oberfläche mit einer Gabel mit sehr spitzen Zinken einstechen. Die Mitte jeder Scheibe mit 1 TL Garnitur belegen.
10 bis 15 min bei 220° backen; dabei beobachten. Verteilt sich die Hitze ungleichmäßig, das Backblech nach der Hälfte der Zeit wenden. Nach dem Backen jedes Blätterteigstück mit ⅓ Sardellenfilet und 1 Olive belegen. Möglichst heiß auf vorgewärmten Tellern servieren.

Aufbewahrung: Die Garnitur in einem verschlossenen Behälter im Kühlschrank 4 bis 5 Tage; die fertigen Blätterteigstücke bei Zimmertemperatur 24 h (zum Aufwärmen 5 min in den auf 180° [Th. 5] vorgeheizten Herd stellen).

Blätterteigtörtchen mit Roquefort

Zubereitungszeit: 20 min
Backzeit: 15 min

Zutaten für 20 Stück:
350 g Blätterteig
1 Ei

Garnitur:
75 g Roquefort
2 dl Milch
2 EL feinstes Rosenmehl, gesiebt
1 EL Butter
2 Eigelb
1 Hauch Muskat

Geräte:
Kasserolle (2 l)
Schneebesen
Teigrolle
runder Ausstecher Ø 6 cm
Pinsel
Backblech

Auf der leicht eingemehlten Arbeitsfläche den Teig 3 mm dick ausrollen, mit dem Ausstecher 20 Scheiben ausstechen und auf das angefeuchtete Backblech legen. Den Ofen auf 220° (Th. 7) vorheizen. Die Scheiben mit dem geschlagenen Ei bestreichen und mit einer Gabel kreuzweise leicht einfurchen.
10 bis 15 min backen; dabei überwachen. Ist die Hitze ungleichmäßig, das Backblech nach der Hälfte der Zeit umdrehen. Unterdessen in der Kasserolle alle Zutaten der Garnitur vermischen, zum Kochen bringen und unter ständigem Rühren 2 min kochen lassen. Die fertig gebackenen, noch heißen Blätterteigtörtchen aufschneiden, mit der heißen Garnitur füllen und wieder schließen. Heiß servieren.

Aufbewahrung: Die Garnitur in einem verschlossenen Behälter im Kühlschrank 24 h; vor dem Garnieren im Wasserbad erwärmen. Die gefüllten Blätterteigtörtchen im Kühlschrank 12 h. Zum Aufwärmen 10 min in den auf 200° (Th. 6) vorgeheizten Herd stellen.

Käse-Schweinsohren

(Abb. S. 128)

Zubereitungszeit: 25 min
Kühlzeit: 10 min
Backzeit: 10 min

Zutaten für 60 Stück:
200 g Blätterteig
50 g Schweizer Käse
1 Hauch Muskat
Pfeffer aus der Mühle
1 EL grobes Salz

Geräte und Arbeitsmaterial:
Längliche Platte
Backblech
Teigrolle
Lineal mit Maßeinteilung
Backtrennpapier

Am Vortag den Käse sehr fein reiben, damit er richtig trocken wird.
Auf der bemehlten Arbeitsfläche den mit Muskat und Pfeffer vermischten Käse im Teig einrollen. Den Teig 5 min im Tiefkühlschrank kühlen. Den Herd auf 200° (Th. 6) vorheizen.
Den Teig bandförmig (15 × 30 cm) ausrollen. Von beiden Längsseiten aus in die Mitte falten, dann die beiden gefalteten Lagen übereinanderlegen, so daß 4 Schichten Blätterteig aufeinanderliegen. Das zusammengefaltete Band auf der länglichen Platte 5 min im Tiefkühlschrank kühlen.
Das hartgewordene Band in 0,5 cm dicke Scheiben schneiden; sie erzielen ungefähr 60 Schweinsohren. Das Backblech mit Backtrennpapier belegen und die Schweinsohren darauf legen; Abstand zwischen den Schweinsohren halten, da sie während des Backens aufgehen. Mit dem etwas zerdrückten groben Salz bestreuen. 10 min backen und kalt werden lassen. Auf der Servierplatte kalt oder warm servieren.

Aufbewahrung: 8 Tage in einer trockenen, luftdichten Dose. Zum Aufwärmen 5 min in den auf 180° (Th. 5) vorgeheizten Herd stellen.

Blätterteigstangen mit Käse

Vorbereitungszeit: 25 min
Kühlzeit: 5 min
Backzeit: 2 × 15 min

Zutaten für 80 Stück:
450 g Blätterteig
100 g Schweizer Käse
1 Hauch Muskat
Pfeffer aus der Mühle
1 EL grobes Salz

Geräte:
Backblech
Teigrolle
breites, langes Messer

Den Käse am Vortag reiben, damit er richtig trocken wird. Auf der leicht bemehlten Arbeitsfläche ⅔ des mit Pfeffer und Muskat gewürzten Käses in den Teig einrollen. 5 min in das Tiefkühlfach legen.
Den Herd auf 200° (Th. 6) vorheizen. Diese Temperatur muß genau eingehalten werden, damit der Blätterteig aufgeht. 2 mm dünn ausrollen, mit der restlichen Käsemischung und dem zerstoßenen groben Salz bestreuen. Einmal leicht mit der Teigrolle darübergehen, damit Käse und Gewürze in den Teig gedrückt werden.
Den Teig in zwei Teile schneiden; die eine Hälfte zusammenfalten, auf einen Teller legen und im Kühlschrank aufbewahren. Die andere Hälfte in 2 × 7 cm große Rechtecke schneiden; jedes Ende des länglichen Bandes einmal herumdrehen, damit die Stangen ihre Form bekommen. Die Stangen auf das angefeuchtete Backblech legen und dabei bedenken, daß sie während des Backens aufgehen. 10 min bei 200° (Th. 6) und 5 min bei 180° (Th. 5) backen. Während der Backzeit den restlichen Teig in gleicher Weise verarbeiten. Kalt und warm auf Platten oder in Servierschüsseln servieren.

Aufbewahrung: In einer trockenen, luftdichten Dose 8 Tage. Zum Aufwärmen 5 min in einen auf 180° (Th. 5) vorgeheizten Herd stellen.

Blätterteigstangen mit geräuchertem Lachs

Vorbereitungszeit: 25 min
Kühlzeit: ungefähr 30 min
Backzeit: 15 min

Zutaten für 40 Stück:
450 g Blätterteig
200 g geräucherter Lachs
1 Ei
Dillspitzen
Pfeffer aus der Mühle

Geräte und Arbeitsmaterial:
Backblech
Teigrolle
Lineal mit Zentimentereinteilung
Pinsel
Backtrennpapier

Für das Büffet:
Schalen oder Servierschüssel

Wenn der Lachs nicht sehr feingeschnitten sein sollte, mit der Teigrolle zwischen zwei Lagen Frischhaltefolie so dünn wie möglich ausrollen, ohne ihn zu zerbrechen. Den Dill fein hacken. Auf der leicht bemehlten Arbeitsfläche den Teig zu einem Rechteck von 40×20 cm 1,5 mm dünn ausrollen. Mit dem leicht verquirlten Ei bestreichen und die Ränder so abschneiden, daß das Rechteck möglichst sauber geschnitten ist. Das Rechteck halbieren, so daß zwei Quadrate mit je 20×20 cm entstehen.
Auf eines der Quadrate den Lachs lückenlos auflegen, mit dem gehackten Dill bestreuen und je nach Geschmack pfeffern. Die andere Hälfte mit der mit Ei bestrichenen Seite nach unten auf den Lachs legen.
Mit der Teigrolle andrücken, ohne den Teig weiter auszuwalzen; anschließend in 10 cm breite Streifen schneiden. Die Streifen flach nebeneinander auf ein Holzbrett legen und ungefähr 30 min in den Kühlschrank stellen, damit sie hart werden.
Den Herd auf 200° (Th. 6) vorheizen. Die Streifen in längliche Rechtecke (1,5×10 cm) schneiden; beide Enden der länglichen Rechtecke einmal um sich drehen und diese auf das mit Backtrennpapier belegte Backblech legen. 10 min bei 200° (Th. 6) und anschließend noch 5 min bei 180° (Th. 5) backen. Kalt oder warm servieren.

Aufbewahrung: In einer luftdicht verschlossenen Dose 3 Tage. Zum Aufwärmen 5 min in den auf 180° (Th. 5) vorgeheizten Herd schieben.

Würstchen in Blätterteig

(Abb. nach S. 48)

Vorbereitungszeit: 20 min
Kühlzeit: 30 min
Backzeit: 18 bis 20 min

Zutaten für 30 Stück:
250 g Blätterteig
250 g Würstchenmett
1 Ei

Geräte:
Backblech
Teigrolle
Spritzbeutel mit glatter Tülle (Ø 1,5 cm)
Pinsel

Den gut gekühlten Blätterteig auf der leicht bemehlten Arbeitsfläche zu einem 1,5 mm dicken Rechteck ausrollen. In 8 cm breite Streifen schneiden. In die Mitte jeden Streifens mit dem Spritzbeutel ein Band mit Würstchenmett spritzen. Mit dem Pinsel Teigrand leicht befeuchten. Zusammenrollen. Die Zylinder mit der Nahtstelle nach unten auf ein Holzbrett legen und 30 min im Kühlschrank kühlen, damit sie hart werden.
Den Herd auf 220° (Th. 7) vorheizen. Die Zylinder in 4 cm lange Stücke zerteilen und fest auf das angefeuchtete Backblech drükken, damit sie sich während des Backens nicht öffnen. Mit dem leicht verquirlten Ei bestreichen. 5 min bei 220° (Th. 7), dann 13 bis 15 min bei 200° (Th. 6) backen. Auf die Färbung achten. Auf einer angewärmten Servierplatte servieren.

Aufbewahrung: Auf einem mit einem feuchten Tuch bedeckten Brett 48 h im Kühlschrank. Zum Aufwärmen 10 min in den auf 180° (Th. 5) vorgeheizten Herd schieben.

Einfrieren: Kann man nur vor dem Backen: Die zerschnittenen Zylinder auf einem Holzbrett im Kühlschrank hart werden lassen und dann in einem Plastikbeutel einfrieren.
Vor dem Backen 2 h auf einem Holzbrett oder dem Backblech im Kühlschrank auftauen lassen.

Kleine Obstspieße

Ananas, Bananen oder Pflaumen mit geräuchertem Speck

(Abb. nach S. 48)

Vorbereitungszeit: 10 min
Backzeit: 10 min

Zutaten für 20 Spieße:
20 Würfel Ananas
oder 20 nicht zu dünne Bananenscheiben
oder 20 entsteinte Dörrpflaumen
10 2 mm dicke, magere, geräucherte Schweinebauchscheiben
1 Apfel (nach Belieben)

Geräte:
hitzebeständige Servierplatte
Küchenmesser
20 kleine Holzspieße oder Zahnstocher

Wenn Sie die Dörrpflaumen mit kleinen Apfelstücken füllen, werden sie saftiger.
Die Schweinebauchscheiben halbieren und die Schwarte entfernen. Alle Obst-Stücke mit je einer halben Scheibe Schweinebauch umwickeln und diese mit Holzspießchen feststecken. Den Herd auf 220° vorheizen. Die Spieße nebeneinander in eine feuerfeste Form schichten und 10 min backen. Sofort sehr heiß servieren.

Aufbewahrung: Vor dem Backen in einem geschlossenen Behälter im Kühlschrank 48 h (die mit Apfelstücken gefüllten Dörrpflaumen allerdings nur 24 h).

Staudensellerie mit Roquefort

(Abb. nach S. 128)

Zubereitungszeit: 30 min
Kühlzeit: 1 h

Zutaten für 60 bis 80 Stück:
1 schöner Staudensellerie
350 g Roquefort-Butter (S. 68)

Geräte:
elastische Palette
Holzbrett

1 h vor Arbeitsbeginn die Roquefort-Butter aus dem Kühlschrank nehmen, damit sie weich wird. Die einzelnen Selleriestengel lösen, sorgfältig waschen und die Fäden entfernen. Mit der Palette das Innere jeden Stengels mit Roquefort-Butter füllen; die Butter dabei zu einer Kuppel formen. In 5 bis 6 cm lange Stücke schneiden. Auf Tellern oder in Vorspeisenschalen anrichten und 1 h kalt stellen. Erst kurz vor dem Servieren aus dem Kühlschrank nehmen.

Aufbewahrung: Auf einem mit einem feuchten Tuch bedeckten Holzbrett im Kühlschrank 48 h.

Gefüllte Champignons

Es gibt viele verschiedene Garnituren.

Zubereitungszeit: 20 min

Zutaten für 20 Stück:
20 Champignonköpfe
(Ø 3 cm, roh oder mariniert, S. 291)
1 Zitrone (nach Belieben)
2 Msp. Salz (nach Belieben)

Garnituren und Dekoration:
180 g Kräuterquark-Sauce (S. 89)
und 2 TL gehackte Kräuter
oder 180 g Sauce Tartar (S. 84)
und 2 TL Kapern
oder 180 g Kresse-Sauce (S. 82)
und 2 TL gehackte Petersilie
oder 180 g Taschenkrebs-Garnitur (S. 68)
und Tomatenmark

Geräte:
Zitruspresse
Spritzbeutel mit glatter Tülle (Ø 1 cm)

Wenn Sie rohe Champignons verwenden, diese schnell waschen und am Kopf vorsichtig flach schneiden, so daß die Köpfe stehenbleiben können; die Zitrone auspressen und die Champignonköpfe darin wenden, damit sie hell bleiben; leicht salzen. Bei marinierten Champignons die Köpfe gut abtropfen lassen und ebenfalls flachschneiden. Die Köpfe nebeneinander auf der Servierplatte anrichten, großzügig mit Hilfe des Spritzbeutels mit der gewählten Garnitur füllen und mit der dazugehörigen Dekoration verzieren.

Aufbewahrung: Auf der mit Frischhaltefolie luftdicht verschlossenen Servierplatte im Kühlschrank die rohen Champignons 12 h, marinierte 24 h.

Gefüllte Gurke

Zubereitungszeit: 25 min

Zutaten für 10 Stück:
1 Gurke (ca. 450 g)
80 g Taschenkrebs-Garnitur (S. 68)
und 20 g Staudensellerie
oder 90 g Tartar-Sauce (S. 84)
oder 90 g Kresse-Sauce (S. 82)

Nappieren (nach Belieben):
klares Aspik

Geräte:
rostfreies Gitter
Ausstecher (Ø 2,5 cm) nach Belieben
Gemüseschäler
Pariser Löffel (Aushöhllöffel)
Palette

Nur mit dem Ausstecher gelingt es, gleichmäßige Stücke herzustellen: Die Gurke waschen, die beiden Enden abschneiden, den Rest in 2 cm lange Stücke schneiden. Jedes Stück mit dem Ausstecher von der Schale befreien und auf gleiche Dicke bringen. Wenn Sie keinen Ausstecher besitzen, die Gurke waschen, die beiden Enden abschneiden und mit dem Gemüseschäler schälen. In 2 cm lange Stücke schneiden.
Mit Hilfe des Pariser Löffels oder notfalls mit einem scharfrandigen Kaffeelöffel oder dem Gemüseschäler die Gurkenstücke zur Hälfte aushöhlen und leicht salzen.
Wenn Sie die Taschenkrebs-Garnitur verwenden, diese mit dem sehr feingeschnittenen Staudensellerie vermischen. Mit Hilfe einer Palette die Gurkenstücke füllen; dabei Kuppeln bilden. Zum Abtropfen auf das Gitter stellen. Erst wenn die Gurkenstücke vollständig abgetropft sind, auf der Servierplatte oder in der Vorspeisenschale anrichten und mit Frischhaltefolie geschützt im Kühlschrank bis kurz vor dem Servieren kalt stellen. Wenn Sie mögen, können Sie die gefüllten Gurken vor dem Kaltstellen mit klarem Aspik nappieren.

Aufbewahrung: Mit Frischhaltefolie geschützt im Kühlschrank 12 h.

Gefüllte Tomaten

Zubereitungszeit: 20 min

Zutaten für 10 Tomaten:
10 kleine, wohlgeformte Tomaten (45 g)
300 g Mischgemüse (S. 295)
Salz

Nappierung:
klares Aspik

Geräte:
rostfreies Gitter
Servierplatte
Pinsel

Das obere Drittel der Tomaten abschneiden, mit einem Löffel vorsichtig die Kerne herausholen, ohne das Fleisch zu verletzen, salzen und mit der Öffnung nach unten auf das Gitter setzen; mindestens 30 min abtropfen lassen. Großzügig mit der Gemüse-Macédoine füllen und mit klarem Aspik nappieren. Auf der Servierplatte anrichten und mit Plastikfolie geschützt im Kühlschrank bis zum Servieren aufbewahren.

Aufbewahrung: Mit Frischhaltefolie geschützt im Kühlschrank 24 h.

Omelettewürfel mit Oliven

Vorbereitungszeit: 15 min
Kochzeit: 8 bis 10 min

Zutaten für 60 Stück:
12 Eier
150 g entsteinte schwarze Oliven
250 g dicke Sahne
1 Hauch Muskat
feines Salz, weißer Pfeffer

Garnitur:
200 g gekochter, gehackter Spinat
oder 200 g geriebener Schweizer Käse
oder 200 g Tomatenpulpe
oder 200 g geschmorte Champignons (S. 267)

Geräte:
quadratische oder rechteckige feuerfeste Form
Saftpfanne
große Rührschüssel

Den Ofen auf 200° (Th. 6) vorheizen. Die Oliven in feine Scheiben schneiden. Wenn Sie die Champignons-Garnitur gewählt haben, die Champignons ebenfalls klein schneiden. Die Eier für ein Omelette kräftig miteinander verquirlen, die Oliven und die gewünschte Garnitur unterrühren, anschließend die Sahne unterziehen. Gut miteinander vermischen. In die gut gebutterte Form gießen.
Ein Wasserbad herstellen, indem Sie zwei Tassen Wasser in die Saftpfanne füllen und die feuerfeste Form vorsichtig hineinstellen. Bei 200° (Th. 6) 8 bis 10 min stocken lassen. Noch heiß auf die Servierplatte stürzen; in 2,5 cm breite Streifen und anschließend in Würfel schneiden; in jeden Würfel einen kleinen Holzspieß stecken. Lauwarm oder kalt servieren.

Aufbewahrung: Ohne die Spieße und mit Frischhaltefolie geschützt im Kühlschrank 24 h.

Hartgekochte Eier mit Tapenade

Zubereitungszeit: 15 min

Zutaten für 24 Stück:
12 große, hartgekochte Eier
150 g Tapenade (S. 72)

Geräte:
feines Sieb
Spritzbeutel mit gezackter Tülle
kleine Schüssel

Für das Büffet:
Servierplatte

Die hartgekochten Eier schälen und der Länge nach halbieren. Das Eigelb herausholen und durch ein feines Sieb in eine Schüssel drücken. Die Eiweißschalen nebeneinander auf der Servierplatte anrichten. Die Hälfte des Eigelbs gründlich mit der Tapenade vermischen. Mit dem Spritzbeutel in die Eiweißschalen Röschen spritzen. Das restliche Eigelb über die Röschen streuen.

Aufbewahrung: Mit Frischhaltefolie geschützt im Kühlschrank einige Stunden.

Garnierte Eier

Zubereitungszeit: 15 min

Zutaten für 24 Stück:
12 hartgekochte Eier, gezackt (S. 63)
Salz, Pfeffer aus der Mühle

Garnitur:
120 g gut gewürzte Mayonnaise (S. 77)
oder 120 g Kresse-Sauce (S. 82)
oder 120 g Sauce »Choron« (S. 81)
oder 120 g Taschenkrebs-Garnitur (S. 68)

Nappierung (nach Belieben):
2 EL klares Aspik

Geräte:
Rührschüssel
feines Sieb
Spritzbeutel mit gezackter oder gerader Tülle (Ø 1 cm) (nach Belieben)
Pinsel (nach Belieben)

Die gezackten Eiweißhälften auf der Servierplatte nebeneinander setzen; die Innenseite salzen und pfeffern. Das Eigelb durch das

Sieb in die Schüssel drücken und mit der gewählten Garnitur vermengen. Den Spritzbeutel mit der Mischung füllen; alle Eiweißhälften füllen und dabei eine Kuppel bilden; wenn Sie keinen Spritzbeutel besitzen, benutzen Sie am besten einen Teelöffel. Sie können, wenn Sie wollen, die fertig garnierten Eier mit klarem Aspik nappieren.

Aufbewahrung: Im Kühlschrank mit Frischhaltefolie geschützt ohne Aspik 12 h, mit Aspik 24 h.

Kleine Gerichte mit Toast

Bulotade (Gericht mit Meeresschnecken)

Zubereitungszeit: 20 min

Zutaten für 30 Stück:
700 g gekochte und ausgelöste Meeresschnecken (S. 227)
200 g Ailloli (S. 78)
2 Knoblauchzehen
1 Msp. Safran
1 Stangenweißbrot

Gerät:
1 Hackbrett

Das Stangenweißbrot in dünne Scheiben schneiden. Die kalten Meeresschnecken grob hacken. In das Ailloli die Messerspitze Safran einarbeiten und mit den Schnecken vermischen. Die Knoblauchzehen schälen; die Brotscheiben damit einreiben; 2 min grillen. Die Bulotade in einer Salatschüssel und die Brotscheiben in einem kleinen Brotkorb anrichten.

Aufbewahrung: Die Bulotade in einem geschlossenen Behälter im Kühlschrank 24 h.
Die gegrillten Brotscheiben an einem trockenen Ort 24 h.

Croque-Monsieur (Käse-Schinken-Toast)

(Abb. S. 129)

Die Vorarbeiten können bereits am Vortag erledigt werden.

Vorbereitungszeit: 2× 10 min
Backzeit: 8 min + 5 min

Zutaten für 32 Stück:
2 1 cm dicke Toastbrotstreifen (24×12 cm)
100 g gekochter Schinken (3 mm dick)
100 g Schweizer Käse
50 g Creme-Butter (S. 66)
Pfeffer aus der Mühle

Geräte:
Backblech
2 Holzbretter
Palette
32 Holzspießchen oder Zahnstocher

Den Käse reiben und, wenn nötig, das Brot entkrusten. Je eine Seite der Brotstreifen mit 15 g Creme-Butter bestreichen, den geriebenen Käse darauf verteilen und nach Belieben pfeffern. Auf einem Toastbrotstreifen den Schinken so verteilen, daß keine Stelle frei bleibt und nichts übersteht; mit dem anderen Brotstreifen (Käse-Seite nach innen) bedecken. Diesen langen Sandwich zwischen zwei Holzbrettern leicht zusammenpressen.
Den Herd inkl. Backblech auf 220° (Th. 7) vorheizen. Sobald die gewünschte Temperatur erreicht ist, die Toastbrotstreifen auf das Backblech legen und 8 min backen lassen; sobald sie goldgelb sind, aus dem Herd nehmen. Abkühlen lassen. Die erkalteten Sandwiches können in Frischhaltefolie gewickelt und 24 h im Kühlschrank aufbewahrt werden.

Weiterverarbeitung: Den Herd auf 200° (Th. 6) vorheizen. Die Sandwiches mit der restlichen Creme-Butter auf beiden Seiten dünn bestreichen, in Würfel (3×3 cm) schneiden und in jeden Würfel einen kleinen Holzspieß stecken. Die Würfel mit leichtem Abstand auf dem Backblech anordnen und 5 min erhitzen. Sofort auf einer vorgewärmten Anrichteplatte servieren; wenn möglich, die Anrichteplatte auf eine Warmhalteplatte stellen.

Aufbewahrung: Die Würfel ohne Spieße in ein Tuch oder in Frischhaltefolie gehüllt im Kühlschrank 24 h. Vor dem Servieren 5 min im Herd aufwärmen.

Croque-Madame (Käse-Schinken-Ananas-Toast)

Wir stellen dieses Rezept, obwohl es nur eine Variante des Croque-Monsieur ist, für sich vor, da es sich um ein klassisches Büffet-Rezept handelt.

Vorbereitungszeit: 2 × 10 min
Backzeit: 8 min + 5 min

Zutaten für 32 Stück:
die im Rezept Croque-Monsieur aufgeführten; zusätzlich 100 g Ananas (frisch oder aus der Dose)

Geräte:
die gleichen wie beim Croque-Monsieur

Die Ananas abtropfen lassen und fein hacken. Anschließend in der gleichen Weise wie beim Croque-Monsieur vorgehen, dabei die feingehackte Ananas auf dem Schinken verteilen, bevor er mit dem zweiten Toastbrotstreifen zugedeckt wird.

Aufbewahrung: Wie im Croque-Monsieur-Rezept angegeben.

Geröstete Baguette mit Tapenade

Zubereitungszeit: 5 min

Zutaten für 24 Stück:
1 Baguette
300 g Tapenade Lenôtre (S. 72)

Geräte:
Brotbrett
Sägemesser
Backblech oder Grill

Die Baguette in dünne Scheiben schneiden, auf das heiße Backblech legen und 2 min rösten lassen; aus dem Herd nehmen, sobald sie eine goldgelbe Farbe angenommen haben.
Die gerösteten Scheiben in einen Brotkorb legen.
Die Tapenade in einer Salatschüssel reichen; mit Hilfe der vier kleinen Löffel kann sich jeder Gast seine Scheiben selbst bestreichen. Bei einem Barbecue reicht es, wenn Sie die Scheiben schneiden. Mit Hilfe der Barbecue-Gabeln kann sich jeder Gast sein Brot selbst rösten.

KAPITEL 6

Leichte Gerichte

Überbackene Crêpes

- Teig für gesalzene Crêpes
- Crêpes »Bianca von Kastilien«
- Crêpes mit Blutwurst und Äpfeln
- Crêpes mit Spinat und Rührei

Fondues

- Käse-Fondue
- Fondue bourguignonne

Leichte Eiergerichte

- Bagatelle-Eier
- Eier »béarnaise«
- Eiercocktail mit geschlagener saurer Sahne, Kaviar oder Lachsrogen
- Eiercocktail mit feinen Gemüsen
- Eier in Förmchen
- Krustenpastete mit Rührei und Spargelspitzen
- Krustenpastete mit Sellerie-Mousse und Rührei
- Krustenpastete mit Fenchel, Rührei und Senf-Sauce
- Krustenpastete mit wachsweichen Eiern und Ratatouille
- Krustenpastete mit Lachs und Rührei
- Krustenpastete mit Hühnerbrust und Rührei
- Eier in Aspik mit Schinken

Pizzas

- Blätterteigpizza mit Tomaten
- Blätterteigpizza mit Ratatouille

Salzige Torten (Quiches)

- Bayonner Schinkentorte
- Muscheltorte »Honfleur«
- Lothringer Specktorte

Leichte Fleischgerichte

- Tartar
- Carpaccio

Überbackene Crêpes

Teig für gesalzene Crêpes

Die Methode ist für alle Rezepte die gleiche; nur die Zutaten ändern sich je nach der gewählten Mehlsorte.

Zubereitungszeit: 50 min,
inkl. 40 min Backzeit bei
Verwendung von 2 Pfannen
Ruhezeit: mindestens 1 h

Zutaten für 25 Crêpes aus
Weizenmehl (Ø 20 cm):
250 g durchgesiebtes Mehl
6 Eier
7,5 dl Milch
60 g Öl
60 g geschmolzene Butter
5 EL gehackte Petersilie (25 g)
1 TL Salz
Zum Braten: Öl oder Butter

Zutaten für 25 bis 28 Crêpes:
aus Buchweizenmehl
(Ø 20 cm):
500 g Buchweizenmehl
2 Eier
7,5 dl Milch
100 g geschmolzene Butter
1 EL Salz
½ TL gemahlener Pfeffer
Zum Braten: Öl oder Butter

Geräte:
2 Pfannen mit dickem Boden
Küchenmaschine mit Rührwerk oder Rührschüssel und Schneebesen
Schöpfkelle
Holzspatel

Alle Zutaten in der Küchenmaschine oder in der Rührschüssel miteinander vermischen; bei Buchweizenmehl 7,5 dl Wasser hinzufügen.
Der Teig muß ganz glatt werden. Mindestens 1 h ruhen lassen.
Die Pfanne erhitzen und ausfetten. Vom Feuer nehmen und nur die Menge Teig, die notwendig ist, um den Pfannenboden dünn zu bedecken, einfüllen. Den Teig mit einer schnellen Kreisbewegung in der Pfanne verteilen. Auf den Herd stellen.
Damit sich die Crêpes leicht rollen lassen, müssen sie dünn und

nicht zu stark gebacken sein. Sobald sich die Teigränder von der Pfanne lösen, die Crêpes wenden und die zweite Seite backen. Die fertigen Crêpes auf einem Teller stapeln und mit einem tiefen Teller belegen, damit sie nicht austrocknen. Falls die Crêpes trotzdem trocken geworden sein sollten, sie leicht mit Milch einpinseln.

Aufbewahrung: In Alufolie verpackt im Kühlschrank 48 h.

Crêpes »Bianca von Kastilien«

Vorbereitungszeit: 40 min
Backzeit: 35 min

Zutaten für 25 Personen:
25 Crêpes (Ø 20 cm)
25 kleine Eier
350 g Zwiebeln
1,2 kg Tomaten-Pulpe
150 g entkernte schwarze Oliven
3 EL Olivenöl
1 EL Butter
1 Hauch Oregano
1 Hauch Thymian
Salz, Pfeffer

Geräte:
2 rechteckige feuerfeste Formen
1 große Pfanne
Pinsel

Die Zwiebeln klein hacken und in dem Olivenöl hellgelb schwitzen lassen; das Tomaten-Fruchtfleisch, Oliven, Oregano und Thymian hinzugeben. Unter Rühren einkochen lassen, bis die Flüssigkeit verdampft ist. Abkühlen lassen.
Die Crêpes auf der Arbeitsfläche nebeneinander legen, die Garnitur in die Mitte geben, eine kleine Vertiefung formen und ein Ei hineinschlagen. Schnell zusammenrollen und in die gebutterte feuerfeste Form geben.

Fertigstellung:
Den Backofen auf 180° (Th. 5) vorheizen.
Die Oberfläche der Crêpes dünn mit flüssiger Butter bestreichen und ungefähr 10 min überbacken.
Sofort heiß servieren; die feuerfesten Formen auf Warmhalteplatten warm halten.

Aufbewahrung: Die Garnitur in einem geschlossenen Behälter im Kühlschrank 48 h; die gefüllten, noch nicht überbackenen Crêpes in den mit Frischhaltefolie verschlossenen feuerfesten Formen 24 h. In diesem Fall in dem auf 180° (Th. 5) vorgeheizten Herd 20 min überbacken.

Crêpes mit Blutwurst und Äpfeln

Vorbereitungszeit: 1 h
Backzeit: 30 min

Zutaten für 25 Personen:
25 Crêpes (Ø 20 cm)
2,5 kg feingewürzte Blutwurst
12 große saure Äpfel
300 g Butter

Geräte:
2 große, rechteckige, feuerfeste Formen
2 große Pfannen
Holzspatel
Pinsel

Die Äpfel schälen, das Kernhaus entfernen, die Äpfel in Scheiben schneiden. In der Hälfte der Butter 10 min braten, dabei immer wieder mit dem Spatel wenden, ohne die Scheiben zu zerdrükken. Unterdessen die Blutwurst in 25 Stücke schneiden; wenn die Haut sehr fein ist, nicht entfernen, sondern nur mit einer Gabel einstechen. In der restlichen Butter 10 min in der Pfanne sanft braten, dabei öfters wenden. In Scheiben schneiden.
Die Crêpes auf der Arbeitsfläche nebeneinander legen. Alle Crêpes mit Apfel- und Blutwurstscheiben füllen und zusammenrollen. Die Crêpes in die gebutterte feuerfeste Form geben, mit der Nahtstelle nach unten.

Fertigstellung: Den Herd auf 180° (Th. 5) vorheizen. Die Oberfläche der Crêpes dünn mit flüssiger Butter bestreichen und ungefähr 15 min überbacken.
Sofort heiß servieren; die feuerfesten Formen auf Warmhalteplatten stellen.

Aufbewahrung: Die gefüllten, noch nicht überbackenen Crêpes in mit Frischhaltefolie verschlossenen feuerfesten Formen 24 h; in diesem Fall in dem auf 180° (Th. 5) vorgeheizten Herd 20 min überbacken.

Crêpes mit Spinat und Rührei

Vorbereitungszeit: 30 min
Kochzeit: 20 min

Zutaten für 25 Personen:
25 Crêpes (Ø 20 cm)
1 kg gekochten und gehackten Spinat
Rührei aus 18 Eiern (S. 71)
2 Knoblauchzehen
80 g Butter
Muskat
Salz, Pfeffer

Geräte:
2 rechteckige feuerfeste Formen
1 große Pfanne
1 Holzspatel
1 Pinsel

Die Knoblauchzehen hacken.
Die Butter in der Pfanne heiß werden lassen; sobald sie brutzelt, den Knoblauch und anschließend den Spinat hinzufügen. 5 min unter häufigem Rühren mit dem Spatel braten lassen. Die Crêpes auf der Arbeitsfläche nebeneinander legen und mit je 1 gehäuften EL Spinat und Rührei füllen. Die Crêpes rollen und mit der Nahtstelle nach unten in die gebutterten feuerfesten Formen legen.

Fertigstellung:
Den Herd auf 180° (Th. 5) vorheizen.
Die Oberfläche der Crêpes dünn mit flüssiger Butter einpinseln; 15 min im Ofen überbacken.
Sofort heiß servieren; die feuerfesten Formen auf Warmhalteplatten stellen.

Aufbewahrung: Die gefüllten, noch nicht überbackenen Crêpes in den mit Frischhaltefolie verschlossenen feuerfesten Formen im Kühlschrank 24 h. In diesem Fall 20 min im Ofen überbacken.

Käse-Fondue

Dieses echte Schweizer Fondue enthält weder Eier noch Stärkemehl. Die Qualität hängt von der Wahl des Weines und vom Käse ab.

Vorbereitungszeit: 40 min
Garzeit: 10 min

Zutaten für 12 Personen:
2,4 kg gemischter Käse
2 Flaschen sehr trockener Weißwein
4 Knoblauchzehen
4 EL Kirschwasser
1 Hauch Muskat
2 Gewürznelken
Pfeffer aus der Mühle
8 Flöten (dünne Baguettes, die fast nur aus Kruste bestehen oder 5 etwas ältere Baguettes)

Geräte:
2 Käsefonduepfannen
Brotbrett
Sägemesser
Holzspatel

Den Käse und das Brot, möglichst Flöten, in Würfel schneiden.
Die Fonduepfannen kräftig mit den geschälten und halbierten Knoblauchzehen einreiben; den Käse hineingeben und mit dem Wein bis zu $1/3$ Höhe auffüllen.
Die Fonduepfannen langsam erhitzen, mit Pfeffer aus der Mühle, frisch geriebenem Muskat und den Gewürznelken würzen. Mit dem Holzspatel in immer derselben Richtung durchrühren, bis der Käse schmilzt und sich mit dem Wein verbindet. Die Masse muß glatt werden. Wenn der Käse geschmolzen ist, das Kirschwasser zugeben.
Die Réchauds anzünden, die Fonduepfannen daraufstellen und sofort essen.

Fondue bourguignonne

Wählen Sie Rindfleisch, das sich schnell braten läßt. Filet ist immer sehr zart; Lende ebenfalls, dabei kräftiger im Geschmack. Rumpsteak ist zart und geschmackvoll.

Zutaten für 12 Personen:
2,5 kg Rindfleisch, in 3 cm große Würfel geschnitten
1 l Öl
250 g Sauce »Choron« (S. 81)
250 g Sauce »Gribiche« (S. 82)
200 g Senf-Sauce (S. 90)

Beilagen:
250 g Sauce béarnaise (S. 80)

Da die Gäste ihr Fleisch selbst braten, geben wir bei diesem Rezept keine Kochzeiten an.
Arrangieren Sie auf dem Büffet den Réchaud, die Gabeln, die Saucenschüsseln und die große Schüssel mit dem in Würfeln geschnittenen Fleisch.
Das Öl in die Fonduepfanne gießen, den Réchaud anzünden und die Fonduepfanne auf dem Réchaud erhitzen. Wenn das Öl leicht zu sieden beginnt, ist die richtige Temperatur erreicht.
Die Flamme so regulieren, daß das Öl immer leicht am Sieden bleibt.

Leichte Eiergerichte

Bagatelle-Eier

Zubereitungszeit: 10 min

Zutaten für 10 Personen:
10 wachsweiche Eier
500 g Palmenherzen
200 g Remouladen-Sauce (S. 83)
10 gekochte Artischockenböden (S. 264)

Geräte:
Salatschüssel
Pinsel

Die Palmenherzen in Scheiben schneiden und mit 150 g Remouladen-Sauce abschmecken. Die Artischockenböden damit garnieren und jeweils mit einem wachsweich gekochten Ei belegen. Mit dem Pinsel mit der restlichen Sauce überziehen. Auf der Servierplatte anrichten. Bis zum Auftragen im Kühlschrank aufbewahren.

Aufbewahrung: Im Kühlschrank auf der Servierplatte 6 h.

Eier »béarnaise«

Zubereitungszeit: 5 min
Kühlzeit: 1 h

Zutaten für 10 Personen:
10 wachsweiche Eier
10 gekochte Artischockenböden (S. 264)
200 g Sauce béarnaise (S. 80)

Zur Garnierung:
klares Aspik

Geräte:
Pinsel

Die Artischockenböden mit der Sauce béarnaise garnieren und mit je einem wachsweichen Ei belegen. Auf der Servierplatte anrichten und mit dem klaren Aspik nappieren. Mindestens eine Stunde im Kühlschrank kühlen lassen.

Aufbewahrung: Im Kühlschrank auf der Servierplatte 6 h.

Eiercocktail mit geschlagener saurer Sahne, Kaviar oder Lachsrogen

Zubereitungszeit: 20 min

Zutaten für 10 Personen:
10 wachsweiche Eier
300 g Kaviar oder Lachsrogen
200 g Sahne
Salz, Pfeffer

Geräte:
10 Portionsschalen
Spritzbeutel mit gezackter Tülle

Den Boden und die Seitenwände der Portionsschalen mit Kaviar oder Lachsrogen ausstreichen, ein wachsweiches Ei hineingeben und vorsichtig salzen und pfeffern. Die geschlagene Sahne darüberspritzen, dabei kleine Berge bilden; jeden »Berg« mit Fischrogen schmücken. Auf einem Tablett anrichten.

Aufbewahrung: In den Portionsschalen im Kühlschrank 6 h.

Eiercocktail mit feinen Gemüsen

Zubereitungszeit: 20 min

Zutaten für 10 Personen:
10 wachsweiche Eier
500 g feines Gemüse (S. 295)
Feldsalat oder Radicchio
100 g Vinaigrette (S. 76)
3 EL Remouladen-Sauce (S. 83)

Dekoration (nach Belieben):
1 EL gehackter Schnittlauch

Geräte:
10 Cocktailschalen
1 Salatschüssel

Die Gemüsemischung mit der Vinaigrette abschmecken. Den Salat sorgfältig waschen und trocknen. Jedes Cocktailglas mit etwas Feldsalat auslegen, auf $^2/_3$ Höhe mit der Gemüsemischung füllen, ein Ei in die Mitte legen und mit der Remouladen-Sauce überziehen. Bis zum Servieren im Kühlschrank aufbewahren. Bevor Sie die Gläser auf dem Büffet anrichten, können Sie etwas gehackten Schnittlauch auf die Eier streuen.

Aufbewahrung: In den Gläsern (mit Frischhaltefolie geschützt) im Kühlschrank, ohne den Schnittlauch, 6 h.

Eier in Förmchen

Vorbereitungszeit: 15 min
Kühlzeit: 5 min
Garzeit: 5—6 min

Zutaten für 10 Personen:
10 Eier
1 EL Butter
Salz, Pfeffer

Garnitur:
500 g gekochter und gehackter Spinat
oder 500 g Ratatouille (S. 281)
oder 500 g Champignons-Duxelles, mit Sauce Béchamel abgeschmeckt (S. 69)
oder 500 g Gemüsemischung (S. 274)
3 EL Crème fraîche (nach Belieben)

Geräte:
10 kleine feuerfeste Formen
Saftpfanne
Pinsel

Die Butter schmelzen, mit Hilfe des Pinsels die Förmchen damit ausstreichen und diese zum Abkühlen der Butter 5 min in den Eisschrank stellen.
Mit der gewünschten Garnitur und, nach Belieben, 1 TL Crème fraîche auf $^{2}/_{3}$ Höhe auffüllen, ein rohes Ei darüberschlagen, salzen und pfeffern.
Den Herd auf 200° (Th. 6) anheizen. In der Saftpfanne des Herdes ein Wasserbad bereiten, die Förmchen hineinstellen. 5 bis 6 min garen lassen; das Eigelb soll flüssig bleiben.
Die Förmchen sofort heiß servieren.

Aufbewahrung: Vor dem Garen im Kühlschrank 24 h; das Ei dabei mit Crème fraîche überziehen, damit es nicht austrocknet.

Krustenpastete mit Rührei und Spargelspitzen

(Abb. nach S. 48)

Wählen Sie nach Möglichkeit kleine grüne oder violette Spargelköpfe. Alle Zutaten können schon am Vorabend zubereitet werden; die Pastetchen sollte man jedoch lieber erst im letzten Moment füllen, damit sie nicht durchweichen.

Vorbereitungszeit: 20 min
Garzeit: 15 min

Zutaten für 24 Pastetchen:
24 vorgebackene Mürbeteigpastetchen (Ø 8 cm)
Rührei (aus 24 Eiern) (S. 71)
1,2 kg gekochter Spargel
250 g Béchamel-Sauce (S. 86)
30 g Butter

Geräte:
Servierplatte
2 Kasserollen
Pinsel

Die Butter schmelzen; mit dem Pinsel die Pasteten mit Butter ausstreichen.
Die Spargel in kleine Stücke schneiden; die Köpfe beiseite legen, die restlichen Stücke mit der kräftig gewürzten Béchamel-Sauce vermengen und vorsichtig erwärmen.
Die Pasteten zur Hälfte damit füllen; jeweils einen Löffel Rührei hinzugeben und mit den Spargelköpfen verzieren; sofort servieren.

Anmerkung: Sie können dieses Gericht auch kalt servieren. In diesem Fall die Béchamel-Sauce nicht erwärmen und die Pasteten frühestens zwei Stunden vor dem Servieren füllen.

Krustenpastete mit Sellerie-Mousse und Rührei

Alle Zutaten können schon am Vorabend zubereitet werden, die Pastetchen sollte man jedoch lieber erst im letzten Moment füllen, damit sie nicht durchweichen.

Vorbereitungszeit: 20 min
Garzeit: 15 min

Zutaten für 24 Stück:
24 vorgebackene Mürbeteigpastetchen (Ø 8 cm)
Rührei (aus 24 Eiern) (S. 71)
900 g Sellerie-Mousse (S. 275)
300 g Schalotten-Tomaten-Reduktion (S. 81)
30 g Butter

Geräte:
Servierplatte
3 Kasserollen
Pinsel

Die Butter schmelzen; mit dem Pinsel die Pasteten mit Butter ausstreichen. Die Rühreier zubereiten oder aufwärmen.
Die Sellerie-Mousse und die Schalotten-Tomaten-Reduktion getrennt aufwärmen. Jede Pastete mit einem Löffel Rührei und einem Löffel Sellerie-Mousse füllen, einen Löffel Tomaten-Schalotten-Reduktion dazwischen geben. Sofort servieren.

Krustenpastete mit Fenchel, Rührei und Senf-Sauce

Alle Zutaten können schon am Vorabend zubereitet werden, die Pastetchen sollten Sie jedoch lieber erst im letzten Moment füllen, damit sie nicht durchweichen.

Vorbereitungszeit: 20 min
Garzeit: 15 min

Zutaten für 24 Stück:
24 vorgebackene Mürbeteigpasteten (Ø 8 cm)
Rührei (aus 24 Eiern) (S. 71)
1,2 kg gekochter Fenchel
300 g Senf-Sauce (S. 90)
30 g Butter

Dekoration:
kleine Fenchelblätter

Geräte:
Servierplatte
2 Kasserollen
Brett und Messer
Pinsel

Die Butter schmelzen; mit dem Pinsel die Pasteten mit Butter ausstreichen. Den Fenchel klein schneiden und mit der Senf-Sauce aufwärmen. Die Rühreier zubereiten oder aufwärmen.
Die Pasteten mit je einem Löffel Rührei und einem Löffel Fenchel füllen; mit den Estragon-Blättern bestreuen und sofort servieren.

Krustenpastete mit wachsweichen Eiern und Ratatouille

Zubereitungszeit: 20 min

Zutaten für 10 Stück:
10 vorgebackene Mürbeteigpasteten (Ø 8 cm)
10 wachsweiche Eier
500 g Ratatouille (S. 281)
200 g Tomatensauce »Napoleon« (S. 85)
oder 200 g frische Tomatensauce (S. 84)
3 EL gehacktes Basilikum
2 EL Butter

Geräte:
Servierplatte
Kasserolle
Pinsel

Die Butter schmelzen; mit dem Pinsel die Pasteten damit ausstreichen. Mit Ratatouille und je einem Ei füllen und mit der gewählten Sauce nappieren. Mit gehacktem Basilikum bestreuen und kalt servieren.

Aufbewahrung: Auf der Servierplatte im Kühlschrank 6 h.

Krustenpastete mit Lachs und Rührei

(Abb. nach S. 48)

Alle Zutaten können schon am Vorabend zubereitet werden, die Pastetchen sollte man jedoch erst im letzten Moment füllen, damit sie nicht durchweichen.

Zubereitungszeit: 20 min

Zutaten für 24 Stück:
24 vorgebackene Mürbeteigpasteten (Ø 8 cm)
600 g in Dill marinierter Lachs (S. 219)
oder 600 g geräucherter Lachs
Rührei (aus 24 Eiern)
1 Kopfsalat
30 g Butter

Dekoration:
frischer Dill (nach Belieben)

Beilage:
Zitrone

Geräte:
Servierplatte
Kasserolle
Pinsel

Die Butter schmelzen; die Pasteten mit dem Pinsel mit Butter ausstreichen.

Den Lachs in feine Scheiben schneiden (ca. 25 g pro Scheibe). Den Salat waschen, die harten Rippen entfernen und gut trocknen.
Die Pasteten mit je einem Salatblatt und einem Löffel Rührei füllen; mit einer Scheibe Lachs belegen, diesen mit den Fingerspitzen leicht falten, so daß eine Art Relief entsteht.
Nach Belieben mit Dillspitzen dekorieren.
Kalt servieren; Zitronenscheiben dazu reichen.

Aufbewahrung: Obwohl es empfehlenswert ist, die Pastetchen sofort zu servieren, ist es möglich, sie auf der Servierplatte mit Frischhaltefolie geschützt, 12 h im Kühlschrank aufzubewahren.

Krustenpastete mit Hühnerbrust und Rührei

Alle Zutaten können am Vorabend zubereitet werden, doch sollte man die Pasteten erst kurz vor dem Servieren füllen, damit sie nicht durchweichen.

Vorbereitungszeit: 20 min
Garzeit: 15 min

Zutaten für 24 Stück:
24 vorgebackene Mürbeteigpasteten (Ø 8 cm)
600 g gekochte Hühnerbrust
Rührei (aus 24 Eiern) (S. 71)
600 g gekochter, gehackter Spinat
6 EL Crème fraîche
3 Msp. Muskat
30 g geschmolzene Butter
Salz, Pfeffer

Geräte:
Servierplatte
3 Kasserollen (0,5 l)
Holzbrett
Pinsel

Die Butter schmelzen; mit dem Pinsel die Pasteten mit Butter ausstreichen.
Das Hühnerfleisch in Würfel oder Streifen schneiden und in der Sahne erwärmen; mit Salz, Pfeffer und einem Hauch Muskat abschmecken. Die Rühreier zubereiten oder aufwärmen, mit dem Hühnerfleisch und der Sahne vermengen. Den Spinat aufwärmen.
Die Pasteten mit je einem Löffel Spinat und einem Löffel der Mischung aus Rührei und Hühnerfleisch füllen. Sofort servieren.

Eier in Aspik mit Schinken

Zubereitungszeit: 30 min
Kühlzeit: 90 min

Zutaten für 12 Personen:
12 wachsweiche Eier
3 Scheiben York-Schinken (2 mm dick, 220 g)
3 dl klares Aspik
5 cl Portwein (nach Belieben)
1 Estragon-Zweig

Geräte:
12 ovale Förmchen (1 dl Inhalt)
Pinsel

Die Formen 15 min im Kühlschrank kühlen.
Wenn das Aspik mit Portwein abgeschmeckt werden soll, das Aspik bis zum Siedepunkt erhitzen und den Portwein hinzufügen. Anschließend auf die richtige Temperatur abkühlen (S. 94).
Den Boden und die Wände der Formen mit Aspik bestreichen und 15 min kühlen.
Den Schinken in Streifen schneiden, so daß deren Breite den Wänden der Formen entspricht. Den Estragon waschen und die Blätter abzupfen.
Einige Blätter als Dekoration auf den Boden der Formen legen, die Wände der Formen mit Schinken auslegen und in die Mitte ein Ei geben. Mit flüssigem Aspik auffüllen.
Mindestens eine Stunde kühlen lassen.
Mit Hilfe eines spitzen Messers aus den Formen lösen und auf der Servierplatte anrichten oder in den Formen auf einem Tablett anbieten.

Aufbewahrung: In den mit Frischhaltefolie geschützten Formen im Kühlschrank 48 h.

Blätterteigpizza mit Tomaten

Die Garnitur und der Teig können am Vortag zubereitet werden, doch ich empfehle Ihnen, die Pizza selbst ofenfrisch zu servieren.

Vorbereitungszeit: 20 min + 10 min
Back- und Garzeit: 20 min + 10 min

Zutaten für 12 Personen:
450 g Blätterteig

Garnitur:
1,2 kg Tomatenpulpe oder 1,2 kg Tomaten in eigenem Saft (abgetropft)
600 g Zwiebeln
200 g Paprika
50 g Tomatenmark
5 EL Olivenöl
1 Kräuterstrauß
30 g Salz
1 Msp. Cayennepfeffer
1 Msp. Oregano
1 EL Stärkemehl (nach Belieben)

Dekoration:
12 Sardellenfilets in Öl
12 schwarze Oliven
100 g geriebener Emmentaler

Geräte:
Backblech
Saftpfanne des Herdes
Schmorpfanne
Teigrolle
Alufolie

Den Ofen auf 220° (Th. 7) vorheizen.
Auf der leicht bemehlten Arbeitsplatte den Teig auf die Größe des Backblechs ausrollen. Während des Ausrollens mehrmals hochheben und auf die Arbeitsfläche fallen lassen, damit er sich während des Backens nicht zusammenzieht.
Den ausgerollten Teig auf das befeuchtete Backblech geben und auf der ganzen Fläche mit einer spitzen Gabel einstechen. Bei 200° 20 min backen lassen.

Garnitur:
Die Tomaten mit 2 EL Olivenöl in der Pfanne bei großer Hitze ungefähr 10 min reduzieren, bis alles Wasser verdunstet ist. Un-

terdessen Zwiebeln und Paprika klein schneiden; die Zwiebeln in dem restlichen Olivenöl anschmoren, die Paprika hinzufügen und unter häufigem Rühren hellbraun schmoren.
Sobald alles Tomatenwasser verdunstet ist, die Tomaten zu den Zwiebeln geben, das Tomatenmark hinzufügen (wenn Sie Tomaten aus der Dose verwendet haben, etwas weniger als angegeben), ebenso das Kräuterbouquet, das viel Thymian aufweist; salzen und pfeffern. 5 min köcheln lassen.
Wenn die Garnitur relativ trocken ist, kein Stärkemehl verwenden; sonst die Garnitur binden: sie darf den Blätterteig nicht durchweichen. Ganz zum Schluß mit einem Hauch Oregano abschmecken.

Fertigstellung:
Den Herd auf 180° (Th. 5) vorheizen.
Das Backblech mit Alufolie verkleiden (es dient als Servierplatte) und den gebackenen Blätterteig darauf legen. Die Garnitur in die leicht geölte Saftpfanne des Herdes geben. Blätterteig und Garnitur 10 min getrennt im Herd erwärmen. Wenn alles gut erhitzt ist, die Garnitur mit Hilfe einer Palette auf den Teig geben, den geriebenen Käse darüber streuen.
Die Pizza in 12 gleiche Teile schneiden; jedes Teil mit einer Olive und einem Sardellenfilet dekorieren. Sofort servieren.

Aufbewahrung: Der gebackene Blätterteig auf einem Holzbrett an einem kühlen Ort 24 h; die Garnitur in einem geschlossenen Behälter im Kühlschrank 4 bis 5 Tage.

Einfrieren: Sie können die Garnitur im Sommer mit frischen Tomaten vorbereiten und einfrieren. In diesem Fall die Garnitur nicht völlig trocken werden lassen.

Blätterteigpizza mit Ratatouille

Dieses Rezept ist eng mit dem vorigen verwandt; nur die Garnitur und die Dekoration sind anders.

Vorbereitungszeit: 20 min + 10 min
Gar- und Backzeit: 20 min + 10 min

Zutaten für 12 Personen:
450 g Blätterteig

Garnitur:
1,5 kg Ratatouille (S. 281)

Dekoration:
12 Scheiben scharfe oder milde Chorizo
1 grüne Paprika

Geräte und Arbeitsmaterial:
Backblech
Saftpfanne des Herdes
Schmorpfanne
Teigrolle

Den Blätterteig wie in dem Rezept für Blätterteigpizza mit Tomaten backen.
Die Paprika waschen, die Kerne entfernen und in Streifen schneiden.
Die Ratatouille in einer ungefetteten Schmorpfanne bei starker Hitze ungefähr 10 min unter ständigem Rühren reduzieren, bis alle Flüssigkeit verdunstet ist.

Fertigstellung:
Den Ofen auf 180° (Th. 5) vorheizen.
Das Backblech mit Alufolie verkleiden (es dient als Servierplatte) und den gebackenen Blätterteig darauflegen. Die Ratatouille in die Saftpfanne geben; Blätterteig und Ratatouille 10 min getrennt im Ofen erhitzen; anschließend die Ratatouille gleichmäßig auf dem Blätterteig verteilen. Die Pizza in 12 gleiche Teile schneiden und jedes Teil mit einer Scheibe Chorizo und zwei Paprikastreifen dekorieren. Heiß servieren.

Aufbewahrung und Einfrieren: Wie bei Blätterteigpizza mit Tomaten.

Bayonner Schinkentorte

(Abb. S. 224)

Vorbereitungszeit: 15 min
Backzeit: 35 min

Zutaten für 16 Personen:
2 vorgebackene Mürbeteigböden (Ø 26 cm), in den Springformen belassen
200 g roher Schinken (2 mm dick)
500 g Ratatouille (S. 281)

Tortenmasse:
8 Eier
750 g saure Sahne
Pfeffer aus der Mühle (4 Umdrehungen)
2 TL Salz

Geräte:
Backblech
Schüssel
Schneebesen

Den Ofen auf 200° (Th. 6) vorheizen. Den rohen Schinken in feine Streifen schneiden. Alle Zutaten für die Tortenmasse in eine Schüssel geben und mit dem Schneebesen vermengen.
Die beiden Mürbeteigböden mit der Tortenmasse bestreichen, den Schinken darüberstreuen und mit einem Löffel die Ratatouille so darauf verteilen, daß nicht alle Stellen bedeckt werden; die Torte sieht dann bunter und lebhafter aus. 35 min backen. Aus der Form nehmen und auf den Tortenplatten anrichten; warm oder kalt servieren.

Aufbewahrung: Im Kühlschrank, mit Frischhaltefolie geschützt, 24 h. Die Quiche zum Aufwärmen 15 min in den auf 200° (Th. 6) vorgeheizten Ofen stellen.

Einfrieren: Sie können die Quiche nach dem Backen der Böden und vor dem Backen der Tortenmasse einfrieren; zum Backen nicht auftauen, sondern 40 min in den Ofen stellen.

Muscheltorte »Honfleur«

Vorbereitungszeit: 40 min
Backzeit: 40 min

Zutaten für 16 Personen:
2 vorgebackene Mürbeteigböden (Ø 26 cm), in den Springformen belassen

Garnitur:
500 g Muscheln (S. 225)
10 Jakobsmuscheln (S. 223)
1 Seezunge (500 g), ausgenommen
200 g Champignons
¼ Zitrone
25 g Butter
Hummer- oder Taschenkrebsfleisch (nach Belieben)

Tortenmasse:
8 Eier
500 g Crème fraîche
2,5 dl Fischessenz oder Muschelkochwasser
Salz, Pfeffer

Geräte:
1 Kasserolle (2 l)
Schüssel
Schneebesen

Zuerst die Garnitur zubereiten: Muscheln und Jakobsmuscheln nach den Anweisungen auf den Seiten 223 bis 226 kochen. Das Muschelwasser für die Tortenmasse und das Wasser der Jakobsmuscheln für die Seezunge aufbewahren.
Die weiße Nuß der Jakobsmuscheln in 6 Teile schneiden und den Corail (den roten Teil) halbieren.
Das Wasser der Jakobsmuscheln erhitzen und die Seezunge zugedeckt 5 min sieden. Abgießen, die Filets abheben und in kleine Stücke schneiden.
Den Ofen auf 200° (Th. 6) vorheizen.
Die gewaschenen Champignons in dünne Scheiben schneiden. In einer geschlossenen Kasserolle 5 min in 4 EL Wasser, der Butter und dem Zitronensaft kochen lassen.
Für die Tortenmasse alle Zutaten mit dem Schneebesen kräftig miteinander verrühren. Die Garnitur auf den vorgebackenen Böden verteilen, die Tortenmasse darüber gießen. 35 min im Ofen (200°, Th. 6) backen.
Aus der Form nehmen, auf die vorgewärmten Tortenplatten legen und sofort auf Warmhalteplatten servieren.

Aufbewahrung: 24 h in den mit Klarsichtfolie geschützten Springböden im Kühlschrank. Zum Aufwärmen 15 min in den Herd (200°, Th. 6) stellen.

Einfrieren: Sie können die Muscheltorte einfrieren, solange die Garnitur und die Tortenmasse noch nicht gebacken sind. In dem Fall die Torte unaufgetaut in den auf 200° (Th. 6) vorgeheizten Ofen stellen und 40 min backen.

Lothringer Specktorte

Vorbereitungszeit: 20 min
Backzeit: 30 min

Zutaten für 16 Personen:
2 vorgebackene Mürbeteigböden (Ø 26 cm), in den Springformen belassen
400 g geräucherter Speck
350 g Schweizer Käse

Tortenmasse:
8 Eier
750 g saure Sahne
2 TL Salz
Pfeffer aus der Mühle (4 Umdrehungen)

Geräte:
Backblech
Schüssel
Schneebesen

Den Ofen auf 200° (Th. 6) vorheizen.
Schweizer Käse und Speck in Würfel schneiden.
In einer Schüssel die Zutaten für die Tortenmasse miteinander verrühren.
Die Käse- und Speckwürfel auf den Tortenböden verteilen und die Tortenmasse darüber verteilen.
30 min backen.
Aus der Form nehmen, auf die vorgewärmten Tortenplatten legen und sofort auf Warmhalteplatten servieren.

Aufbewahrung und Einfrieren: Wie bei den beiden vorigen Rezepten.

Tartar

Zubereitungszeit: 10 min

Zutaten für 25 Büffetportionen:
1 kg gehacktes Rindfleisch bester Qualität
280 g Mayonnaise (S. 77)
60 g Cornichons
15 g kleine Kapern
3 EL gehackte Kräuter (Kerbel, Schnittlauch, Estragon, Petersilie)
1 TL Salz
Pfeffer aus der Mühle

Beilage:
50 g gesalzene Crackers oder 50 kleine, gegrillte Toastbrote (4×4 cm)
Eiswürfel

Gerät:
Salatschale

Sie dürfen das gehackte Rindfleisch keinesfalls länger unverarbeitet aufbewahren, da sich seine Farbe sofort verändert und es verdirbt. Nachdem Sie es gesalzen und gepfeffert haben, vermengen Sie es sofort mit der Mayonnaise; das Öl der Mayonnaise dient als Schutz. Erst kurz vor dem Servieren mit den kleingeschnittenen Cornichons, den Kräutern und den abgetropften Kapern vermengen.
Die Salatschale in eine größere, mit Eiswürfeln gefüllte Schüssel stellen und zusammen mit den Crackers oder den warmen Toastbroten servieren.

Aufbewahrung: In der zugedeckten Salatschale im Kühlschrank, mit der Mayonnaise vermischt, aber ohne die sonstigen Zutaten, 12 h.

Anmerkung: Sie können die Mayonnaise und die übrigen Zutaten durch eine Sauce Tartare (S. 84) ersetzen.

Carpaccio

Da das Fleisch roh gegessen wird, müssen Sie auf ausgezeichnete Qualität achten. Bedenken Sie, daß das Fleisch, sobald es geschnitten ist, genauso schnell verdirbt wie Hackfleisch. Auf keinen Fall an einem heißen Tag offen stehenlassen.

Zubereitungszeit: 30 min
Gefrierzeit: 2 h

Zutaten für 12 Büffetportionen:
600 g Rinderfilet (zur Not Lende)
1 Zitrone
3 EL Olivenöl
1 EL Senf aus Meaux
½ TL Salz

Beilage:
3 Stangen Weißbrot

Geräte:
runde Servierplatte
Schüssel
geriffeltes Schinkenmesser (oder breites Messer)
Pinsel

Das Fleisch in der Tiefkühltruhe 2 h hart werden lassen. Mit dem Schinkenmesser in hauchdünne Scheiben schneiden; die Scheiben auf der Servierplatte sternförmig anordnen. Zitrone auspressen, den Saft mit den übrigen Zutaten vermengen und das Fleisch sorgfältig mit der Sauce einpinseln. Bis zum Servieren im Kühlschrank aufbewahren.
Das Stangenweißbrot in dünne Scheiben schneiden und toasten, zum Fleisch servieren.

Aufbewahrung: Zugedeckt und mit der Sauce eingepinselt auf der Servierplatte im Kühlschrank 6 h.

KAPITEL 7

Kalte und warme Suppen

Kalte Suppen

- Avocado-Suppe
- Andalusischer Gazpacho
- Gazpacho mit frischen Tomaten
- Eisgekühlte Suppe aus weißen Bohnen
- »Cavaillon«-Suppe

Warme Suppen

- Jakobsmuschelsuppe
- Muschelsuppe
- Zwiebelsuppe

Avocado-Suppe

Vorbereitungszeit: 25 min
Kochzeit: 30 min
Kühlzeit: 2 h

Zutaten für 12 Personen (ungefähr 2,5 l):
7 Avocados
200 g Tomatenfleisch
200 g Zwiebeln
2 Knoblauchzehen
4 Zitronen
1 EL gehackte Petersilie
2 l Geflügelfond (S. 91)
3 Joghurt
1 TL süßer Paprika
1 Msp. Muskat
Salz, Pfeffer

Geräte:
Kasserolle
Küchenmaschine mit Hackwerk oder Moulinette
Mixer

Zwiebel und Knoblauch schälen und hacken. 30 min in dem Geflügelfond zusammen mit dem Tomatenfleisch, dem süßen Paprika, dem Salz und dem Pfeffer kochen. Mindestens 1 h abkühlen lassen (soweit kann die Suppe auch schon am Vortag vorbereitet werden).
6 der 7 Avocados schälen, den Kern entfernen, das Fleisch in der Moulinette hacken, mit dem Saft der Zitronen vermengen. Wenn die Suppe abgekühlt ist, zusammen mit dem Avocadofleisch in den Mixer geben; die Masse muß cremig werden; anschließend Muskat hinzufügen. Mindestens 1 h kühlen.
Kurz vor dem Servieren den Joghurt mit dem Schneebesen durchschlagen und zusammen mit der Petersilie unter die Suppe ziehen. Die 7. Avocado schälen, entkernen, in Würfel schneiden und ebenfalls unter die Suppe ziehen. In vorgekühlten Suppenschalen servieren.

Aufbewahrung: In einem geschlossenen Behälter im Kühlschrank, ohne die Petersilie und die Avocado-Würfel, 24 h.

Andalusischer Gazpacho

Vorbereitungszeit: 25 min
Zeit zum Durchziehen: 2 h

Zutaten für 12 Personen (2,4 l):
400 g Gurke
80 g Paprika (rote und grüne)
800 g Tomaten
1 mittelgroße Zwiebel
4 Knoblauchzehen
2,2 dl Olivenöl
8 cl Essig
4 dl Geflügelfond (S. 91)
400 g Toastbrot
1 Msp. Cayennepfeffer
1 EL Salz
1 TL Pfeffer

Garnitur:
200 g Tomaten
200 g Paprika
40 g Toastbrot ohne Rinde (2 Scheiben)

Gerät:
Mixer

Gurke, Zwiebel und Knoblauch schälen, zusammen mit den Tomaten und den Paprika nur grob zerkleinern. In einer Schüssel würzen, das Olivenöl darüber gießen, 2 h ziehen lassen. Die Weißbrotwürfel in dem Gemisch aus Hühnerbrühe und Essig einweichen.
Im Mixer die Gemüse und die Brotwürfel zu einer glatten Suppe pürieren, abschmecken und bis zum Servieren im Kühlschrank aufbewahren.
Für die Garnitur Tomaten, Paprika und Toastbrot in kleine Würfel schneiden. Erst kurz vor dem Servieren unter die Suppe ziehen, falls Sie den Gazpacho fertig anbieten wollen; ansonsten die Garnitur in kleinen Servierschälchen und die Suppe in einer Suppenschüssel getrennt anbieten, so daß sich die Gäste nach Belieben bedienen können.

Aufbewahrung: Ohne die Garnitur in einem geschlossenen Behälter im Kühlschrank 24 h.

Gazpacho mit frischen Tomaten

Zubereitungszeit: 1 h

Zutaten für 15 Personen (3 l):

1 kg Tomatenfleisch
1 mittelgroße Zwiebel
1 Knoblauchzehe
150 g Toastbrot
2 dl Olivenöl
6 EL Weinessig
1 l heller Fond (S. 91)
150 g Mayonnaise (S. 77)
1 Hauch Kümmel (gemahlen)
1 TL Salz
etwas Pfeffer aus der Mühle

Garnitur:

60 g grüne Paprika
60 g rote Paprika
200 g Gurke
200 g Tomaten
200 g Toastbrot ohne Kruste (10 Scheiben)

Gerät:

Mixer

Das Brot in dem Gemisch aus Essig und Olivenöl einweichen. Knoblauch, Zwiebel und Tomaten im Mixer zerkleinern, die eingeweichten Brotstücke, Essig, Öl und die Mayonnaise hinzugeben und mit dem hellen Fond verlängern. Mit Salz, Pfeffer und Kümmel abschmecken.
Für die Garnitur Gemüse und Toastbrot in kleine Würfel schneiden. Den Gazpacho in der Suppenschüssel und die Garnitur getrennt in vier Servierschüsseln anbieten.

Aufbewahrung: In einem geschlossenen Behälter im Kühlschrank 24 h.

Eisgekühlte Suppe aus weißen Bohnen

Vorbereitungszeit: 15 min
Kochzeit: je nach gewählter Bohnenart
Kühlzeit: 2 h

Zutaten für 15 Personen (2 bis 2,5 l):
250 g getrocknete weiße Bohnen
2 kg Fleischtomaten
3 Schalotten
3 Knoblauchzehen
Kerbel
1 dl Olivenöl
3 EL Weinessig
Salz, Pfeffer
Eiswürfel

Geräte:
große Kasserolle
Mixer und feines Sieb oder Gemüsemühle

Die weißen Bohnen nach den Anweisungen auf dem Paket kochen; das ergibt ca. 700 g. Abgießen; das Kochwasser aufbewahren.
Die Tomaten häuten, zusammen mit den gekochten Bohnen im Mixer zerkleinern oder durch die Gemüsemühle (feine Scheibe) drehen. Salzen und pfeffern.
Dieses Püree mit Öl und Essig verlängern. Knoblauch, Schalotten und Kerbel fein hacken und hinzufügen. Ist das Püree noch zu dick, mit etwas Kochwasser verdünnen. Mindestens 2 h kühlen. Eiskalt in einer Schüssel servieren, die in einer größeren, mit Eiswürfeln gefüllten, steht.

Aufbewahrung: In einem geschlossenen Behälter im Kühlschrank 12 h.

»Cavaillon«-Suppe

Kalt an einem heißen Sommertag servieren.

Vorbereitungszeit: 10 min
Kühlzeit: 2 h

Zutaten für 12 Personen (1,2 l):
4 reife Zuckermelonen (ca. 2,6 kg)
etwas Kerbel
⅓ TL Sellerie-Salz
2 TL Salz
⅓ TL Pfeffer
Eiswürfel

Gerät:
Mixer

Die Schale und die Kerne der Melonen entfernen; Sie erhalten ungefähr 1,2 kg Melonenfleisch. Das Melonenfleisch klein schneiden, im Mixer pürieren, abschmecken. Den kleingeschnittenen Kerbel hinzufügen. Mindestens 2 h kühlen.
Eiskalt in einer Schüssel servieren, die in einer größeren, mit Eiswürfeln gefüllten, steht.

Aufbewahrung: In einem geschlossenen Behälter im Kühlschrank 6 h.

Jakobsmuschelsuppe

Die Gemüsebasis dieser Suppe kann schon am Vortag zubereitet werden, so daß sich die Arbeit am Festtag auf 10 min beschränkt.

Vorbereitungszeit: 40 min + 10 min
Kochzeit: ca. 25 min

Zutaten für 15 Personen (ca. 3,5 l):
24 Jakobsmuscheln, gesäubert (s. S. 223)
300 g Karotten
200 g Staudensellerie
400 g Lauch
300 g Champignons
100 g Schalotten
einige Kerbel- und Estragonblätter
100 g Butter
2 dl Crème fraîche
2 dl trockener Weißwein
2 l Fischessenz (S. 95)
1 Msp. Safran (nach Belieben)
2 Msp. Cayennepfeffer
Salz

Geräte:
Kasserolle (6 l)
Gemüseschneider
Holzbrett

Lauch, Karotten und Sellerie in sehr feine Scheiben schneiden. Den sandigen Fuß der Champignons entfernen, waschen und, wenn sie groß sind, in Lamellen schneiden. Die Schalotten fein, Kerbel und Estragon grob hacken; soll der Estragon grün bleiben, muß er kurz in kochendem Wasser blanchiert werden.
In der großen Kasserolle die Butter erhitzen, Karotten und Sellerie 6 min dünsten; dann den Lauch, die Schalotten, den Weißwein, den Cayennepfeffer und das Salz hinzufügen. Zudecken und 10 min kochen lassen. Die Champignons hinzufügen und ohne Deckel ca. 2 min kochen lassen, bis die Flüssigkeit fast vollständig verdampft ist. Mit der Fischessenz auffüllen und zum Kochen bringen. Dann die Hitze abschalten und das Gemüse in der Kasserolle abkühlen lassen; es sollte noch etwas knackig bleiben.

15 min vor dem Servieren die Suppentassen erwärmen.
Das weiße Fleisch (die Nuß) der rohen Jakobsmuscheln in vier Teile und den Corail (der rote oder rosa Teil) in zwei Teile schneiden, zu dem Gemüse geben und nach Belieben mit einer Messerspitze Safran abschmecken. Zum Sieden bringen, die Hitze sofort abschalten. Die Suppe darf nicht kochen.
Die Crème fraîche hinzufügen, abschmecken, als letztes Estragon und Kerbel unterziehen.
Heiß in den vorgewärmten Suppenschalen servieren.

Aufbewahrung: Die gekochten Gemüse mitsamt der Flüssigkeit, nachdem sie in einem kalten Wasserbad schnell abgekühlt wurde, im Kühlschrank in einem geschlossenen Behälter 24 h.

Muschelsuppe

Vorbereitungszeit: 35 min
Kochzeit: 30 min

Zutaten für 15 Personen (ca. 3,5 l):
3 kg gesäuberte Miesmuscheln
3 dl Weißwein
Thymian, Lorbeer, Petersiliensträuße
300 g Karotten
200 g Staudensellerie
400 g Lauch
300 g Champignons
100 g Schalotten
einige Kerbel- und Estragonblätter
2 dl dicke Crème fraîche
100 g Butter
1 dl trockener Weißwein
1,5 l Fischessenz (S. 95)
1 Msp. Safran
2 Msp. Cayennepfeffer

Geräte:
Gemüseschneider
Holzbrett
große Kasserolle mit dickem Boden

Die Muscheln nach dem Rezept auf Seite 232 kochen; den Sud filtern und aufbewahren. Die Muscheln auslösen.
Lauch, Karotten und Sellerie in feine Scheiben schneiden, die Champignons waschen und, wenn sie groß sind, in Lamellen

schneiden. Die Schalotten fein, Kerbel und Estragon grob hakken.

In der großen Kasserolle die Butter erhitzen, Karotten und Sellerie unter Rühren 6 min darin dünsten, Lauch, Schalotten, Weißwein und Cayennepfeffer hinzufügen und 10 min zugedeckt kochen lassen. Dann die Champignons zugeben und offen 2 min kochen lassen, bis fast keine Flüssigkeit mehr vorhanden ist.

Die Fischessenz mit dem Muschelkochwasser auffüllen, so daß sich 2 l Flüssigkeit ergibt, über das Gemüse gießen und aufkochen lassen.

Sobald die Suppe kocht, den Herd sofort abschalten, die Gemüse sollten noch etwas knackig sein.

Kurz vor dem Servieren die Suppenschalen erwärmen und die Suppe zum Kochen bringen; sobald sie anfängt zu kochen, die Muscheln und den Safran hinzufügen und den Herd sofort abschalten.

Die Crème fraîche, den Kerbel und den Estragon unterziehen. Heiß in den vorgewärmten Schalen servieren.

Aufbewahrung: Eine Aufbewahrung ist nur dann möglich, wenn Sie die Suppenteile einzeln schnell in einem kalten Wasserbad abkühlen: Die ausgelösten Muscheln, mit etwas Gemüsebouillon bedeckt, im Kühlschrank 24 h; die Gemüse in ihrer Bouillon ebenfalls 24 h, beides in geschlossenen Behältern.

Anmerkung: Wenn das Muschelwasser nach dem Filtern nicht klar geworden ist, verwenden Sie es lieber nicht; nehmen Sie in diesem Fall besser 2 l Fischessenz.

Zwiebelsuppe

Vorbereitungszeit: 30 min
Kochzeit: 1 h 40 min

Zutaten für 10 Personen (ca. 2 l):
600 g Zwiebeln
150 g Emmentaler
60 g Mehl
100 g Butter
2 dl trockener Weißwein
2 dl heller Fond oder Geflügelfond (S. 91)
1 EL Salz
1 TL Pfeffer

Beilagen:
2 schlanke Stangenweißbrote
60 g gesalzene Butter

Geräte und Arbeitsmaterial:
Kochtopf
Backblech
Gemüseschneider
oder scharfes Messer und Holzbrett
Käsereibe
Backtrennpapier (nach Belieben)

Zwiebeln schälen und in dünne Scheiben schneiden.
Die Butter in dem Kochtopf heiß werden lassen und die Zwiebeln 10 min bräunen, dabei öfters mit einem hölzernen Kochlöffel umrühren; die Hitze darf nicht zu schwach sein, damit die Zwiebeln richtig goldbraun werden.
Das Mehl darüber sieben und 1 min kochen lassen, damit auch das Mehl Farbe annimmt; den Weißwein dazu gießen, wieder 1 min kochen lassen, dabei gut umrühren, anschließend den Fond in den Topf gießen. Salzen und pfeffern, wieder zum Kochen bringen und zugedeckt 1 h 30 min köcheln lassen. Noch einmal abschmecken.

Abschlußarbeiten:
Die Stangenweißbrote in fünfzig dünne Scheiben schneiden, mit der gesalzenen Butter bestreichen, nebeneinander auf ein Holzbrett legen.
Den Käse reiben, die Hälfte davon aufbewahren. Den Rest auf die gebutterten Brotscheiben streuen und fest andrücken, damit der Käse auch haftet.
Die Brotscheiben nebeneinander auf das Backblech legen, das nach Möglichkeit mit Backtrennpapier geschützt wurde. Den Grill vorheizen und die Brotscheiben 2 min rösten, damit sie Far-

be annehmen. Die Suppenschalen anwärmen. Die Zwiebelsuppe in einer Suppenschüssel servieren, das gegrillte Brot und den Rest des geriebenen Käse dazu reichen.

Aufbewahrung: Die Suppe, wenn sie in einem kalten Wasserbad schnell abgekühlt wurde, im Kühlschrank 24 h; das geröstete Brot an einem trockenen Aufbewahrungsort 24 h.

KAPITEL 8

Pasteten und andere Terrinen

- Zubereitung und Aufbewahrung von Pasteten und Terrinen
- Hinweise zum Anrichten
- Schweinskopf in Petersilie
- Schweineleberpastete
- Eingekochtes Schweinefleisch
- Kaninchenterrine mit Geflügelleber
- Terrine mit Geflügelleber-Mousse
- Terrinen mit Wildgeflügel oder Enten; Hinweise zum Zerteilen des Geflügels
- Ententerrine mit Portwein
- Ententerrine mit Orangen
- Ententerrine mit Pistazien
- Ententerrine mit grünem Pfeffer
- Fasanenterrine
- Hasenterrine
- Aalterrine
- Gemüseterrine

Zubereitung und Aufbewahrung von Pasteten und Terrinen

Die Herstellung von Pasteten und Terrinen ist langwierig; Sie können sie allerdings im voraus zubereiten und roh einfrieren oder gekocht sterilisieren.

Die Wahl der Geräte

Ein Fleischwolf leistet gute Dienste; er beschädigt das Fleisch nicht, hält aber Sehnen und kleine Knorpel zurück. Gute elektrische Küchenmaschinen verfügen heute über dieses Zusatzgerät. Benutzen Sie am besten Pastetenformen aus feuerfestem Ton mit 1 kg Fassungsvermögen. Im Notfall können Sie auch andere feuerfeste Formen verwenden, die allerdings hochrandig sein müssen.

Bestandteile einer Pastete

Die Farce ist das wesentlichste Element einer Pastete; die Bestandteile für die Farce werden mehr oder weniger grobgehackt. Für 1 kg Farce (Fleisch und Milch) brauchen Sie folgende Gewürze:

20 g Salz
2 g Pfeffer (1 kl. Teelöffel)
1 Msp. getrocknete, gemahlene Kräuter, vermischt mit Muskat
1 dl Wein oder Alkohol (Cognac, Portwein)
+ zusätzliche Geschmacksträger, je nach Rezept.

Der Boden der Terrine wird mit dünnen Speckstreifen ausgelegt. Die Oberfläche bedecken Sie ebenfalls mit Speckstreifen oder, besser, ungeräucherter, dünner Schweineschwarte oder Geflügelhaut.

Garzeit

In der Regel werden Pasteten im Ofen im Wasserbad gegart, beginnend bei 220° (Th. 7), damit die Oberfläche schön bräunt, später dann bei 100°/120° (Th. 2/3). Verdampfendes Wasser wird während der Garzeit durch kochendes ersetzt.

Die Garzeit beträgt 1 h 30 min pro kg. Die Temperatur im Inneren sollte 70° erreichen; dies können Sie mit einem Joghurt- oder Küchenthermometer überprüfen. Sticht man eine Terrine mit einem spitzen Messer an, muß klarer Fleischsaft austreten.

Kühlen

In dem Gefäß, in dem die Terrine zubereitet wird, wobei die Oberfläche mit einem Brett und einem Gewicht beschwert werden muß, damit die Terrine fest wird.
Aus den nicht verwendeten Knochen kochen wir, zusammen mit Gemüsen und Kräutern, einen Fond und ersetzen mit ihm nach Ende der Garzeit den Fleischsaft der Terrine. Auf Seite 194 finden Sie in dem Rezept für die Kaninchenterrine mit Geflügelleber ein Beispiel.
Dieser Austausch ist allerdings eine heikle Sache; ich empfehle Ihnen deshalb, die Terrinen in ihrem Fleischsaft, der übrigens ausgezeichnet schmeckt, zu belassen, und mit den Knochen einen Fond zuzubereiten, den Sie als Consommé oder als Ausgangsbasis für Aspik (S. 93) verwenden können.

Aufbewahrung

Verschlossen können Sie die Terrinen im Kühlschrank ohne Bedenken 10 bis 15 Tage aufbewahren.

Einfrieren

Man kann fertige Pasteten einfrieren, doch ich möchte davon abraten, da beim Auftauen Wasser austritt. Rohe Terrinen können dagegen unbedenklich eingefroren werden.
Bevor die Farce eingefüllt wird, muß die Form mit Alufolie ausgelegt werden, die weit über die Ränder überstehen sollte. Anschließend mit Farce füllen und in den Tiefkühlschrank stellen.
Sobald die Farce am nächsten Tag fest geworden ist, die Form entfernen, den gefrorenen Block vollständig in Alufolie hüllen und beschriften.
Einen Tag vor der endgültigen Zubereitung aus dem Gefrierschrank nehmen und unter fließendes heißes Wasser halten, bis sich die Alufolie ablösen läßt; anschließend in die Form legen,

die zuvor schon benutzt wurde, und 12 h im Kühlschrank auftauen lassen.
Selbst wenn Sie nur wenig Formen haben, können Sie mit dieser Methode verschiedene Pasteten einfrieren.

Sterilisieren

Sie müssen vorsichtig zu Werke gehen, da das Produkt, das sterilisiert werden soll, anschließend kalt gegessen wird; die Temperaturen, die beim Sterilisieren normalerweise verwendet werden, sind nicht ausreichend, um alle Mikroben abzutöten.
Benutzen Sie also keinen normalen Sterilisationsapparat, da dessen Temperaturen 100° nicht übersteigen können; nehmen Sie lieber einen Dampfkochtopf, bei dem Temperaturen bis 112° erreicht werden; Ihre Pasteten werden so zu Halbkonserven. Am besten verwenden Sie Gläser mit flachem Rand, die eher breit als hoch sind. Zwei Etappen sind notwendig:
1.) Die Gläser füllen, nicht verschließen, im Wasserbad in dem auf 220° (Th. 7) vorgeheizten Ofen 20 min garen, damit die Oberfläche bräunt und der Garprozeß in Gang gesetzt wird (Temperatur im Innern der Pasteten ca. 55°).
2.) Wenn gewünscht, die Oberfläche jetzt verzieren; die Gläser verschließen und 50 bis 60 min, je nach Größe der Gläser, im Dampfkochtopf sterilisieren. Abkühlen lassen und im Kühlschrank aufbewahren. Die Halbkonserven halten sich höchstens drei Monate.

Hinweise zum Anrichten

Sie können die Pasteten in ihrer Form oder ausgelöst auf einer Platte anbieten.

Präsentation in der Form

Wählen Sie hübsche Formen aus Ton oder Keramik, die sich dekorativ ausmachen.
Sie können die Oberflächen der Terrinen und Pasteten mit einer Dekoration verzieren, die sich auf die Geschmacksrichtung (siehe Wildterrinen) oder auf das für die Farce verwendete Fleisch

bezieht. Sie sollte nicht zu aufdringlich sein und das Schneiden der Pasteten nicht erschweren.
Schneiden Sie einige Scheiben ab, aber lassen Sie sie in der Form. Nur etwas anheben, damit die Gäste zu Beginn keine Mühe haben, sich zu bedienen.

Präsentation auf einer Platte

Damit sich die Pastete aus der Form löst, müssen Sie mit einem Messer alle Seitenwände umfahren. Legen Sie die Form anschließend auf die Seite und drücken Sie mit einer Palette oder einem breiten Messer leicht auf die Pastete, damit der Boden etwas Luft bekommt. Anschließend stürzen und mit der Oberseite nach oben auf einer Platte anrichten. Sie können die Terrine entweder ganz präsentieren, nur die ersten Scheiben bereits aufgeschnitten, oder die ganze Terrine aufschneiden und die Scheiben leicht überlappend auf der Platte anrichten.
Mit Aspik dekorieren (S. 63), mit kleinen, ganzen Salatblättern oder Salatstreifen, mit in Essig eingelegten Kirschen oder kleinen Blätterteigfleurons.

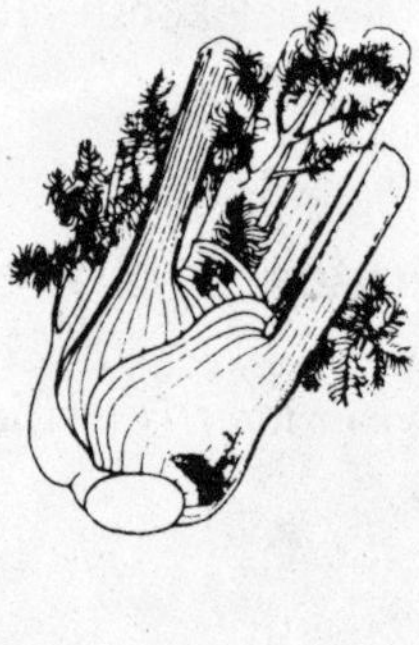

Schweinskopf in Petersilie

(Abb. nach S. 128)

Es handelt sich eigentlich nicht um eine Terrine, denn die Zubereitung weicht wesentlich von der bei Terrinen ab; trotzdem können Sie die Hinweise zum Auslösen und Präsentieren verwenden.

Vorbereitungszeit: 1 h
Garzeit: 2 h 15 min in einem Kochtopf
oder 50 min in einem Schnellkochtopf
Reduktionszeit: ca. 2 h
Kühlzeit: mindestens 3 h

Zutaten für 3 kg:
½ leicht gepökelter Schweinskopf
2 leicht gepökelte Schweinszüngerl
1 große Kalbshaxe
4 Karotten
1 Stange Lauch
1 Stange Staudensellerie
3 Zwiebeln, mit drei ganzen Nelken gespickt
3 Knoblauchzehen
1 großer Kräuterstrauß (Thymian, Lorbeer, Petersilie)
1 TL Pfeffer (ungemahlen)

Essenz:
2 dl trockener Weißwein
2 EL Apfelessig
3 Schalotten

Dekoration:
Kerbel, Estragon, Petersilie, je nach Jahreszeit
einige Karotten

Geräte:
2 längliche Terrinen oder 2 längliche Kuchenformen
Kochtopf oder Dampfkochtopf (10 l)
große Kasserolle
Schneidebrett
scharfes Messer

Wenn Sie den Schweinskopf bestellen, erklären Sie gleich, daß Sie ihn zu einer Terrine verarbeiten wollen. Am besten lassen Sie die Schweinskopfhälfte halbieren, damit sie in den Kochtopf paßt.
Alles Fleisch in den Kochtopf legen, mit kaltem Wasser bedekken, zum Kochen bringen, 10 min kochen lassen, dabei mehrmals abschäumen. Dann die grobgehackten Gemüse, den Kräu-

terstrauß, Zwiebeln, Knoblauch und Gewürze hinzufügen, zudecken und 2 h 15 min in einem normalen, 50 min in einem Schnellkochtopf kochen lassen.

Zubereitung der Essenz:
Das Fleisch herausnehmen, die Bouillon durch ein Sieb in eine große Kasserolle gießen und einige Minuten abkühlen lassen, damit das Fett sich absetzt; soweit wie möglich entfetten, zuerst mit Hilfe einer Kelle, anschließend mit Löschpapier.
Wein, Essig und feingehackte Schalotten hinzufügen.
1½ bis 2 Stunden einkochen lassen, bis 1 l konzentrierte Essenz übrigbleibt; abschmecken und eventuell nachsalzen.

Füllen der Terrine:
Während die Bouillon einkocht, einige Karotten in gesalzenem Wasser blanchieren.
Die Knochen des Schweinskopfes und der Kalbshaxe auslösen, die Haut der Schweinszüngerl abziehen, Fleisch und Knorpel in Würfel oder Scheiben schneiden. Wenn die Essenz die gewünschte Konzentration erreicht hat, den Boden der Terrinen damit befeuchten und mit Karottenscheiben auslegen. Magere und fette Fleischstücke und die kleingeschnittenen Knorpel gleichmäßig darauf verteilen; mit den gehackten Kräutern abschließen und mit der Bouillon auffüllen.
Nach dem Abkühlen mindestens 3 h in das Gefrierfach stellen. Wenn Bouillon übriggeblieben ist, in einem rechteckigen Behälter im Gefrierfach zu Aspik erstarren lassen.
Aus der Form lösen (S. 186) und anrichten. Das Aspik hacken und die Sülze damit kurz vor dem Servieren verzieren.

Aufbewahrung: In der verschlossenen Form im Kühlschrank 8 Tage.

Schweineleberpastete

Vorbereitungszeit: 1 h 30 min
Garzeit: 40 min, 60 min oder 90 min je nach Größe
Ruhezeit: 12 h

Zutaten für 2,5 kg:
400 g Schweineleber
1 kg Schweinehals oder Schwarte
200 g Schweinerücken ohne Knochen
3 Eier
100 g Zwiebeln (2 mittlere)
30 g Schalotten (3)
1 große Knoblauchzehe
20 g Petersilie (eine Handvoll)
70 g Kartoffelstärke (Speisestärke)
3 dl abgekochte, erkaltete Milch

Gewürze:
1 Msp. Muskat
30 g Salz (2 kleine EL)
3 g Pfeffer (1 TL)
1 dl trockener Weißwein

Zum Auslegen der Form:
3 oder 4 kleine, ungeräucherte Speckstreifen
100 g Schwarte vom Schwein

Geräte:
3 oder 4 Terrinen
Saftpfanne
Fleischwolf (Löcher der Scheibe 6 mm Ø)
Rührschüssel (3 l)
Brett zum Schneiden

Die Schwarte 30 min unter fließendes kaltes Wasser legen. Die Leber von den großen Blutgefäßen befreien, anschließend mit dem übrigen Fleisch grob würfeln. Das Fleisch in die Rührschüssel geben, die Gewürze darüber streuen und gut vermengen.
Petersilie, Schalotten, Knoblauch und Zwiebeln fein hacken. Das Fleisch durch den Wolf drehen. Den Ofen auf 220° (Th. 7) vorheizen.
Alle Zutaten in die Rührschüssel geben, die verrührten Eier und das Gemisch aus Speisestärke und Milch unterziehen, gut miteinander verrühren.
Auf den Boden jeder Terrine einen Speckstreifen legen, mit der Farce auffüllen und mit genau zugeschnittener Schwarte abdekken; die Schwarte dabei an den Seitenwänden etwas hinunterschieben.
15 min im Wasserbad bei 220° im Ofen bräunen, anschließend die Temperatur auf 130° (Th. 3) senken, 40 min bei einer Terrine

von 500 g, 60 min bei einer Terrine von 1 kg und 90 min bei einer Terrine von 1,5 kg garen lassen. Verdunstetes Wasser mit kochendem Wasser nachfüllen. Kalt werden und mindestens 12 h im Kühlschrank ruhen lassen.
In der Form servieren (S. 185 f.); Bauernbrot und Cornichons dazu reichen.
Beachten Sie die Hinweise zum Überprüfen der Garzeit, zur Aufbewahrung, zum Einfrieren und zum Sterilisieren auf den Seiten 183 f. und 185.

Eingekochtes Schweinefleisch

Eingekochtes Schweinefleisch ist schnell vorbereitet; es wird in einem Kochtopf hergestellt. Trotzdem können Sie den Ratschlägen zur Sterilisation und zum Anrichten von Pasteten folgen.

<u>Vorbereitungszeit:</u> 20 min
<u>Garzeit:</u> 6 h

<u>Zutaten</u> für 3 kg:
2,5 kg Schweinebauch ohne Knochen
1,4 kg magerer, roher Hinterschinken
1 kg Schweineschmalz
48 g grobes Salz
12 g Pfeffer

<u>Geräte:</u>
2 oder 3 Terrinen
Kochtopf (10 l)

Den Schweinebauch in Würfel schneiden und mit 1/4 des Schweineschmalzes in dem Kochtopf anbraten; dabei öfters mit einem Holzlöffel wenden. Den in Streifen von ungefähr 100 g geschnittenen Schinken hinzufügen, dann den Rest des Schmalzes und die Gewürze; bei milder Hilze zugedeckt ungefähr 6 h kochen lassen.
Die Schinkenstreifen mit einer Schaumkelle herausnehmen. Mit einem Holzlöffel oder, besser, mit einem Mörser die Fleischstükke in dem Kochtopf soweit wie möglich zerkleinern. Den Schinken grob hacken und zu dem Fleisch zurückgeben; gut vermischen.
Heiß in die Terrinen füllen; kalt werden lassen, dann zudecken und in den Kühlschrank stellen.
In den Terrinen mit Schwarzbrot als Beilage servieren.

<u>Aufbewahrung:</u> In einem geschlossenen Behälter im Kühlschrank 5 Tage.

<u>Sterilisation:</u> Befolgen Sie die Ratschläge auf Seite 185.

<u>Anmerkung:</u> Falls Sie die Mengen ändern wollen: Pro kg Fleisch benötigen Sie 12 g grobes Salz und 3 g Pfeffer.

Kaninchenterrine mit Geflügelleber

Für dieses Rezept brauchen Sie wenigstens zwei Tage. Am 1. Tag bereiten Sie die Farce und die Marinade vor; am 2. Tag stellen Sie die Essenz her und garen die Terrinen.

Für die Terrine:
Vorbereitungszeit: 1 h 30 min (1. Tag) und 1 h (2. Tag)
Marinade: mindestens 12 h
Garzeit: 1 h 30 min bis 2 h (2. Tag)

Essenz:
Vorbereitungszeit: 15 min (2. Tag)
Garzeit: 20 min + 3 h (2. Tag)

Ruhezeit: 12 h

Zutaten für 2,5 kg:
Die 9 erstgenannten Zutaten (bis zum Ende der Gewürze) können nur ungefähre Anhaltspunkte für Ihren Einkauf sein; Sie müssen, das nachstehende Schema befolgend, alles wiegen und dabei sehr genau arbeiten, vor allem bei den Gewürzen.

Farce:
1 Kaninchen (ca. 1,2 kg)
430 g Geflügelleber
700 g Schweineschulter
2 dl Cognac oder Armagnac
3 dl Milch
5 Eier

Gewürze:
45 g Salz
5 g Pfeffer
2 g Muskat
½ l abgekochte, kalte Milch

Marinade:
200 g Karotten
200 g Zwiebeln und Karotten
1 Knoblauchzehe
Petersilie, Thymian, Lorbeer

Essenz:
Kopf und Knochen des Kaninchens
Gemüse der Marinade
1 Kalbshaxe
1 Schwarte vom Schwein
Salz, Pfeffer

Für die Terrinen:
ungeräucherter Speck, in feine Streifen geschnitten
hauchdünne Schweineschwarte

Geräte:
2 Terrinen (1 kg und 1,5 kg Fassungsvermögen)
Saftpfanne
Kochtopf (5 l)
Fleischwolf (Löcher der Scheibe Ø 8 mm)
oder Küchenmaschine
1 Rührschüssel
5 Schüsseln, davon zwei große
scharfes Messer
Waage
Briefwaage oder Diätwaage

Erster Tag

Vorbereitung der Terrine:

Entfernen der Knochen und Wiegen. Mit dem scharfen Messer Kopf und Pfoten des Kaninchens abtrennen, die Leber kühl stellen. Die Knochen auslösen, indem Sie mit einem spitzen Messer an den Knochen entlangfahren und sie vom Fleisch lösen. Die großen Sehnen mit dem Messerrücken anheben, aus dem Fleisch heben, erst abschneiden, wenn sie vollständig gelöst sind. Knochen, Sehnen und Haut- und Fettabfälle für die Essenz aufheben.

Getrennt die schönen Stücke von Rücken und Läufen und dann die restlichen Stücke inkl. der Nieren wiegen.	Schöne Stücke	....
	+ Fleisch, Nieren	....
Das Gesamtgewicht errechnen.	=	....
Die schönen Stücke in einer Schale, die weniger schönen in einer Schüssel aufbewahren. Die gleiche Menge Schweineschulter abwiegen und in die Schüssel legen.	+ Schulter	....
Milch abmessen; man braucht die gleiche Menge wie die schönen Stükke. Bis zum Garen beiseite stellen.	+ Milch	....
Alles zusammenzählen.	=	....
Man braucht 200 g Leber pro kg des bisher zusammengezählten. Die Hasenleber wiegen und mit der entsprechenden Menge Geflügelleber auffüllen. Die Leber beiseite stellen.	+ Leber	....
Wieder das neue Gesamtgewicht errechnen.	=	....
Man benötigt 2 Eier pro kg der bisher errechneten Masse. Die benötigten Eier wiegen und wieder alles zusammenrechnen.	+ Eier	....
	=	....

Von diesem letzten Gesamtgewicht ausgehend, können Sie die benötigte Gewürz- und Alkoholmenge berechnen:

Salz: 20 g pro kg
Pfeffer: 2 g pro kg
Muskat: 1 Msp. pro kg
Alkohol: 1 dl pro kg.

Die Gewürze und die benötigte Alkoholmenge abmessen und getrennt aufbewahren.
Die Leber säubern (Achtung, Gallenreste!) und 2 h in der abgekochten Milch säuern, damit sie ihren bitteren Geschmack verliert. Dann abtropfen lassen und in 3 EL des gewählten Alkohols und ein wenig Gewürzen marinieren.

Vorbereitung der Fleischmarinade:
Karotten, Zwiebeln, Schalotten und Knoblauch schälen und in Scheiben schneiden, mit dem Thymian, dem Lorbeer und der Petersilie vermischen, den restlichen Alkohol und die restlichen Gewürze hinzufügen, gut vermengen und gleichmäßig über die schönen Fleischstücke und das restliche Fleisch verteilen. 12 h an einem kühlen Ort oder 2 bis 3 Tage im unteren Teil des Kühlschranks marinieren lassen.

Zweiter Tag

Vorbereitung der Essenz:
Fleisch und Gemüse trennen und den Saft der Marinade filtern. Den Herd auf 220° (Th. 7) vorheizen.
In der Saftpfanne die grobgehackten Kaninchenknochen anrösten, nach 10 min umdrehen und das abgetropfte Gemüse der Marinade hinzufügen. Wenn alles Farbe angenommen hat, mit einer Schöpfkelle in den großen Kochtopf geben und mit 1,5 l kaltem Wasser auffüllen. Leicht würzen, die Kalbshaxe und die Schwarte hinzufügen und 3 h köcheln lassen.
Die Essenz durch ein feines Sieb abgießen; 4 dl abmessen und in ein rechteckiges, kaltes Gefäß füllen. Abkühlen lassen. Das entstehende Aspik dient zur Dekoration der Terrine.

Den Rest der Essenz aufbewahren; Sie benötigen ungefähr 1 Schöpfkelle zum Schloß der Garzeit.

Füllen der Terrinen und Garen:
Auf den Boden der Terrinen ein Lorbeerblatt und Thymianstengel legen; darüber einen Speckstreifen.
Die Eier miteinander verrühren; die schönen Fleischstücke und die Leber abtropfen lassen und in 1 cm große Würfel schneiden. Den Rest des Fleisches abtropfen lassen, durch den Fleischwolf drehen und anschließend mit den Eiern, der Milch und dem Saft der Marinade vermengen.
Diese Masse in die Terrinen füllen; das in Würfel geschnittene Fleisch und die Leber darin verteilen. Mit Speckstreifen abdekken. Den Herd auf 220° vorheizen.
Sobald der Herd heiß ist, die Terrinen in einem Wasserbad in den Ofen stellen; nach 20 bis 30 min, sobald die Oberfläche zu bräunen beginnt, die Hitze auf 120° (Th. 3) zurückschalten. Verdampfendes Wasser durch kochendes ersetzen. Eine Terrine mit 1 kg Gewicht braucht ungefähr 60 min, eine mit 1,5 kg Gewicht ungefähr 90 min zum Garen. Beachten Sie die Hinweise zum Garen auf Seite 183 f. Wenn die Terrinen gar sind, den Fleischsaft entfernen und durch den Rest der Kaninchenessenz ersetzen, die zum Aspik erstarren wird. Abkühlen lassen; beherzigen Sie die Ratschläge auf Seite 184. Auf ein Brett stürzen und in Scheiben schneiden.
Die Scheiben übereinanderklappen auf einer Platte anrichten und mit dem Aspik dekorieren (S. 63). Toastbrot dazu reichen.

Aufbewahren, Einfrieren: Siehe die Hinweise auf Seite 184.

Anmerkung: Falls Sie noch Kaninchenessenz übrighaben, können Sie sie wie jeden anderen Fleischfond (S. 92) weiterverarbeiten.

Terrine mit Geflügelleber-Mousse

Zu diesem Rezept benötigt man viel Schinkenfett; aber nicht das von gekochtem Schinken, sondern das von rohem, ungeräuchertem. Sie müssen es bei Ihrem Metzger bestellen.

Vorbereitungszeit: 20 min
Garzeit: 1 h
Kühlzeit: 4 h

Zutaten für 1,5 kg:
450 g Geflügelleber
450 g Schinkenfett
3 Eier
2 Schalotten
60 g Stärkemehl
40 g Butter
3 dl Milch

Gewürze:
1 EL Salz
2 Msp. Pfeffer
1 Msp. Muskat
2 dl Cognac
4 dl Portwein

Für die Terrine:
2 oder 3 Speckstreifen

Geräte:
2 oder 3 Terrinen
Saftpfanne
Kasserolle (2 l)
Pfanne
Fleischwolf oder Küchenmaschine

Die Butter in der Pfanne heiß werden lassen; die Leber und die grobgehackten Schalotten darin schnell anbraten. Anschließend durch den Fleischwolf drehen (feine Scheibe) und nach und nach mit dem Stärkemehl, den Eiern und den Gewürzen zu einer homogenen Masse vermengen; dann das in Stücke geschnittene Schinkenfett unterziehen und zum Schluß, wenn alles schön glatt ist, die kochende Milch langsam zugießen.
Den Herd auf 100° (Th. 2) vorheizen. Den Boden jeder Terrine mit einem Speckstreifen auslegen und mit der Masse auffüllen.
Im Wasserbad die Terrinen von 500 g Gewicht 60 min und die von 1 kg Gewicht 80 min garen. Beachten Sie die Hinweise zur Überprüfung der Garzeit auf Seite 183 f.
Abkühlen lassen und mindestens 4 h im Kühlschrank ruhen lassen. Gut gekühlt mit getoasteten Weißbrotscheiben servieren.

Aufbewahren, Einfrieren: Siehe Seite 184.

Sterilisieren: Folgen Sie der Gebrauchsanweisung Ihres Schnellkochtopfes.

Terrinen mit Wildgeflügel oder Enten; Hinweise zum Zerteilen des Geflügels

Die folgenden Hinweise beziehen sich auf eine Ente, lassen sich aber auch auf alle anderen Geflügel, aus denen Terrinen hergestellt werden sollen, anwenden.
Die gerupfte und ausgenommene Ente über einer Flamme absengen, damit der Flaum und eventuelle Federkiele beseitigt werden.
Die Ente mit der Brustseite nach unten auf ein Holzbrett legen. Mit einem dünnen, scharfen Messer am Rückgrat entlang der Länge nach einschneiden; beim Tiefergehen mit der anderen Hand das Fleisch von den Knochen vorsichtig wegziehen und das Messer dicht am Knochen führen, damit möglichst wenig Fleisch an den Knochen hängenbleibt (Abb.). Dann mit der anderen Seite in gleicher Weise verfahren. Anschließend Flügel und Schenkel in den Gelenken vom Körper trennen, den Brustbeinkamm vom Gerippe lösen und die Karkasse herausnehmen. Mit dem Messer das Fleisch an den verbliebenen Knochen entlang aufschneiden und die restlichen Knochen auslösen (Abb.)
Das Brustfleisch und die Haut möglichst nicht verletzen. Mit einem breiten, flachen Messer Fleisch und Fett von der Haut lösen; alle kleinen Fleischstücke sorgfältig aufbewahren.

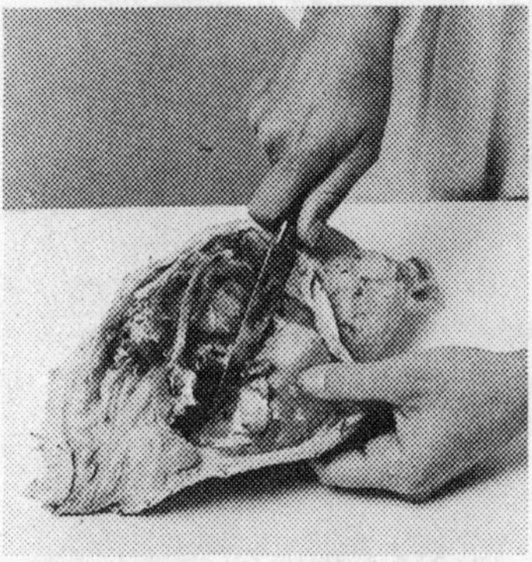

Wie man vom Rücken her aufschneidet

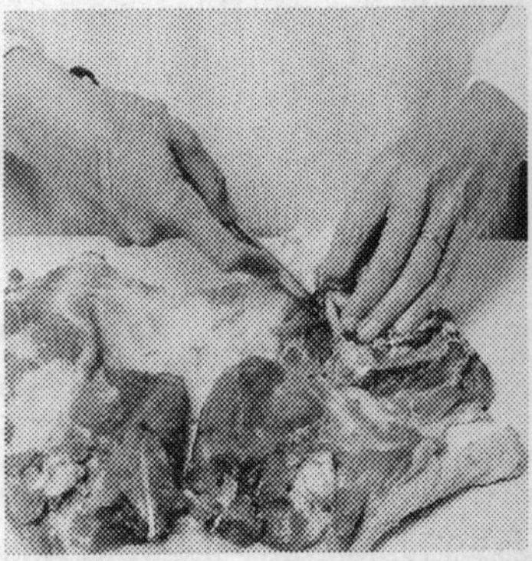

Auslösen der Knochen

Die Sehnen nicht durchtrennen, sondern an der dicksten Stelle packen, mit dem spitzen Messer darunter fahren und den ganzen Sehnenstrang aus dem Fleisch lösen.
Die schönen Stücke und die kleineren Fleischfetzen getrennt aufbewahren; von dem Fett kommt nur ein Teil zur Verwendung; Enten sind immer zu fettreich.
Die Haut auf der Arbeitsfläche ausbreiten und mit dem breiten, flachen Messer möglichst weitgehend entfetten (Abb.).

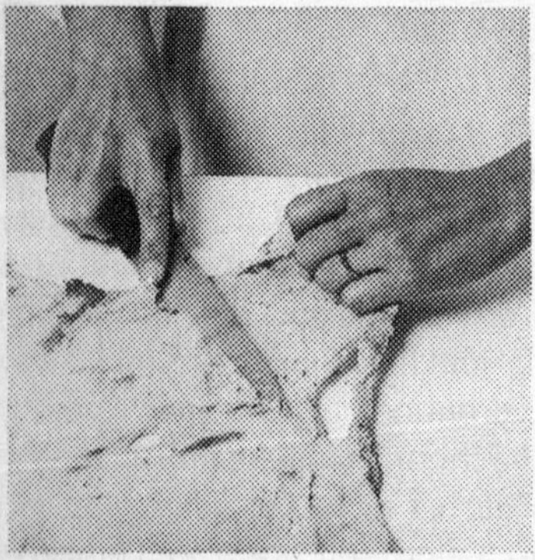

Entfetten der Haut

Noch einmal die Außenseite kontrollieren, ob wirklich keine Federkiele zurückgeblieben sind; notfalls entfernen. Mit der Haut decken wir später die Terrinen ab.

Eine ausgenommene, gerupfte Barbarie-Ente ergibt normalerweise nach dem Auseinanderschneiden:

430 g Filet (Brust)
340 g Fleischstücke und Fett
620 g Knochen
400 g Haut und Abfälle.

Natürlich variieren diese Mengen je nach Ente.

<u>Anmerkung:</u> Aus den Knochen und Abfällen (Sehnen) können Sie einen braunen Fond (S. 92) oder einen Geflügelfond (S. 91) herstellen.

Ententerrine mit Portwein

Nach diesem Rezept können Sie zahlreiche Enten-, Fasanen- oder sogar Hasenterrinen herstellen. Nur die zu Beginn der Rezepte angegebenen Geschmacksträger und die Dekorationen ändern sich.

Vorbereitungszeit: 20 min (1. Tag) und 10 min (2. Tag)
Marinade: 12 h
Garzeit: 60 min bis 90 min je nach Größe (2. Tag)
Ruhezeit: 24 bis 48 h

Zutaten für 1,8 kg:
Die angegebenen Gewichte sind nicht endgültig, sondern sollen Ihnen nur beim Einkauf helfen; Sie müssen die einzelnen Zutaten genau abmessen, vor allem die Gewürze.

Geschmacksträger: 2 dl Portwein
320 g Entenbrust
320 g Entenfleisch
340 g Schweinenacken
300 g Schweinebauch
3,2 dl abgekochte Milch
2 kleine Eier
20 g Mehl

Gewürze:
2 EL Salz
1 TL Pfeffer
1 Msp. Muskat
1 TL getrockneter Thymian
1 TL Zucker

Für die Terrinen:
3 oder 4 Lorbeerblätter
100 g Speck, in Streifen geschnitten
2 Blatt weiße Gelatine
Haut

Geräte:
3 oder 4 Terrinen
Saftpfanne
Fleischwolf (Scheibe mit großen Löchern)
oder Küchenmaschine
Holzbrett
Spitzes Messer
Diät- oder Briefwaage

Erster Tag

Die Bruststücke und den Rest des Fleisches mit wenig Fett getrennt abwiegen; die Bruststücke in einen tiefen Teller, den Rest in einer Schüssel aufbewahren.

Die beiden Gewichte zusammenrechnen.

Brust ....
+
Fleisch und Fett ....

= ....

Die gleiche Menge Schweinefleisch (Nacken und Bauch) in eine Schüssel geben, Milch abwiegen (gleiches Gewicht wie die Entenbrust) und beiseite stellen.	+ Schwein .... + Milch ....
Wieder zusammenrechnen.	= ....
Pro kg dieser Masse wird 1 Ei benötigt. Eier wiegen, aufbewahren, Gewicht dazuzählen.	+ Eier .... = ...

Aus dem Gesamtgewicht läßt sich die benötigte Gewürz- und Alkoholmenge ausrechnen:

Salz: 20 g pro kg
Pfeffer: 2 g pro kg
Muskat: 1 Msp. pro kg
Alkohol: 1 dl Portwein pro kg

3 der Entenbrustfilets der Länge nach in feine Streifen, den Rest in größere Würfel schneiden.
Schweine- und Entenstücke aus der Schüssel grob zerteilen und durch den Fleischwolf drehen; in die Schüssel zurückgeben. Nach und nach Eier und Mehl, dann langsam die Milch, nachdem Sie 1 dl davon beiseite gestellt haben, und zum Schluß den Alkohol und die Gewürze unterziehen.
Anschließend die gewürfelten Entenbruststücke mit einem Holzlöffel vorsichtig in die Masse einarbeiten und die schmalen Filetstreifen darauflegen, damit sie leicht gefunden werden können. Die Schüssel zudecken und 12 h in den Kühlschrank stellen.

Zweiter Tag

Den Herd auf 220° (Th. 7) vorheizen. Die Filetstreifen auf einen Teller legen und aufbewahren. Die restliche Milch warm machen; die eingeweichten, abgetropften Gelatine-Blätter darin auflösen und mit der Farce vermengen.
Auf den Boden jeder Terrine ein Lorbeerblatt und darüber einen Speckstreifen legen und bis zur Hälfte mit der Farce auffüllen; dann die Filetstreifen darauf legen und mit Farce bedecken. Mit

Entenhaut verschließen. Mit einem spitzen Messer drei Löcher in die Haut bohren, damit sie sich nicht zusammenzieht.
Die Terrine im Wasserbad 15 min bräunen lassen, dann die Temperatur auf 120° (Th. 3) senken; verdampfendes Wasser nachfüllen (nur kochendes Wasser verwenden). Terrinen mit 500 g garen 60 min, mit 1 kg 90 min.
Beachten Sie die Hinweise zur Garzeit und zur Abkühlung auf Seite 183 f. In den Kühlschrank stellen und mindestens 24 h, besser 48 h, ruhen lassen.
Auf eine mit Salatblättern dekorierte Platte stürzen und aufschneiden.

Aufbewahren, Einfrieren und Sterilisieren: Siehe Seite 184 f.

Ententerrine mit Orangen

Zutaten:
wie für die Ententerrine mit Portwein, außer:

Geschmacksträger:
Cointreau und abgeriebene Orangenschale

Dekoration:
1 Orange

Gehen Sie genauso vor wie bei der Ententerrine mit Portwein; statt Portwein nehmen Sie jedoch 1 dl Cointreau und 10 g Orangenschale pro kg Farce.
Sobald die Terrine kalt geworden ist, mit einigen Orangenscheiben dekorieren; nicht stürzen.

Ententerrine mit Pistazien

Zutaten:
wie für die Ententerrine mit Portwein, außer:

Dekoration:
einige Pistazien

Geschmacksträger:
Portwein und Pistazien

Gehen Sie genauso vor wie bei der Ententerrine mit Portwein; fügen Sie jedoch der Farce 15 g Pistazien pro kg hinzu. Mit einigen Pistazien dekorieren; nicht stürzen.

Ententerrine mit grünem Pfeffer

Zutaten:
wie für die Ententerrine mit Portwein, außer:

Dekoration:
einige grüne Pfefferkörner

Geschmacksträger:
Portwein und grüner Pfeffer

Gehen Sie genauso vor wie bei der Ententerrine mit Portwein; ersetzen Sie aber den gemahlenen Pfeffer durch 15 g grünen Pfeffer pro kg Farce.
Mit einigen Pfefferkörnern dekorieren; nicht stürzen.

Fasanenterrine

Zutaten:
wie für die Ententerrine mit Portwein, außer:

Geschmacksträger:
Cognac und grüner Chartreuse

Dekoration:
einige Haselnüsse

Gehen Sie genauso vor wie bei der Ententerrine mit Portwein; ersetzen Sie jedoch den Portwein durch Cognac und grünen Chartreuse (zu gleichen Teilen). Pro kg werden $\frac{1}{2}$ dl Alkohol benötigt.
Mit kleingeschnittenen Haselnüssen dekorieren; nicht stürzen.

Hasenterrine

Zutaten:
wie für die Ententerrine mit Portwein, außer:

Geschmacksträger:
Rum und Cognac

Dekoration:
einige Thymian- und Rosmarinblüten

Die Knochen auslösen; befolgen Sie dabei die Anweisungen auf Seite 193 (Kaninchenterrine).
Falls Kaninchenblut zur Verfügung steht, dieses wiegen und dem Gesamtgewicht der Farce zurechnen, damit die Gewürzmengen richtig dosiert werden können; das Blut mit der Marinade mischen.
Sonst wie bei der Ententerrine mit Portwein verfahren; den Portwein durch Rum und Cognac (zu gleichen Teilen) ersetzen. Pro kg werden $\frac{1}{2}$ dl Alkohol benötigt. Mit einigen Thymian- und Rosmarinblüten dekorieren; nicht stürzen.

Aalterrine

Die Zubereitung erstreckt sich über zwei Tage.
Alle Zutaten müssen sehr kalt verarbeitet werden.

Vorbereitungszeit: 30 min (1. Tag) + 25 min (2. Tag)
Marinade: 24 h
Garzeit: 1 h 30 min
Kühlzeit: 6 h

Zutaten für 1,7 kg:
550 g frischer Aal ohne Gräten
450 g Hechtfleisch
150 g Champignons
2 Eier
1 Eiweiß
½ Zitrone
2,5 dl saure Sahne
1 EL Butter
3 TL Salz
1 TL grobes Salz
3 Msp. weißer Pfeffer
1 Msp. Cayennepfeffer
13 g grüner Pfeffer

Marinade:
¼ l trockener Weißwein
100 g Zwiebeln
2 Schalotten
Thymian, Lorbeer
1 gehäufter TL Salz
1 TL Pfefferkörner

Zum Binden der Farce:
¼ l Milch
125 g Mehl
4 Eigelb
75 g Butter

Beilage:
300 g Kresse-Sauce (S. 82)

Geräte und Arbeitsmaterial:
längliche Terrine (1,25 kg)
Kasserolle (2 l)
Pfanne
Fleischwolf, möglichst mit Löchern von Ø 4 mm oder Küchenmaschine und feines Sieb
große Schale
Spritzbeutel
Seezungenmesser
Schneidebrett
Zellophanpapier
Fließpapier

Erster Tag

Die Aalstücke in der Pfanne 1 min in der Butter Farbe annehmen lassen, leicht salzen und pfeffern.

Marinade:
Zwiebeln und Schalotten schälen und in Scheiben schneiden; mit dem Thymian, dem Lorbeer, dem Weißwein und den Ge-

würzen vermischen; den Aal im Kühlschrank mindestens 6 h, wenn möglich 24 h darin marinieren.

Zweiter Tag:

Bindemittel für die Farce:
Milch und Butter zum Kochen bringen. Vom Herd nehmen, das Mehl auf einmal zugeben; einige Augenblicke auf dem Herd unter Rühren binden. Wieder vom Herd nehmen und unter Rühren die Eigelb unterziehen. Zugedeckt kalt werden lassen.

Vorbereitung der Champignons:
Schnell waschen, grob hacken, 5 min zusammen mit dem Saft einer ½ Zitrone und dem groben Salz in einem geschlossenen Topf dämpfen, abkühlen lassen, durch ein Sieb gießen und sorgfältig trocknen.

Farce:
Das Hechtfleisch roh möglichst durch den Fleischwolf drehen; bei Benutzung der Küchenmaschine anschließend durch ein Sieb streichen, damit die Gräten und Hautreste entfernt werden.
Die so erhaltene Masse in die Rührschüssel geben, dann unter Rühren die Gewürze hinzugeben (ohne den grünen Pfeffer), dann nach und nach das Bindemittel, die zwei Eier, das Eiweiß und die Sahne einarbeiten. Kurz ruhen lassen, wieder durchrühren; dieser Vorgang muß mehrmals wiederholt werden.
Champignons und grünen Pfeffer unterziehen und gut vermischen.

Einfüllen und Garen der Terrine:
Die Form buttern, den Boden mit einem gebutterten Papier oder Zellophanpapier auslegen. Den marinierten Aal abgießen und abtrocknen. Den Herd auf 90° (Th. 2) vorheizen.
Einen Spritzbeutel ohne Tülle mit der Farce füllen und den Boden mit einer 1 cm dicken Schicht bedecken; Aalstücke darauflegen, leicht andrücken, damit sich keine Luftzwischenräume bilden, mit Farce bedecken usw. Die letzte Schicht muß aus Farce bestehen.
Die Terrine zudecken und im Wasserbad 1 h 30 min garen. Die Temperatur in der Terrine sollte 55° erreichen.

2 h abkühlen lassen, anschließend 4 h in den Kühlschrank stellen.
Zum Auslösen alle Seitenwände mit einem flachen, breiten Messer umfahren, die Form auf eine Seite legen, mit Hilfe einer Palette die Terrine aus der Form lösen und auf die Arbeitsfläche stürzen.
Das Papier abziehen; die Terrine mit dem breiten Messer in Scheiben schneiden, diese leicht überlappend auf einer Platte anrichten. Die Sauce getrennt dazu reichen.

Aufbewahrung: Vor dem Stürzen in der zugedeckten Terrine im Kühlschrank 4 h.

Gemüseterrine

(Abb. nach S. 224)

Vorbereitungszeit: 40 min
Garzeit: 20 min
Kühlzeit: 3 h

Beilage:
200 g frische Tomatensauce (S. 84)

Zutaten für 1,2 kg:
500 g mittelgroße grüne Bohnen
450 g gemischtes Gemüse (S. 295) ohne Bohnen
2 gekochte Artischockenböden
1 Dose Palmenherzen
100 g Crème fraîche
6 Blatt weiße Gelatine
Salz, Pfeffer

Geräte und Arbeitsmaterial:
längliche Terrine oder Königskuchenform
Kasserolle (2 l)
Mixer oder Küchenmaschine oder Gemüsewolf
weißes Papier oder Backtrennpapier

Die grünen Bohnen 20 min in kochendem Salzwasser garen, abgießen und durch den Mixer oder den Gemüsewolf drehen. Sie erhalten eine dickliche Masse. Achten Sie darauf, daß die Masse keine Fäden enthält. Die Crème fraîche erhitzen und unter die Masse rühren. Die eingeweichte, gut abgetropfte Gelatine in die noch heiße Masse einarbeiten, lauwarm werden lassen.
Die Gemüsemischung sorgfältig abtropfen lassen und zusammen mit den in Würfeln von 1 cm Länge geschnittenen Artischocken-

böden unter die Bohnenmasse ziehen. Den Boden und die Wände der Terrine mit Papier auslegen. Die Terrine bis zur Hälfte mit der Masse auffüllen.
100 g zarte Palmenherzen der Länge nach auf die Masse legen und mit der restlichen Masse auffüllen. Mindestens 3 h im Eisschrank kühlen.
Auf eine längliche Platte stürzen (Ratschläge auf Seite 186 beachten), in Scheiben schneiden und mit der Tomatensauce servieren.

Aufbewahrung: Unaufgeschnitten in der verschlossenen Terrine im Kühlschrank 48 h.

KAPITEL 9

Fische, Krusten- und Schalentiere

- Fischsud für Fisch- und Krustentiergerichte

Fische

- Hinweise zum Garen länglicher Fische
- Lachskranz in Aspik
- Lachs in Aspik
- Hinweise zum Auswählen und Zubereiten von Seezungen
- Seezungenstreifen Madras
- Fisch-Schäumchen
- Nordischer Cocktail
- Salat mit rohem Fisch
- Frischer, in Dill marinierter Lachs

Krustentiere

- Taschenkrebs-Cocktail
- Taschenkrebs mit Gemüse
- Taschenkrebs à la quimperlaise

Schalentiere

- Hinweise zum Auswählen und Reinigen von Herz- und Venus-Muscheln
- Hinweise zum Auswählen und Zubereiten von Jakobsmuscheln
- Hinweise zum Auswählen, Öffnen und Servieren von Austern
- Hinweise zum Auswählen und Zubereiten von Miesmuscheln

- Hinweise zur Zusammenstellung einer schönen Meeresfrüchteplatte
- Meeresschnecken in eigenem Saft
- Herz- oder Venusmuscheln in Weißwein
- Muscheln in Schneckenbutter
- Jakobsmuscheln in Fischessenz
- Überbackene Jakobsmuscheln
- Miesmuscheln in Weißwein

Gegrillte Fische, Krusten- und Schalentiere

- Allgemeine Hinweise
- Tabelle

Fischsud für Fisch- und Krustentiergerichte

Vorbereitungszeit: 15 min
Garzeit: 20 min pro 6 l

Zutaten:
6 l Wasser
150 g Karotten
3 Stangen Staudensellerie
150 g Zwiebeln
3 Schalotten
3 Lorbeerblätter
6 Thymianstengel
150 g grobes Salz
20 g grob zerstoßener Pfeffer

Geräte:
Kochtopf (10 l)
oder Fischkochtopf

Karotten in feine Scheiben, Sellerie in kleine Stücke schneiden, Zwiebeln und Schalotten hacken. Alle Zutaten in den Kochtopf oder Fischkochtopf geben, zugedeckt zum Kochen bringen und leise köcheln lassen. Der Sud ist fertig, wenn die Karotten gar sind. Vor dem Verwenden abkühlen lassen. Sie müssen zum Garen von Fisch im Kochtopf immer reichlich Sud nehmen. Rechnen Sie für einen Fisch von 1,8 kg Gewicht und einen Fischkochtopf von 70 cm Länge 6 l Sud.

Aufbewahrung: In einem geschlossenen Behälter im Kühlschrank 1 Woche. Innerhalb von 48 h kann ein Fischsud mehrmals verwendet werden.

Fische

Hinweise zum Garen länglicher Fische

Den Fisch immer in den kalten Sud legen und langsam erwärmen, damit er nicht aufplatzt.
Rechnen Sie mit 10 min, bis der Sud kocht; anschließend Wolfsbarsch und Lachs 10 min, Hecht und Seehecht oder Dorsch 5 min pro kg nur ziehen lassen. Die Innentemperatur sollte 50 bis 55° C erreichen.
Wenn Sie 24 Gäste haben, ist es besser, 2 Fische à 2 kg als 1 Fisch à 4 kg zuzubereiten. So brauchen Sie nur 6 l Fischsud,

den Sie zweimal verwenden können; 2 kleinere Fische sind leichter in einem Kühlschrank unterzubringen als 1 großer. Und bedenken Sie auch, daß 2 Fische auf einem Büffet mehr Eindruck machen als ein größerer.

Aufbewahrung von gekochtem Fisch:

Im Kühlschrank, in ein mit Fischsud getränktes Tuch gewickelt und in einem hermetisch verschlossenen Plastikbeutel aufbewahrt, 48 h.

Lachskranz in Aspik

(Abb. S. 225)

Es ist besser, die Zubereitung auf zwei Tage zu verteilen.

Vorbereitungszeit: 35 min (1. Tag) und 20 min (2. Tag)
Kühlzeit: 3 h

Zutaten für 20 Büffetportionen:
600 g gekochter Lachs
24 hartgekochte Wachteleier oder 6 hartgekochte Hühnereier
1 EL gehackter Kerbel
1 Stengel frischer Estragon
1,5 l klares Fischaspik (S. 95)

Dekoration:
2 kannelierte Zitronen (S. 60)
1 Bund gekräuselte Petersilie
2 dl klares Aspik (S. 63)
Tomatenmark aus der Tube

Beilage:
400 g Kresse-Sauce (S. 82) oder 400 g Tomatensauce »Napoleon« (S. 85)

Geräte und Arbeitsmaterial:
1 runde Kuchenform (innen hohl), Ø 22 oder 24 cm
1 runde Servierplatte Ø 28 cm
1 Kasserolle (2 l)
1 Rührschüssel
Spritzbeutel, Tülle Ø 1 cm
Seezungenmesser oder breites, oben abgerundetes Messer
Pinsel

Erster Tag

Die Kuchenform 30 min in die Tiefkühltruhe geben.
Das Aspik auf die richtige Temperatur anwärmen.
Um die Kuchenform mit Aspik zu überziehen, können Sie zwi-

schen zwei Methoden wählen: etwas flüssiges Aspik in die eiskalte Form gießen, diese leicht hin- und herbewegen, damit sie ausgekleidet wird; mit Hilfe eines Pinsels können auch die oberen Seitenwände ausgekleidet werden. Oder die Form mit kaum lauwarmem Aspik füllen, in kaltes Wasser, in dem Eiswürfel schwimmen, stellen. Nach 5 min wird das Aspik an den Rändern der Form hart: das restliche, noch flüssige Aspik abgießen.
Den mit Aspik ausgekleideten Boden mit Estragonblättern dekorieren.
Die Wachteleier schälen und halbieren; verwenden Sie hartgekochte Hühnereier, diese in 24 Scheiben schneiden. Den Lachs grob zerpflücken. Mit den schönsten Stücken den Boden der Form auslegen; dazwischen die in Scheiben geschnittenen Eier oder die halbierten Wachteleier, in diesem Fall mit dem Eigelb nach unten.
Dann mit dem gehackten Kerbel, dem restlichen Lachs und den restlichen Eiern locker auffüllen; nicht pressen. Darüber das flüssige Aspik, das gerade anfängt zu erstarren, gießen. Ist das Aspik noch zu warm, kann es vorkommen, daß die erste Aspik-Schicht zu schmelzen beginnt und die Eier oder der Lachs auf den Boden der Form rutschen. Mindestens 3 h kühlen.

Zweiter Tag

Die Kuchenform 2 Sekunden in sehr heißes Wasser tauchen, abtrocknen und sofort auf die Anrichteplatte stürzen. Mit halbierten, kannelierten Zitronenscheiben dekorieren; das Loch in der Mitte mit grobgehackter Petersilie ausfüllen.
Das restliche, steife Aspik grob hacken, den Spritzbeutel damit füllen und um den Lachskranz spritzen.
Jede Zitronenscheibe mit einem Tupfer aus Tomatenmark und Petersilie dekorieren.
Bis zum Servieren unbedingt im Kühlschrank aufbewahren. Kresse-Sauce oder Tomatensauce »Napoleon« dazureichen.

Aufbewahrung: In der zugedeckten Form im Kühlschrank 48 h.

Lachs in Aspik

Vorbereitungszeit: 20 min
Kühlzeit: 2h

Zutaten für 12 Büffetportionen:
540 g gekochter Lachs
24 hartgekochte Wachteleier
½ l klares Fischaspik (S. 95)
Kerbel

Dekoration:
12 schöne Salatblätter
2 kannelierte Zitronen (S. 60)

Beilage:
240 g Kresse-Sauce (S. 82)
oder 240 g Tomatensauce »Napoleon« (S. 85)

Geräte:
Servierplatte
12 kleine Glasschüsseln, die nach oben etwas breiter werden (1 dl Fassungsvermögen)

In jede Schüssel 1 EL Aspik geben, einige Kerbelblätter darüberstreuen und 15 min in den Kühlschrank stellen.
Den Lachs grob zerpflücken; die Wachteleier schälen. Jede Schüssel mit Lachs, 2 halbierten Wachteleiern (das Eigelb nach außen) und einigen Kerbelblättern füllen. Zur Hälfte mit flüssigem Aspik auffüllen; ca. 30 min kühlen, dann vollständig mit Aspik auffüllen. Mindestens weitere 90 min kühlen. Erst kurz vor dem Servieren aus dem Kühlschrank nehmen.
Die Salatblätter waschen und auf der Anrichteplatte verteilen. Die kannelierte Zitrone in Scheiben schneiden. Die Schüsseln 2 Sekunden in sehr heißes Wasser tauchen, abtrocknen und auf die Salatblätter stürzen.
Mit der gewählten Sauce anbieten.

Aufbewahrung: In den mit Frischhaltefolie geschützten Schüsseln im Kühlschrank 48 h.

Seezungenstreifen Madras

Diese Zubereitungsart eignet sich bestens für ein Büffet, denn man kann die Seezungenstreifen problemlos erhitzen.

Zubereitungszeit: 1 h
Garzeit: 30 min + 10 min oder 15 min kurz vor dem Servieren

Zutaten für 12 Personen oder 25 Büffetportionen (2,5 kg):
1,3 kg Seezungenfilets (ausgelöst)
200 g Äpfel
120 g Tomatenpulpe
150 g Zwiebeln
150 g Paprika
30 g Butter
2,5 dl saure Sahne
100 g helle Einbrenne (S. 86)
3 TL Salz
2 TL Pfeffer
1 TL Curry
1,25 l Fischessenz (S. 95)

Geräte:
12 kleine feuerfeste Schüsseln mit 2 dl Inhalt oder 25 mit 1 dl
Kasserolle (3 l)
Pfanne
Mixer (nach Belieben)
Schneebesen

Die Einbrenne herstellen, abkühlen lassen.
Die Filets je nach Größe in 3 oder 4 Teile schneiden, anschließend in Streifen; sie sollten ungefähr die gleiche Größe wie Sardellenfilets aufweisen. Sparsam salzen und pfeffern. In der Kasserolle die Fischessenz erhitzen; Salz, Pfeffer und Curry hinzufügen. $\frac{1}{3}$ der Seezungenstreifen 20 Sekunden darin pochieren, dann mit einem Schaumlöffel herausnehmen und in einem Sieb abtropfen lassen. Die Fischessenz wieder zum Sieden bringen und Vorgang wiederholen, bis alle Seezungenstreifen pochiert sind.
Nach dem Pochieren die Essenz 5 min einkochen lassen; ohne den Kochvorgang zu unterbrechen, die Einbrenne einrühren, weitere 10 min bei relativ großer Hitze unter häufigem Rühren einkochen lassen; dabei entfetten, falls sich an der Oberfläche Fettschichten bilden sollten. Die Sahne unterziehen, noch einmal aufkochen lassen. Dann sofort abkühlen und, falls Sie die Sauce noch geschmeidiger haben wollen, in den Mixer geben.
Während die Essenz einkocht, die Zwiebeln schälen, die Paprika entkernen, die Äpfel schälen und entkernen; anschließend Gemüse und Äpfel in Würfel schneiden und getrennt aufbewahren.

Die Butter in der Pfanne erhitzen, Zwiebeln und Paprika 5 min darin anschmoren, die Äpfel hinzufügen, weitere 5 min schmoren lassen, dann zum Schluß die Tomatenpulpe, noch einmal 5 min schmoren lassen.
Wählen Sie, je nach Anzahl Ihrer Gäste, 12 oder 25 Glasschüsseln.
Die Seezungenstreifen in den Schüsseln verteilen, Gemüse und Äpfel darüberstreuen und mit der Sauce überziehen. Den Herd auf 220° (Th. 7) vorheizen und die kleinen Schüsseln 10, die größeren 15 min garen. Heiß in den Formen servieren.

Aufbewahrung: Vor dem Garen im Herd in den mit Klarsichtfolie geschützten Schüsseln im Kühlschrank 12 h.

Fisch-Schäumchen

Die Fisch-Schäumchen enthalten keine Panade. Lassen Sie alle Zutaten bis zur letzten Minute im Kühlschrank, denn sie müssen sehr kalt verarbeitet werden.

Vorbereitungszeit: 40 min
Garzeit: 20 min + 20 min

Zutaten für 15 Büffetportionen:
500 g Fischfilet (Seezunge oder Hecht, oder auch Meerbarbe, Merlan und Karpfen)
4 Eier
400 g saure Sahne
3 TL Salz
1 Msp. weißer Pfeffer
1 Msp. Cayennepfeffer
1 l Fischessenz (S. 95)

Beilagen:
½ l normannische Sauce (S. 87)

Geräte und Arbeitsmaterial:
15 kleine feuerfeste Glasformen (2 dl)
Schmorpfanne (2 l)
Küchenmaschine
Fleischwolf (Scheibe mit Löchern von Ø 4 mm)
Spritzbeutel (Tülle 1,5 oder 2 cm)
Silikon- oder Backtrennpapier
Papierservietten

Den rohen Fisch durch den Fleischwolf drehen (Lochstärke Ø 4 mm); anschließend in der Küchenmaschine mit den 2 Msp. Pfeffer gründlich verkneten; sobald die Masse an den Knethaken

hängenbleibt, zuerst einzeln die Eier, dann die Sahne unterarbeiten. Die Maschine mehrmals anhalten und mit einem Spatel die Masse auf den Boden der Rührschüssel schieben. Sie muß die Konsistenz eines dicklichen Pürees erhalten. Erst zum Schluß salzen.
Das Silikon- oder Backtrennpapier mit etwas Fischmasse an den vier Ecken auf der Arbeitsfläche festkleben. Mit dem Spritzbeutel kleine Schäumchen auf das Papier spritzen, die ungefähr 6 cm lang sein sollen. Anschließend das Papier auf das Format der Schmorpfanne zuschneiden.
In der Schmorpfanne die Fischessenz bis zum Siedepunkt erhitzen; Silikonpapier mit den Schäumchen einlegen. 3 min pochieren lassen. Die Schäumchen lösen sich vom Papier; umdrehen und weitere 3 min pochieren. Mit einer Schaumkelle herausnehmen und auf einem Tuch oder Saugpapier trocknen lassen. In der gleichen Weise alle Schäumchen garen; abkühlen lassen. Danach bieten sich zwei Möglichkeiten der Weiterverarbeitung an:
Schnelle Methode: Die Förmchen mit etwas lauwarmer normannischer Sauce auskleiden, Schäumchen hineinlegen und großzügig mit der Sauce überziehen. Bis zum Erhitzen im Kühlschrank aufbewahren. Den Herd auf 220° (Th. 7) erhitzen und die Förmchen 20 min darin garen.
Bei der zweiten Methode die pochierten Schäumchen im Kühlschrank aufbewahren. Kurz vor dem Servieren in kochendem, gesalzenem Wasser erhitzen. Sobald sie aufgehen, herausnehmen und in die Förmchen legen; mit kochend heißer normannischer Sauce auffüllen (auf ¾ Höhe der Förmchen) und 10 min in dem auf 220° (Th. 7) erhitzten Herd überbacken. Kleine Schäumchen gehen besser auf. Direkt in den Förmchen servieren.

Aufbewahrung: Die pochierten Schäumchen in ein Tuch gewikkelt und durch Klarsichtfolie geschützt im Kühlschrank 48 h; bei der schnellen Zubereitungsmethode können die Schäumchen in den Förmchen, mit der Sauce nappiert, aufbewahrt werden (ebenfalls 48 h). Bei der zweiten Methode ist dies nicht möglich.

Anmerkung: Sie können die normannische Sauce mit der Fischessenz zubereiten, in der Sie die Schäumchen pochiert haben.

Nordischer Cocktail

Zubereitungszeit: 20 min

Zutaten für 10 Personen:
300 g geräucherter Lachs oder Stör
300 g geräucherter Aal oder Forelle
200 g gekochte, geschälte Crevetten
oder 200 g in Weißwein gekochte Muscheln ohne Schale (S. 232)
30 g Spargelspitzen
10 schöne Endivienblätter
200 g Remouladen-Sauce (S. 83)

Dekoration:
10 EL geschlagene Sahne
10 Dreiecke aus gegrilltem Toastbrot

Geräte:
10 große Gläser
Rührschüssel
Spritzbeutel mit gezackter Tülle

Die Salatblätter waschen und trockentupfen; den Boden jedes Glases mit einem Blatt auslegen. Den Fisch in feine Streifen schneiden.
In der Rührschüssel Crevetten oder Muscheln mit der Remouladen-Sauce vermengen, die Spargelspitzen und die Fischfilets vorsichtig unterziehen. Die Mischung auf die Gläser verteilen. Kurz vor dem Servieren jedes Glas mit einem Tupfer geschlagener Sahne verzieren.
Sehr kalt servieren; in jeden Sahnetupfer vor dem Servieren ein Toastbrotdreieck stecken.

Aufbewahrung: Ohne die Sahne in den mit Frischhaltefolie geschützten Gläsern im Kühlschrank 24 h.

Salat mit rohem Fisch

Für dieses Rezept brauchen Sie sehr frischen, festen Fisch wie Wolfsbarsch, Heilbutt, Lachs oder auch Sardinen oder Merlan.

Zubereitungszeit: 20 min
Marinade: 15 min

Zutaten für 10 Personen:
500 g Fischfilet
3 unbehandelte grüne Zitronen
2 TL Salz
2 Msp. Pfeffer

Garnitur:
1 Avocado
2 Karotten
½ Zwiebel
1 grüne Zitrone
30 g geriebene Kokosnuß
3 TL gehackte Kräuter (Petersilie, Kerbel, Schnittlauch)

Sauce:
1 dl Olivenöl
1 grüne Zitrone
3 EL trockener Weißwein
Salz, Pfeffer

Geräte:
Salatschüssel
Küchenmaschine
Gemüsereibe
Zitruspresse
Rührschüssel

Die Fischfilets zuerst in dünne Streifen, dann in 3 cm lange Stükke schneiden. 15 min in dem gesalzenen und gepfefferten Zitronensaft marinieren lassen.
Die Avocado halbieren, den Kern entfernen, schälen und in Scheiben schneiden. Die Zwiebel schälen und in Scheiben schneiden; die grüne Zitrone in sehr feine Scheiben schneiden.
In der Salatschüssel Avocado, Zwiebel und Zitrone vorsichtig miteinander vermischen, die in feine Streifen geschnittenen Karotten, die Kokosnuß und die Kräuter unterziehen.
Die Sauce getrennt herstellen; über die Zutaten in der Salatschüssel gießen.
Die Fischfilets gut abtropfen lassen (5 min); in die Salatschüssel geben und vorsichtig, aber gründlich, mit den übrigen Zutaten vermischen. Sehr kalt servieren.

Aufbewahrung: In der mit Frischhaltefolie geschützten Salatschüssel im Kühlschrank 4 h.

Frischer, in Dill marinierter Lachs

(Abb. S. 225)

Wir haben einen Lachs von 2 kg Gewicht gewählt; Sie können aber auch einen kleineren nehmen, müssen dann allerdings die Zutaten entsprechend verringern. Rechnen Sie mit 100 g bis 120 g pro Person.

Zubereitungszeit: 20—40 min + 20 min zum Aufschneiden
Marinade: 2 Tage
Ruhezeit: 1 Tag

Zutaten für 20 Büffetportionen:
1 frischer Lachs (2 kg, ausgenommen und ohne Kopf)
40 g frischer oder 10 g getrockneter Dill
280 g Kristallzucker
200 g grobes Salz
10 g grob zerstoßener Pfeffer

Beilage:
400 g Mayonnaise mit braunem Senf (S. 78)

Geräte:
2 längliche, tiefe Platten oder Saftpfanne
Rührschüssel
1 kleine Zange
großes, scharfes Messer oder Seezungenmesser

Mit dem scharfen Messer den Fisch am Rücken an der dicksten Stelle öffnen; dann mit dem Messer vom Kopf- bis zum Fußende dicht über der Mittelgräte entlangfahren. Den Fisch umdrehen, so daß die Mittelgräte auf die Arbeitsfläche zu liegen kommt, mit dem Handballen leicht auf den Fisch drücken, dabei mit dem Messer die Mittelgräte lösen. Wenn Sie mit dem Messer hin- und herfahren und dabei den Fisch leicht gegen die Arbeitsfläche drücken, gelingt es ohne größere Schwierigkeiten, den Fisch zu teilen.
Die Haut nicht abziehen; mit der Küchenschere die Außenlinie des Fisches sauber zurechtschneiden.
Mit dem Finger leicht über das Fleisch fahren, um die kleinen Gräten, die sich auf beiden Seiten in einer Reihe befinden, aufzuspüren und mit der Zange zu entfernen; erscheint Ihnen dies zu schwierig, können Sie die kleinen Gräten im Fisch lassen und beim Aufschneiden entfernen. In einem Lachsschwanz gibt es kaum kleine Seitengräten. Zucker, Salz und Pfeffer miteinander vermengen. Legen Sie jede Lachshälfte mit der Haut nach unten

in eine tiefe Platte oder die Saftpfanne des Herdes. Die ganze Oberfläche würzen, vor allem die fleischigen Teile, und den Dill darüber verteilen.
Der Lachs wird Wasser von sich geben, das, zusammen mit dem Salz, zu einer richtigen Lake wird. Den Fisch zugedeckt zwei Tage im Kühlschrank darin marinieren lassen. Nach dem Marinieren den Fisch abtropfen und das überflüssige Salz, zuerst mit einem kleinen Löffel, anschließend mit einem Messer entfernen.
Die beiden entsalzten Lachshälften auf eine Frischhaltefolie legen, dicht mit Dill bestreuen, Frischhaltefolie hermetisch schließen und einen weiteren Tag im Kühlschrank ruhen lassen.
Am Schwanz beginnend, schräg aufschneiden. Ein Lachs von 2,5 kg Gewicht ergibt normalerweise 25 große und 20 kleine Scheiben.
Die Scheiben auf den Platten anrichten und mit Mayonnaise mit braunem Senf servieren.

Aufbewahrung: Vor dem Aufschneiden in Frischhaltefolie gehüllt im Kühlschrank 24 h.

Krustentiere

Taschenkrebs-Cocktail

Ein farbenprächtiges, ziemlich stark schmeckendes Gericht.

Zutaten für 10 Personen:
300 g gekochtes Taschenkrebsfleisch
350 g Taschenkrebs-Garnitur (S. 68)
3 kleine Tomaten
das Innere eines Staudenselleries
200 g Tomatensauce »Napoleon« (S. 85)

Geräte:
10 Gläser oder Servierschalen

Den Sellerie waschen und putzen; der Länge nach in 10 Teile schneiden; die hellgrünen und gelben Blätter nicht entfernen. Die Tomaten vierteln.
Jedes Glas mit einem gehäuften Löffel Taschenkrebs-Garnitur füllen, Staudensellerie aufrecht hineinstecken, ein oder zwei Tomatenviertel hinzugeben.
Die schönsten Taschenkrebsstücke wählen und aufrecht vor den Sellerie stellen; mit den weniger schönen Stücken die Gläser auffüllen. In den Kühlschrank stellen. Vor dem Servieren mit der Tomatensauce »Napoleon« überziehen; kalt servieren.

Aufbewahrung: In den mit Frischhaltefolie geschützten Gläsern ohne die Sauce im Kühlschrank 24 h.

Taschenkrebs mit Gemüse

Zubereitungszeit: 15 min

Zutaten für 10 Portionen:
400 g gekochtes Taschenkrebsfleisch
700 g gemischtes Gemüse (S. 295)
10 Salatblätter
1 Zitrone
120 g Tomatensauce »Napoleon« (S. 85)

Geräte und Arbeitsmaterial:
2 Schüsseln
Frischhaltefolie

Die Gemüse mit der Tomatensauce »Napoleon« und das Taschenkrebsfleisch mit dem Zitronensaft vermischen; durchziehen lassen. Die Salatblätter waschen und trocknen, die tiefen Teller oder die Muscheln damit auslegen, das Taschenkrebsfleisch und die Gemüsemischung darauf hübsch anrichten. Mit Frischhaltefolie schützen und bis zum Servieren im Kühlschrank aufbewahren.

Aufbewahrung: Mit Frischhaltefolie geschützt im Kühlschrank 12 h.

Taschenkrebs à la quimperlaise

(Abb. S. 304)

Die besten Taschenkrebse werden während des Sommers gefangen. Nehmen Sie, wenn möglich, Weibchen; ihr Fleisch ist schmackhafter. Achten Sie darauf, daß Sie schwere Taschenkrebse bekommen.

Vorbereitungszeit: 50 min
Garzeit: 2 × 10 min
Kühlzeit: 2 h

Zutaten für 10 Büffetportionen:
2 Taschenkrebse (1,2 kg)
3 l Fischsud (S. 210)
150 g Tomatenpulpe (S. 73)
1 Kopfsalat
400 g Tomatensauce »Napoleon« (S. 85)

Dekoration:
1 hartgekochtes Ei
oder 1 Kerbelzweig

Geräte:
Kochtopf (5 l)
Schüssel

Den Fischsud zum Kochen bringen, die Taschenkrebse einzeln kochen:
Mit dem Rücken nach unten in den kochenden Sud legen, so schnell wie möglich einmal aufkochen lassen, dann die Hitze reduzieren. 10 min sieden lassen. Aus dem Sud nehmen, den hochgeschlagenen Schwanz abbrechen und mit einem festen Messer einstechen, damit der Saft abtropfen kann. 2 h, davon 1 im Kühlschrank, abkühlen lassen.
Den Taschenkrebs mit dem Rücken auf die Arbeitsfläche legen, die Scheren und Beine entfernen und vorsichtig den Körper auslösen, ohne den Rückenpanzer zu verletzen, den Sie zum Anrichten nehmen.
Mit Hilfe eines Löffels soviel Fleisch und Corail wie möglich aus dem Panzer kratzen; gut säubern.
Den Körper aufschneiden und mit Hilfe eines scharfen, spitzen Messers das Fleisch, das sich zwischen den weichen Membranen und den Knorpeln befindet, auslösen.
Mit Hilfe eines breiten Messerrückens Scheren und Beine an verschiedenen Stellen aufbrechen und das Fleisch herausnehmen.
Das Scherenfleisch beiseite stellen; das restliche Fleisch klein schneiden.

Mit dem zweiten Taschenkrebs in gleicher Weise verfahren.
Jeder Taschenkrebs sollte ungefähr 200 g Fleisch enthalten.
Den Salat waschen; die grünen Blätter zur Dekoration beiseite legen, das Herz klein schneiden und mit dem Taschenkrebsfleisch, der Tomatenpulpe und der Hälfte der Tomatensauce gründlich vermischen. Die leeren Panzer damit füllen.
Das beiseite gestellte Scherenfleisch obenauf legen und mit gehacktem Kerbel oder dem gehackten hartgekochten Ei überstreuen. Die Servierplatte mit den grünen Salatblättern auslegen und die gefüllten Panzer darauf anrichten.
Die restliche Sauce getrennt dazu reichen.

Aufbewahrung: Das ausgelöste Taschenkrebsfleisch in einem verschlossenen Behälter im Kühlschrank 48 h; die gefüllten Panzer, mit Frischhaltefolie geschützt im Kühlschrank 2 h; das Scherenfleisch getrennt aufbewahren.

Schalentiere

Hinweise zum Auswählen und Reinigen von Herz- und Venus-Muscheln

Außer direkt am Meer sollte man im Sommer keine Muscheln essen.
Wählen Sie schwere Muscheln, deren Herkunft eindeutig ist. Sortieren Sie als erstes alle aus, die sich nicht schließen; sie haben ihr Wasser verloren und sind nicht mehr frisch. Unter fließendem Wasser waschen; dabei mit den Händen kräftig gegeneinander reiben, damit der Sand vollständig abgeht.

Hinweise zum Auswählen und Zubereiten von Jakobsmuscheln

Frische Jakobsmuscheln gibt es von September bis Ende April. Wählen Sie schwere, geschlossene Muscheln; sie müssen sich zumindest schließen, sobald man mit einem Messer unter den Deckel fährt. Die geschlossenen Schalen gründlich unter fließendem Wasser abbürsten. Sie brauchen ungefähr 15 min, um 12 Jakobsmuscheln zu reinigen.

Um die Muscheln zu öffnen, genügt es, mit einem spitzen Messer unter den Deckel zu fahren und den Deckel rundherum zu lösen. Das Fleisch vorsichtig mit einem Löffel aus der Muschel lösen. Den gekräuselten Bart aufbewahren; Sie können mit ihm eine Fischessenz herstellen.
Den kleinen harten Knorpel, der sich neben dem Kopfende des Fleisches befindet, entfernen, indem Sie vorsichtig daran ziehen, bis die kleine Haut sichtbar wird. Dann abschneiden. Auf diese Weise lösen Sie gleichzeitig den Corail (den blaß- bis dunkelroten Teil).
Fleisch und Corail gründlich waschen und auf einem Tuch abtropfen lassen. Für ein Hauptgericht benötigen Sie, je nach Größe, 3 bis 4 Muscheln pro Person.

Anmerkung: Tiefgefrorene Jakobsmuscheln bekommen Sie das ganze Jahr über.

Hinweise zum Auswählen, Öffnen und Servieren von Austern

Die größten Austern sind nicht unbedingt die besten. Haben Sie zahlreiche Gäste, wählen Sie am besten flache Austern Nr. 0 oder 1. Je nach Herkunft und Jahreszeit sind sie mehr oder weniger fett. Die echten »Belons« werden in dem Fluß Belon gezüchtet; aber auch flache Austern aus Roscoff, Paimpol, Carnac, Quiberon, les Abers und Cancale werden »Belons« genannt.
Marennes-Austern nennt man flache, bretonische, in der Sendre-Mündung aufgewachsene Austern, die man immer seltener auf dem Markt findet.
Tiefe Austern, die sogenannten »portugiesischen«, werden in Frankreich im Becken von Arcachon, in der Gironde, auf der Insel Ré, in der Gegend von Marennes, Oléron, Sables d'Olonne und bei Bourgneuf gezüchtet. Am schmackhaftesten sind die »spéciales« und die »fines de Claire«. In Deutschland werden die Austern unter den gleichen Bezeichnungen angeboten wie in Frankreich. Unter den »Portugiesen« sind die Größen 3 und 4 vorzuziehen.
Austern mit der Bezeichnung »Pleine mer« — Meeraustern — sind weniger schmackhaft als die gezüchteten. Lassen Sie sich durch die Bezeichnung nicht beirren!

Bayonner Schinkentorte (Rezept S. 166) ▷
Folgende Seite: *Gemüseterrine* (Rezept S. 206)

Öffnen Sie die Austern frühestens 1 h vor dem Servieren und richten Sie sie auf zerstoßenem Eis und Algen an.

Hinweise zum Öffnen von Austern

Drücken Sie beim Öffnen die Austern fest auf die Arbeitsfläche, schützen Sie Ihre Hand mit einem Tuch. Das Schloßband (die Seite, an der die Muschel fest zusammengewachsen ist) muß zu Ihnen zeigen. Treiben Sie das Messer in das Schloßband, wobei Sie es abwechselnd nach links oder rechts drehen, bis sich der Deckel ablöst. Jetzt müssen Sie nur noch den Muschelansatz durchschneiden, dann können Sie den Deckel abheben.
Wahre Austernliebhaber essen Austern meist so, wie sie aus dem Meer kommen. Bereiten Sie trotzdem für alle Fälle Zitronenviertel und eine Sauce aus Essig und feingehackten Schalotten vor.

Hinweise zum Auswählen und Zubereiten von Miesmuscheln

Die bekanntesten Miesmuscheln stammen aus Villerville (Muschelbank von Ratier), Dives, Port-en-Bessin und Quiberon. Am besten schmecken Miesmuscheln, die in großen Trauben gezüchtet werden, vor allem die aus dem Departement Charente-Maritime. Man erkennt sie an der Form: Der dem Schloßband gegenüberliegende Rand ist konvex und nicht konkav wie bei den anderen Muschelarten.
Die heute im Handel üblichen Miesmuschelsorten sind gesund; wenn in Frankreich ein bestimmtes Gebiet aufgrund von Wasserverschmutzung gesperrt wird, werden die dort befindlichen Stökke erst einige Wochen in sauberen Bassins aufbewahrt und gereinigt, bis sie in den Handel kommen. Trotzdem sollte man lieber Miesmuscheln nur dann roh essen, wenn Ihr Händler ein Gesundheitszeugnis, das unbedingt die Herkunft und die Erntezeit enthalten muß, vorweisen kann. Wie alle Muschelarten sollen auch Miesmuscheln geschlossen und schwer sein. Sobald sie offen sind, haben sie ihr Wasser und damit die Frische verloren.
Um 1,5 kg Miesmuscheln zu reinigen, benötigen Sie ungefähr 20 min.
Eine gründliche Reinigung ist erstes Gebot. Sie müssen die Bärte abreißen und die Miesmuscheln regelrecht abkratzen, damit kein Sand in den Sud kommt. Auch eine schwere Miesmuschel kann

◁ *Frischer, in Dill marinierter Lachs* (Rezept S. 219)
Vorhergehende Seite:
Lachskranz in Aspik (Rezept S. 211)

unter Umständen nichts anderes als Schlamm enthalten. Gibt eine Miesmuschel beim Reinigen dem Druck der Hand zu leicht nach, ist höchste Vorsicht geboten. Lieber wegwerfen, denn eine einzige Schlamm-Muschel kann ein ganzes Gericht verderben. Nachdem die Miesmuscheln abgekratzt wurden, müssen sie mehrmals unter fließendem Wasser gründlich gewaschen werden.

Hinweise zur Zusammenstellung einer schönen Meeresfrüchteplatte

Sie können gekochte und rohe Meeresfrüchte, Schalentiere und Krustentiere verwenden.

Für eine reichhaltige und ausgewogene Meeresfrüchteplatte benötigen Sie pro Person:

Rohe Schalentiere:

3 Austern
3 Venus- oder Teppichmuscheln (palourde)
2 große Miesmuscheln
1 große und 2 kleine Herzmuscheln
1 Seeigel

Gekochte Schalentiere:

60 g Strandschnecken
oder 120 g Meeresschnecken

Gekochte Krustentiere:

2 Langustinos
oder 4 große Crevetten
oder ½ Taschenkrebs
oder 1 Meeresspinne (½, wenn sie groß ist)

Krustentiere, Strand- und Meeresschnecken können Sie bereits gekocht kaufen.

Die rohen Schalentiere unter fließendem Wasser gründlich waschen, notfalls den Sand abkratzen, öffnen und in einer Schalenhälfte servieren. Bei Miesmuscheln unbedingt Gesundheitszeugnis überprüfen. Den Seeigel unter kaltem Wasser waschen und mit der Küchenschere das obere Drittel abschneiden.

Auf den Anrichteplatten zerstoßenes Eis und Algen verteilen; die Strand- oder Meeresschnecken in ein Algennest oder eine kleine Glasschale legen, die Muscheln und Krustentiere hübsch auf der Platte verteilen. Zitronenviertel und eine Sauce aus Weinessig und feingeschnittenen Schalotten, Mayonnaise und dünn aufgeschnittenen Roggenbrot sowie Butter dazu reichen.
Vergessen Sie nicht, Austerngabeln, kleine Löffel, Hummerzangen oder Nußknacker, feine Nadeln, die in Weinkorken stecken (für die Schnecken), kleine Teller, Papierservietten und Schalen mit Zitronenwasser zum Händereinigen bereitzustellen.

Aufbewahrung: Gekochte Meeresfrüchte in geschlossenen Behältern im Kühlschrank 48 h; rohe Meeresfrüchte sollten Sie erst am Festtag kaufen und frühestens 1 h vor Beginn des Essens öffnen.

Meeresschnecken in eigenem Saft

Vorbereitungszeit: 10 min
Garzeit: 15 bis 18 min

Zutaten für 10 Personen:
2 kg Meeresschnecken
1 großer Kräuterstrauß
1 EL Koriander (ungemahlen)
150 g grobes Salz

Geräte:
1 Kochtopf (6 l)

1 kg Meeresschnecken ergeben ungefähr 700 g Fleisch. Die Schnecken unter fließendem Wasser waschen, in 4 l kaltes Wasser geben, Salz, Kräuterstrauß und Koriander hinzugeben und bei starker Hitze zum Kochen bringen. Je nach Größe 15 min bis 18 min kochen lassen. Schnell abkühlen, dafür den Topf in ein kaltes Wasserbad stellen. Erst wenn sie abgekühlt sind, abgießen. In einer großen Schüssel anrichten. Die Gäste bedienen sich kleiner Gabeln, um die Schnecken aus den Häusern zu holen, oder ziehen sie mit den Fingern an der kleinen Hornhaut aus ihrem Gehäuse. Dünne Roggenbrotscheiben dazu reichen.

Aufbewahrung: Im Sud in einem geschlossenen Behälter im Kühlschrank 24 h.

Herz- und Venusmuscheln in Weißwein

Vorbereitungszeit: 15 min
Garzeit: 5 min

Zutaten für 10 Büffetportionen:
3 kg Herz- und Venusmuscheln
3 dl trockener Weißwein
2 Schalotten
4 Thymianzweige
Petersilienstengel
½ Lorbeerblatt
Pfeffer aus der Mühle

Beilagen:
1,5 dl Crème fraîche

Geräte und Arbeitsmaterial:
großer Kochtopf mit dickem Boden
Sieb
Fließpapier

Herz- bzw. Venusmuscheln reinigen. Die Muscheln zusammen mit übrigen Zutaten in den Topf geben und zugedeckt auf großer Flamme zum Öffnen bringen. Den Topf dabei einige Male schütteln. Die Muscheln auslösen und unter lauwarmem Wasser abspülen.
Den ausgetretenen Kochsaft durch das Sieb, das mit Fließ- oder Saugpapier ausgelegt wurde, filtern. Die ausgelösten Muscheln in den Saft zurückgeben, damit sie beim Erkalten Geschmack bekommen. Kurz vor dem Servieren die Muscheln aus dem Saft nehmen und auf Portionsschalen verteilen.
Den Saft zum Kochen bringen; die kochende Flüssigkeit über die Muscheln gießen, die Crème fraîche hinzufügen und sofort servieren.

Aufbewahrung: In dem gefilterten Sud in einem geschlossenen Behälter im Kühlschrank 24 h. Achtung: wenn Sie die gekochten Muscheln aufbewahren wollen, müssen Sie sie in einem kalten Wasserbad rasch abkühlen.

Muscheln in Schneckenbutter

Vorbereitungszeit: 45 min mit einer Küchenmaschine oder 55 min von Hand
Garzeit: 10 min

Zutaten für 25 Personen:
125 große Miesmuscheln (ca. 3 kg) oder 125 Venusmuscheln (ca. 6 kg), in Weißwein gekocht
500 g Butter
2 Knoblauchzehen
1 Schalotte
40 g Petersilie
Thymianblüten (nach Belieben)
15 g sehr feingeriebene Mandeln oder Haselnüsse
15 g Toastbrot
12 g Salz
1 Msp. Pfeffer

Dekoration:
1 kg grobes Salz

Geräte und Arbeitsmaterial:
Saftpfanne des Herdes
Mixer oder Küchenmaschine
Palette oder Spritzbeutel
Alufolie

Die Butter 1 h vor Arbeitsbeginn aus dem Kühlschrank nehmen.
Bei Miesmuscheln nach dem Kochen eine Schalenhälfte entfernen; bei Venusmuscheln die Hälfte der Muschelschalen gründlich waschen und die ohne Schalen gekochten Venusmuscheln hineingeben.
Knoblauch, Schalotte und Weißbrot fein hacken und in eine große Schüssel geben, geriebene Mandeln oder Haselnüsse hinzufügen, salzen und pfeffern. Nach und nach die Butter unterrühren und zum Schluß die Petersilie. Sie können aber auch alles auf einmal in der Küchenmaschine verarbeiten.
Jede Muschel flach mit dieser Butter bestreichen; nicht wölben, da die Butter beim Erhitzen sonst in die Saftpfanne läuft. Die Saftpfanne vollständig mit Alufolie bedecken (sie dient gleichzeitig zum Servieren) und mit einer dicken Schicht groben Salzes bestreuen, bevor Sie die Muscheln so dicht wie möglich darauf legen.
Den Herd auf 220° (Th. 7) vorheizen. Das Blech mit den Muscheln einige Minuten backen lassen, dabei ständig überwachen.

Sobald die Butter zu kochen beginnt, ist das Gericht fertig. Sofort heiß servieren.
Wenn das Blech leer gegessen ist, die nächste Lage überbacken.

Aufbewahrung: Die Schneckenbutter in einem geschlossenen Behälter im Kühlschrank 8 Tage; die mit Butter ausgestrichenen Muscheln in der Saftpfanne und mit Frischhaltefolie geschützt im Kühlschrank 12 h.

Jakobsmuscheln in Fischessenz

Dieses Rezept kann auch als Grundlage für andere Gerichte mit Jakobsmuscheln dienen.

Vorbereitungszeit: 8 min
Garzeit: 5 min

Zutaten für 12 Büffetportionen:
12 geputzte Jakobsmuscheln (S. 223 f.)
⅓ l Fischessenz (S. 95)

Gerät:
Kasserolle (2 l)

Die Jakobsmuscheln mit der kalten Fischessenz aufsetzen, zum Kochen bringen, sofort vom Herd nehmen und 5 min zugedeckt ziehen lassen. Mit einer Schaumkelle die Jakobsmuscheln herausnehmen, den Sud durch ein feines Sieb gießen und wieder zum Kochen bringen.
Das Fleisch in sechs und den Corail in zwei Teile schneiden, auf die Schälchen verteilen und mit kochend heißer Brühe auffüllen. Sofort mit dünnen, gebutterten Roggenbrotscheiben servieren.

Aufbewahrung: Wollen Sie die Jakobsmuscheln vorab zubereiten, müssen Sie sie in einem kalten Wasserbad so schnell wie möglich abkühlen. Sie können sie dann in ihrem Sud in einem geschlossenen Behälter im Kühlschrank 48 h lang aufbewahren; erst im letzten Moment klein schneiden.

Überbackene Jakobsmuscheln

<u>Vorbereitungszeit:</u> 20 min
<u>Garzeit:</u> 12 bis 15 min

<u>Zutaten</u> für 12 Personen:
24 in Fischessenz gekochte Jakobsmuscheln
24 leere Muschelschalen

<u>Sauce:</u>
180 g Champignons-Duxelles (S. 69)
2 Schalotten
¼ l Crème fraîche
⅓ l Fischessenz (S. 95)
150 g Butter (50 g davon eiskalt)
40 g Mehl
50 g feine Semmelbrösel

<u>Dekoration:</u>
12 Blätterteig-Fleurons

<u>Geräte:</u>
Saftpfanne des Herdes
2 Kasserollen (2 l)
Mixer

Die Jakobsmuscheln abgießen, das Kochwasser aufbewahren und das Fleisch in Scheiben schneiden.
In 60 g Butter die Schalotten anschwitzen, nicht braun werden lassen; das Mehl hinzufügen und unter Rühren 3 min kochen lassen, mit der Fischessenz auffüllen, 1 min sieden lassen, die Crème fraîche unterziehen, abschmecken, weitere 3 min sieden lassen. Die Sauce sollte jetzt sämig sein. In den Mixer geben und 10 bis 20 Sekunden mit 50 g eiskalter Butter mixen. In einem kalten Wasserbad schnell abkühlen.
Die leeren, gewaschenen und getrockneten Muschelschalen auf der Arbeitsfläche ausbreiten; jede Schale mit einem Löffel Sauce, einem Löffel Duxelles, dem kleingeschnittenen Muschelfleisch und den ganzen Corails füllen, mit gut gekühlter Sauce bedecken, Semmelbrösel darüber streuen.
Den Herd auf 180° (Th. 5) vorheizen. Auf jede Muschel einige Butterflöckchen legen und 8 min backen, dann noch 1 min grillen, damit die Oberfläche bräunt.
Die Blätterteig-Fleurons warm machen.
Die Muscheln auf der Platte anrichten und mit je einem Fleuron verzieren.

<u>Aufbewahrung:</u> Die mit Alufolie geschützten, fertig garnierten

Muschelschalen im Kühlschrank 48 h. 1 h vor dem Garen aus dem Kühlschrank nehmen.

Anmerkung: Es ist wichtig, daß Sie das Muschelfleisch mit wirklich gut durchgekühlter Sauce überziehen, damit es sich nicht verfärbt und die Oberfläche keine feinen Sprünge bekommt.

Miesmuscheln in Weißwein

Dies ist das Grundrezept für alle Muschelgerichte.

Vorbereitungszeit: 5 min
Garzeit: 8 min

Zutaten für 10 Büffetportionen:
3 kg gesäuberte Muscheln
3 dl trockener Weißwein
Thymian, Lorbeer, Petersilienstengel

Gerät:
Kasserolle (2 l) mit Deckel

Alle Zutaten in die Kasserolle geben; unter starker Hitze in 5 bis 8 min die Muscheln zum Öffnen bringen, dabei die Kasserolle einige Male kräftig schütteln. Die Kasserolle vom Herd nehmen und schräg stellen. Mit dem Schaumlöffel die Muscheln vorsichtig herausnehmen, ohne den Sud aufzuwühlen, damit sich der Sand absetzt, und in die vorgewärmte Suppenschüssel geben. Den Sud einige Minuten ruhen lassen (in Schräglage). Dann mit der Schöpfkelle den Sud abschöpfen und durch ein mit Saugpapier ausgelegtes Sieb über die Muscheln gießen. Mit dünn aufgeschnittenem Roggenbrot servieren.

Aufbewahrung: Die ausgelösten Muscheln in dem gefilterten Sud und in einem geschlossenen Behälter im Kühlschrank 24 h. Doch Vorsicht! Wenn Sie sie aufbewahren wollen, müssen Sie sie schockartig in einem kalten Wasserbad kühlen. Im Grunde ist es besser, sie erst kurz vor dem Servieren zuzubereiten, wenn Sie sie im eigenen Saft anbieten und nicht weiterverarbeiten wollen.

Gegrillte Fische, Krusten- und Schalentiere

Allgemeine Hinweise

Fische mit festem und nicht zu magerem Fleisch eignen sich am besten für ein Barbecue. 2 Zubereitungsarten bieten sich an: grillen oder in Alufolie backen — letztere vor allem für empfindliche Fische. Für Spieße eignen sich nur Muscheln und Schalentiere. Sie können Meeresfische, Fischfilets aus Olivenöl, zerstoßenem Lorbeer, Fenchelsamen und gehacktem Knoblauch marinieren. Schneiden Sie für das Marinieren bei dicken Fischen die Haut ein. Vor dem Grillen gut abtropfen lassen.
Einen Fisch, den Sie grillen wollen, niemals entschuppen. Mit einem kleinen Thymian- oder Rosmarinzweig den Fisch vor dem Grillen mit Öl (oder der Marinade) bestreichen und diesen Vorgang während des Grillens mehrmals wiederholen. Nie mit Fett übergießen, da sonst hohe Flammen entstehen können.
Haben Sie den Fisch mit aromatischen Kräutern eingerieben, können Sie diesen Vorgang während des Grillens nach jedem Einölen wiederholen oder aber die Kräuter auf die Glut werfen und den Fisch so parfümieren. Haben Sie nur wenig Kräuter zur Verfügung, warten Sie mit diesem Vorgang bis zum Schluß des Grillens; auch dann wird Ihr Fisch von dem Geruch geprägt.
Wollen Sie den Fisch in Alufolie backen, dann salzen Sie in vorab auf beiden Seiten und fügen Sie etwas Butter oder Öl, Kräuter, Gewürze und vielleicht auch noch die Beilagen bei, falls diese nur aufgewärmt werden müssen oder in derselben Zeit gar werden wie die Fische.
Wie auch immer Sie garen, vergessen Sie nie, die Fische, die Alupäckchen oder die Spieße während des Garvorgangs mehrmals zu wenden.

Gegrillte Fische, Krusten- und Schalentiere

	Präsentation	*Vorbereitung*	*Grillart*	*Garzeit*	*Beilage*
FISCHE					
Dorade (300 g) (Goldbrasse)	ganz, ausgenommen, die Haut eingeritzt	mit Fenchelsamen und Öl eingerieben	Grillen auf Rost	10 min	Reissalat »Balkan« (S. 306)
Fischfilets oder Fischsteaks	so wie sie sind		in Alufolie (mit Ratatouille, S. 281)	15 min	schwarze Oliven
Forellen (250 g)	ganz, ausgenommen, aber ungewaschen	mit feingeriebenen Mandeln eingerieben	in Alufolie	15 bis 20 min	Quark-Kräuter-Sauce (S. 89)
Hering	ganz, ausgenommen	mit Senfbutter (S. 67) bestrichen	in Alufolie	20 min	in der Asche gebackene Kartoffeln (S. 284)
Makrelen (200—300 g)	ganz, ausgenommen	mit Schneckenbutter bestrichen (S. 229)	in Alufolie	15 bis 20 min	gegrillte Äpfel (S. 282)
Meeraal	Stücke (100 g)	mit Safran eingerieben	auf dem Spieß, dazwischen Paprikastücke	10 min	Landbrot, mit Knoblauch eingerieben und mit Olivenöl beträufelt
Meerbarbe	ganz, wenn klein, nicht ausgenommen	mit Kräutern der Provence eingerieben	Grillen auf Rost; einmal umdrehen	10 bis 15 min	Toast mit Tapenade (S. 146)

Meerwolf oder Wolfsbarsch	ganz, ausgenommen	mit Fenchel in der Bauchhöhle und mit Anis eingerieben	Grillen auf Rost, Fenchel in der Glut	15 min pro Pfund	gegrillte Auberginen (S. 282), Zitrone
Merlan	ganz, ausgenommen	mit Schalotten-Reduktion bestrichen (S. 80)	Grillen auf Rost	10 min	Sauce béarnaise (S. 80)
Sardinen	ganz, nicht ausgenommen	mit Sardellenbutter bestrichen	Grillen auf Rost	5 bis 6 min	Toastbrot, Zitrone
Junger Seehecht (200 bis 300 g)	ganz, ausgenommen	mit Olivenöl und Rosmarin eingerieben	Grillen auf Rost	10 min	gegrillte Zucchini (S. 283)
KRUSTENTIERE					
Gambas oder große Crevetten	im Panzer	1 h in Olivenöl und mit Thymianblüten mariniert	Grillen auf Rost	10 min	Ailloli (S. 78)
Bretonische Langusten	halbiert, der Länge nach	vorab 2 min in kochender Fischessenz blanchiert	Grillen auf Rost	15 min	Mischung aus zerlassener Butter, gehacktem Estragon und Zitrone
MUSCHELN					
Jakobsmuscheln	Corail ganz, Fleisch in drei Teile geschnitten	mit Öl bestrichen	auf Spieße gesteckt (2 Teile, dazwischen dünner Speck)	8 min	Bauernbrot
Miesmuscheln	in zerlassener Butter und Semmelbröseln gewälzt	vorab in Weißwein gekocht	auf Spieße gesteckt (6 Stück pro Spieß)	5 min	Zitronenviertel

KAPITEL 10

Fleisch und Geflügel

Allgemeine Hinweise zur Behandlung von Fleisch

Grillgerichte aus Fleisch

- Hinweise zum Garen
- Tabelle: Fleisch und Wurst vom Grill
- Normannische Marinade
- Provençalische Marinade
- Weißweinmarinade
- Rinderherzspießchen
- Spießchen mit Geflügelleber und -herzen
- Normannische Spießchen
- Schweinsspießchen

Fleischgerichte für das Büffet

- Geschmorter Rinderkopf
- Geschmorter Rinderkopf in Aspik
- Lammkeule, als Lammrücken präsentiert
- Rinderzunge in pikanter Sauce
- Virginia-Schinken

Geflügel

- Im Ofen gebratene Hähnchen
- Gekochtes Huhn
- Huhn in Aspik
- Gratiniertes Huhn mit Blätterteig
- Entenstreifen »Montmorency«
- Truthahn in Bouillon

Allgemeine Hinweise zur Behandlung von Fleisch

Ein guter Metzger weiß, welche Stücke frisch und welche abgehangen sein sollten. Sie können sich auf seinen Rat verlassen. Folgende Stücke sollten immer abgehangen verwendet werden:

Lamm und Hammel: Keule, Schulter und Rücken
Rind: Alle Stücke, die sich zum kurzen Braten eignen.

In Alufolie oder Pergament-Papier gewickelt, können Sie Brat- und Grillfleisch (kein gehacktes!) 48 h und Innereien 24 h im Kühlschrank aufbewahren.
Bei größeren Einkäufen stellt sich also die Frage, wie das Fleisch aufbewahrt werden kann.
Sie können Fleisch einfrieren, wenn es nicht von sehr jungen Tieren stammt (Milchlamm) oder bereits einmal eingefroren war; Fleisch, das abgehangen verwendet wird, sollte auch abgehangen eingefroren werden. Normalerweise läßt man eingefrorenes Fleisch langsam im Kühlschrank auftauen; doch es gibt auch Ausnahmen.
Auch wenn Sie keinen Gefrierschrank besitzen, können Sie rohes Fleisch einige Zeit in Marinaden auf Ölbasis aufbewahren. Die Verwendung von aromatischen Kräutern in heißen Gegenden kommt nicht von ungefähr; sie zögern das Verderben beträchtlich hinaus. Am besten ist es, Sie vermischen die Kräuter mit dem Öl vorab in einer kleinen Schüssel; das Öl schließt das Fleisch luftdicht ab, verhindert also ein vorschnelles Verderben. Derartig konserviertes Fleisch können Sie im Kühlschrank (auch im Gemüsefach) oder in einem kalten Keller 6 bis 7 Tage aufbewahren; am besten in einer provençalischen Marinade (S. 239). Allerdings darf es vorab nicht in kleinere Stücke geschnitten werden, denn jedes Aufschneiden beschleunigt das Verderben von Fleisch.

Grillgerichte aus Fleisch

Hinweise zum Garen

Wenn das Fleisch mariniert wurde, gut abtropfen lassen, den Großteil der Kräuter mit einem Messerrücken abstreifen und leicht trockentupfen. Erst kurz vor dem Braten leicht mit grobem Salz bestreuen. Wenn das Fleisch nicht mariniert wurde, vor dem Ölen und Salzen fest mit Kräutern einreiben.
Wenn Sie das Fleisch in Alufolie garen wollen, fügen Sie die Kräuter, Öl oder Butter, andere Gewürze und eventuell auch Gemüse bei; salzen Sie das Fleisch von beiden Seiten und schließen Sie die Alufolie sorgfältig, damit kein Saft verlorengeht. Das Fleisch sollte nicht angebraten werden.
Sollen Fleischstücke offen länger als 10 min gegrillt werden, braten Sie es an der heißesten Stelle des Grills an und legen Sie es dann auf eine weniger heiße Stelle. Stechen Sie das Fleisch während des Garens niemals an; benutzen Sie zum Wenden eine Zange oder einen Spatel.
Es versteht sich von selbst, daß ein Holzkohlen- oder Barbecue Grill nicht so leicht zu regeln ist wie ein elektrischer Grill. In der Tabelle auf S. 240 f. können die Garzeiten daher nur ungefähr angegeben werden. Bitte überwachen Sie den Grillvorgang gut.

Normannische Marinade

Zubereitungszeit: 5 min
Marinade: mindestens 30 min

Zutaten für 2 kg Fleisch:
3 dl Apfelwein
4 EL Calvados
6 zerdrückte Schalotten
6 Petersilienstengel
Thymian, Lorbeer
1 Zitrone
2 TL Salz
Pfeffer aus der Mühle (10 Drehungen)

Gerät:
tiefe Platte

Alle Zutaten miteinander vermischen; das Fleisch mindestens 30 min an einem kühlen Ort marinieren; achtgeben, daß alle Fleischstücke mit Marinade bedeckt sind.

Verwendung: Für alle Fleischsorten, die gegrillt werden sollen, vor allem aber helles Fleisch.

Provençalische Marinade

Zubereitungszeit: 15 min
Marinade: mindestens 24 h

Zutaten für 2 kg Fleisch:
Verschiedene Kräuter aus der Provence (Thymian, Rosmarin, Bergminze, Lorbeer, Oregano)
grob zerstoßener Pfeffer
2 dl Oliven- oder Erdnußöl

Gerät:
Mixer oder Küchenmaschine

Die Kräuter im Mixer oder in der Küchenmaschine grob zerhakken, so daß Sie 4 EL zerstoßene Kräuter bekommen.
Das Fleisch auf allen Seiten damit einreiben; den Pfeffer darüber geben; reichlich mit Öl übergießen. Zugedeckt an einem kalten Ort marinieren.

Verwendung: Alle Fleischsorten, die gegrillt werden sollen.

Fleisch und Wurst vom Grill

	Schnitt	*Vorarbeiten*	*Grillart*	*Garzeit*	*Beilage*
FLEISCH					
Hammel	Koteletts	normannische Marinade	Grillen auf Rost	8 bis 9 min	Sauce béarnaise (S. 80); Crème fraîche und gehackte Minze
Hühnchen	ganz	mit Rosmarin gefüllt und mit normannischer Marinade eingerieben	auf Spieß	20 min pro 500 g	Ratatouille (S. 281)
	Schenkel	großzügig mit scharfer Tomatensauce bestrichen (S. 90)	Grillen auf Rost	15 bis 20 min	Süße Kartoffeln (S. 283) und Zitrone
Kücken	halbiert	normannische Marinade, mit Estragon eingerieben	Grillen auf Rost	25 min	Kräuterquark-Sauce (S. 89)
Lamm	Koteletts, Steaks	provençalische Marinade, mit Thymian eingerieben	Grillen auf Rost	6 bis 7 min	Champignonspieß; frische Tomatensauce (S. 84)
Rind	Steak	mit Bohnenkraut oder Bergminze eingerieben (nach Belieben)	Grillen auf Rost	6 min (blutig)	Sauce Tartar (S. 84)
	Hacksteak	mit Senf bestrichen	in Alufolie (mit gehackten Zwiebeln)	8 min	Senf-Sauce (S. 90)

Schwein	Koteletts	in Weißwein mariniert	in Alufolie (mit Salbei)	25 min	Tomaten in Alufolie mit Basilikum (S. 283)
	Spare ribs	in provençalischer Marinade; mit Kräutern aus der Provence eingegerieben	Grillen auf Rost	35 min	Curry-Äpfel (S. 282)
	Bauch		Grillen auf Rost	20 min	Maiskolben (S. 283)
WURST, SPECK, ETC.					
Andouillette (französische Wurst mit Innereien)	in Stücke geschnitten, Haut eingestochen	mit Rosmarin eingerieben	Grillen auf Rost	15 bis 20 min	gegrillte Äpfel (S. 282) und Senf
Blutwurst	in Stücke geschnitten		in Alufolie (mit Apfelscheiben und Rosmarin	15 min	Senf
Geräucherter Schinken oder Schinkenspeck	Scheiben		Grillen auf Rost	2 min	gegrillte Tomaten (S. 283)
Würstchen	ganz, Haut eingestochen		Grillen auf Rost	8 bis 15 min (je nach Größe)	Sellerie-Schaum (S. 275)

Weißweinmarinade

Zubereitungszeit: 5 min
Marinade: mindestens 30 min

Zutaten für 2 kg Fleisch:
3 dl Weißwein
4 EL Cognac
6 Schalotten
6 Petersilienstengel
Thymian, Lorbeer
1 Zitrone
2 TL Salz
Pfeffer aus der Mühle (10 Umdrehungen)

Gerät:
tiefe Platte

Die Schalotten zerdrücken, alle Zutaten miteinander vermengen. Das Fleisch von allen Seiten dick mit der Marinade einstreichen und an einem kalten Ort marinieren lassen. Diese Marinade kann schon am Vorabend zubereitet werden.

Verwendung: Schweinefleisch, Hühnchen, überhaupt alles helle Fleisch.

Rinderherzspießchen

Nach demselben Rezept können Sie auch Nieren zubereiten.

Vorbereitungszeit: 30 min
Garzeit: 10 min

Zutaten für 12 Spieße:
1,2 kg Rinderherz
36 kleine Cocktailwürstchen
12 kleine Tomaten
6 Lorbeerblätter
4 EL scharfer Senf
Erdnußöl
Salz und Pfeffer

Geräte:
12 Spieße
Schneidebrett
Pinsel

Das Fleisch in Würfel schneiden, die Tomaten vierteln, die Lorbeerblätter in 6 Teile brechen. Aufspießen: 1 Rinderherzwürfel, ¼ Tomate, Lorbeerfragment, 1 Würstchen, ¼ Tomate, 1 Rinderherzwürfel etc. Salzen und pfeffern; die Würstchen mit Senf, alle anderen Zutaten mit Öl bestreichen. 10 min unter häufigem Drehen grillen. Wenn irgend möglich, in einer vorgewärmten Platte aufbewahren.

Aufbewahrung: Die in Würfel geschnittenen Zutaten in einem geschlossenen Behälter im Kühlschrank 24 h.

Spießchen mit Geflügelleber und -herzen

Vorbereitungszeit: 30 min
Marinade: 1 h
Garzeit: 10 min

Zutaten für 12 Spieße:
1,2 kg Geflügelherzen und -leber
400 g Chipolata (8 Stück, eine Art Cocktailwurst)
4 Zucchini
4 Schalotten

Marinade:
2 dl Olivenöl
Thymian und Rosmarin
Salz und Pfeffer

Geräte:
12 Spieße
Schüssel
Schneidebrett

Zuerst die Marinade herstellen; dafür alle Zutaten miteinander vermischen. Die Schalotten in Scheiben, die Leber und Herzen in Würfel, die Zucchini in nicht zu kleine Würfel und die Chipolata in Scheiben schneiden. Marinieren. Über einer Schüssel abgießen; die Marinade auffangen. Aufspießen: 1 Herzwürfel, 1 Zucchinischeibe, 1 Schalottenscheibe, 1 Chipolatascheibe, 1 Leberwürfel, 1 Zucchinischeibe, 1 Herzwürfel etc. Unter häufigem Drehen 10 min grillen. Sofort servieren.

Aufbewahrung: In der Marinade im Kühlschrank 12 h.

Normannische Spießchen

Vorbereitungszeit: 30 min
Marinade: 30 min
Garzeit: 15 min

Zutaten für 12 Spieße:
1,2 kg Schweinefleisch
400 g Chipolata (8 Stück)
4 Äpfel
4 Lorbeerblätter
Normannische Marinade
(S. 239)

Geräte:
12 Spieße
1 Schüssel
Schneidebrett
Pinsel

Das Schweinefleisch in Würfel und die Äpfel in 12 dicke Stücke, die Chipolata in 6 und die Lorbeerblätter in 5 oder 6 Teile schneiden. Marinieren. Abtropfen und aufspießen: 1 Schweinefleischwürfel, 1 Stück Apfel, 1 Stück Chipolata, 1 Stück Apfel, 1 Schweinefleischwürfel etc. Mit Hilfe des Pinsels einölen und unter ständigem Drehen 15 min grillen. Sofort servieren.

Aufbewahrung: Schweinefleisch und Chipolata, in Stücke geschnitten, in einem geschlossenen Behälter im Kühlschrank 24 h.

Schweinsspießchen

Vorbereitungszeit: 30 min
Marinade: 15 min
Garzeit: 15 min

Zutaten für 12 Spieße:
1,2 kg Schweinefleisch (Schnitzelfleisch oder Schweinekamm)
24 Scheiben geräucherter Schweinebauch
24 weiße Zwiebeln
48 getrocknete, entkernte Pflaumen
6 Lorbeerblätter
Öl
Weißweinmarinade (S. 242)

Geräte:
12 Spieße
1 Schüssel
Schneidebrett

Die Zwiebeln schälen und halbieren. Das Schweinefleisch in 3 cm große Würfel schneiden. Die Schweinebauchscheiben halbieren, die Lorbeerblätter vierteln. Schweinefleisch und Zwiebeln 15 min marinieren.
Um jede Pflaume ½ Scheibe Schweinebauch wickeln.
Schweinefleisch und Zwiebeln abtropfen, aufspießen: 1 Schweinefleischwürfel, 1 Pflaume im Mantel, 1 Schweinefleischwürfel, ½ Zwiebel, ¼ Lorbeerblatt, 1 Schweinefleischwürfel etc. Mit Hilfe des Pinsels einölen und unter ständigem Drehen 15 min grillen. Sofort servieren.

Aufbewahrung: Das in Würfel geschnittene Fleisch und die in den Schweinebauch eingewickelten Pflaumen getrennt in geschlossenen Behältern im Kühlschrank 24 h.

Anmerkung: Statt Pflaumen können Sie auch Ananas oder Banane nehmen.

Geschmorter Rinderkopf

(Abb. nach S. 304)

Rinderkopf ist besonders zartes Fleisch, das auf der Zunge zergeht; außerdem ist es sehr preiswert. Er kann heiß oder kalt in Aspik gegessen werden.

Vorbereitungszeit: 30 min
Garzeit: 150 min

Zutaten für 12 Büffetportionen:
2 kg vom Metzger bereits vorbereiteter Rinderkopf
1 Kalbshaxe
350 g Tomaten (im Winter aus der Dose)
250 g Zwiebeln
350 g Karotten
3 große Knoblauchzehen
1 Kräuterstrauß aus Thymian, Lorbeer, Petersilienstengel
2 Stangen vom Staudensellerie
¾ l helle Einbrenne (S. 86) oder klare Bouillon
3 dl Rot- oder Weißwein
4 EL Cognac
4 EL Öl
70 g Butter
1 EL grobes Salz
Pfeffer aus der Mühle

Garnitur:
200 g Karotten
200 g grüne Bohnen oder Erbsen

Beilagen:
frische Tagliatelle

Geräte:
Kochtopf (10 l)
Kasserolle (1 l)
Holzspatel

Das Fleisch mit dem groben Salz einreiben. In dem großen Kochtopf Butter und Öl erhitzen, das Fleisch ungefähr 10 min darin anbraten.
Unterdessen die Haut der Tomaten abziehen (vorab 30 sek in kochendes Wasser legen). Während des Winters ist es besser, Tomaten aus der Dose zu nehmen (im eigenen Saft), da die frischen keinerlei Geschmack haben. Die restlichen Gemüse waschen und in Scheiben schneiden. Den Kräuterstrauß zusammenbinden.

Gemüse, Knoblauch, Kräuterstrauß, Kalbshaxe, Wein, Cognac und die helle Einbrenne oder die Bouillon zu dem Rinderkopf geben, abschmecken. Zugedeckt 2 h 15 min leise köcheln lassen, dabei das Fleisch öfters umdrehen, damit es gleichmäßig kocht. Die Karotten, die zur Garnitur dienen, säubern und in Streifen schneiden; die grünen Bohnen putzen oder die Erbsen aus der Schale lösen; alles zusammen 10 min vor Ende der Garzeit in den Kochtopf geben.
Nach 2 h 15 min das Fleisch aus dem Topf nehmen; die Brühe weiter sieden lassen. Kalbshaxe und Rindskopf in kleine Würfel schneiden, wieder in den Topf geben.
In einer Suppenschüssel, möglichst vorgewärmt, oder direkt in dem Kochtopf, den Sie auf einen Untersetzer stellen, servieren. Leicht gebutterte frische Tagliatelle dazureichen.

Aufbewahrung: In dem geschlossenen Kochtopf im Kühlschrank 4 Tage; in diesem Fall nach Beendigung der Garzeit das Gericht in einem kalten Wasserbad schnell abkühlen.

Einfrieren: Auch in diesem Fall muß das Gericht in einem kalten Wasserbad rasch abgekühlt werden; sobald es nur noch lauwarm ist, in einem oder mehreren Behältern einfrieren.

Geschmorter Rinderkopf in Aspik

Vorbereitungszeit: 10 min
Kühlzeit: 3 h

Zutaten für 12 Personen:
geschmorter Rinderkopf inkl. Garnitur (siehe vorstehendes Rezept)

Geräte:
größere Form (2,5 l) oder 12 kleine Schalen (2 dl)

Unmittelbar, nachdem Sie das Fleisch in Würfel geschnitten haben, in die kleinen Schalen oder in die größere Form geben, nachdem Sie einige Karottenscheiben zur Dekoration auf den Boden der Formen gelegt haben. Anschließend mit dem restlichen Gemüse und der Bouillon auffüllen.

Sofort in einem kalten Wasserbad abkühlen, anschließend mindestens 3 h in den Kühlschrank stellen. In den Förmchen oder auf eine Platte stürzen.

Aufbewahrung: Vor dem Stürzen in den zugedeckten Formen im Kühlschrank 4 Tage.

Einfrieren: In diesem Fall den geschmorten Rinderkopf in tiefkühlgeeignete Formen füllen, im Wasserbad schnell abkühlen und sofort in den Gefrierschrank stellen, wenn der Rinderkopf Zimmertemperatur erreicht hat.

Lammkeule, als Lammrücken präsentiert

(Abb. nach S. 128)

Vorbereitungszeit: 40 min
Garzeit: 40 min + 10 min
Kühlzeit: 3 h

Zutaten für 20 Personen:
1 Lammkeule (3 kg)
Öl
Salz, Pfeffer

Zum Anrichten:
200 g Senfbutter (S. 67)
2 längliche Bauernbrote (25 cm)
1 kleines, rundes Bauernbrot (Ø 15 cm)

Zur Fertigstellung:
klares Aspik

Beilage:
400 g Sauce béarnaise (S. 80)
oder 400 g Sauce »Choron« (S. 81)
oder 400 g Avocado-Sauce (S. 79)

Geräte und Arbeitsmaterial:
Servierplatte
Backblech
Schneidebrett
breites, schweres Messer
Schinkenmesser
Alufolie
lange Holzspießchen (oder Metallspieße)

Den Ofen auf 220° (Th. 7) vorheizen. Das Fleisch leicht salzen, pfeffern und einölen, 15 min bei 220° (Th. 7), weitere 25 min bei 200° (Th. 6) garen, nach der Hälfte der Garzeit umdrehen. Nach

Beendigung der Garzeit 10 min im ausgeschalteten Ofen ruhen lassen.
Die kalte Lammkeule in möglichst dünne und lange Scheiben schneiden. Im Kühlschrank aufbewahren. Auf der Anrichteplatte die runde Brotkugel, die als Rücken, und die länglichen Brote, die als Keulen dienen, anordnen: Die länglichen Brote, dafür schräg schneiden und die Kugel dort, wo sie von den länglichen Broten berührt wird, glattschneiden, so daß das Brot eng zusammengedrückt werden kann. Mit den langen Spießen fixieren. Den so hergestellten Unterbau mit Alufolie umhüllen; auf die Folie eine Schicht weiche Senfbutter mit dem Spatel auftragen. Zuerst die Kugel, dann die länglichen Brote mit den Fleischscheiben bedecken. Bevor Sie die zweite Schicht Fleisch auflegen, die erste mit etwas weicher Senfbutter bestreichen, damit die Schichten aufeinander halten.
Zum Schluß den »Rücken« mit klarem Aspik überziehen. Mindestens 1 h in den Kühlschrank stellen. Wenn Ihr Kühlschrank zu klein ist, stellen Sie den Rücken in ein Bassin, das in ein größeres, mit kaltem Wasser und Eiswürfel gefülltes, gestellt wird.
Zusammen mit einer relativ würzigen oder originellen Sauce servieren.

<u>Aufbewahrung:</u> Durch Frischhaltefolie geschützt im Kühlschrank 12 h oder auf Eis in einem kalten Zimmer 6 h.

Rinderzunge in pikanter Sauce

Vorbereitungszeit: 20 min
(+ 15 min für die Sauce)
Garzeit: 2 h 30 min
(+ 30 min für die Sauce)

Zutaten für 20 Büffetportionen:
1 Rinderzunge (ca. 2,2 kg)
200 g Karotten
200 g Lauch
2 Zwiebeln
4 Nelken
Kräuterstrauß aus Thymian, Lorbeerblatt, Petersilienstengeln
1 Stange vom Staudensellerie
25 g grobes Salz

Beilage:
Pikante Sauce (S. 88)

Geräte und Arbeitsmaterial:
20 feuerfeste Schälchen (2 dl)
Kochtopf (10 l)
Saftpfanne des Herdes
Schneidebrett
Plastikbeutel

Die Zunge waschen, anschließend 10 min in kochendem Wasser blanchieren. Sofort unter fließendem kalten Wasser abschrecken. Die Gemüse putzen und waschen, aber nicht klein schneiden. Die Zwiebeln schälen und mit den Nelken spicken.
Die Zunge mit 3 l kaltem Wasser in den Kochtopf geben und zum Kochen bringen. Bei mäßiger Hitze $2\frac{1}{2}$ h kochen lassen, dabei immer wieder abschäumen. Die Zunge ist gar, wenn ein Metallspieß widerstandslos eindringen kann.
Solange die Zunge heiß ist, die Haut abziehen. Die Zunge anschließend in eine Plastiktüte geben, diesen hermetisch verschließen und in einem eiskalten Wasserbad so schnell wie möglich abkühlen.
1 l der Brühe abnehmen; die pikante Sauce herstellen. Die Gemüse abtropfen lassen und in Scheiben oder Stücke schneiden.
Sobald die Zunge kalt ist, in feine Scheiben schneiden; größere Scheiben halbieren oder vierteln. Die geschnittenen Gemüse auf die Schälchen verteilen, die Zunge darauflegen und mit pikanter Sauce überziehen. Den Herd auf 220° (Th. 7) vorheizen und die Zunge in den Schälchen ungefähr 20 min erhitzen. Sofort in Portionsschalen, die Sie auf ein Tablett gestellt haben, servieren.

Aufbewahrung: Vor dem Erhitzen in den zugedeckten Schälchen im Kühlschrank 6 h; die Zunge und die Gemüse in dem Sud im Kühlschrank 2 Tage. In diesem Fall müssen Zunge und Gemüse so schnell wie möglich abgekühlt werden.

Virginia-Schinken

(Abb. nach S. 48)

Man muß die Geduld und das Geschick eines Puzzle-Spielers haben, um dieses Prachtstück herzustellen.

Herstellungszeit: ca. 3 h
Kühlzeit: 2 h

Zutaten für 50 Personen:
1 York-Schinken, 6 kg, entbeint
500 g Creme-Butter (S. 66) und 4 EL scharfer Senf oder 500 g Leber-Mousse (S. 70)

Garnitur:
3 frische Ananas
1 Dose Ananas in eigenem Saft (850 g)
1 Dose Kirschen in eigenem Saft (850 g)
1 Glas Ananas-Chutney
100 g Kirschen in Essig
1 Kopfsalat

Zur Fertigstellung:
klares Aspik

Geräte und Arbeitsmaterial:
Anrichteplatte, 50 oder 60 cm lang
Schinkenmesser
Schneidebrett
rostfreie Palette
scharfes, spitzes Küchenmesser
100 Holzspießchen
Pinsel

Bestellen Sie bei Ihrem Metzger einen 6 kg schweren, entbeinten York-Schinken, lassen Sie Schwarte und Fett entfernen und bitten Sie ihn, den Schinken horizontal in 1 cm dicke Streifen zu schneiden.
Damit der Schinken, der später wieder zusammengesetzt wird, auch hält, benötigt man eine breite, solide Basis; verzichten Sie deshalb auf die untersten, zu kurzen und unebenen Scheiben. Wählen Sie als Basis eine große Scheibe, legen Sie sie auf die Anrichteplatte. Nicht aufschneiden.
Nehmen Sie die darauf folgende Scheibe, legen Sie sie auf das

Schneidebrett und schneiden Sie sie mit dem Schinkenmesser zuerst in lange Streifen und dann quer zu ungefähr 2×2 cm großen Rauten; die Stücke dabei möglichst nicht verrutschen, damit der Schinken beim Zusammensetzen seine ursprüngliche Form wieder erhält.
Streichen Sie die Basis dünn mit Senfbutter ein; vor allem auch die Ränder, da hier die einzelnen Stücke sich am schnellsten lösen. Legen Sie jetzt die kleingeschnittenen Rauten mit Hilfe der Palette bandweise auf den Sockel. Vergewissern Sie sich, daß der Schinken an der Außenseite richtig abschließt. Der kleinste Fehler rächt sich später.
Fahren Sie in der gleichen Art und Weise fort, bis der ganze Schinken wieder zusammengesetzt ist.
Stellen Sie ihn 90 min in den Kühlschrank, damit er hart wird und hält.

Garnitur:
Den Deckel und den Boden von zwei Ananas abschneiden; die Früchte der Länge nach vierteln, den harten inneren Strunk entfernen und das Fleisch von der Schale lösen, ohne diese zu beschädigen. Die Schale im Kühlschrank aufbewahren, das Fleisch in Würfel schneiden.
Die dritte Ananas, wie auf Seite 60 beschrieben, leeren, das Fleisch in Würfel schneiden und mit 100 g Kirschen in Essig und 125 g Ananas vermischen. Mit dieser Mischung die leere Ananas füllen, den Deckel aufsetzen und aufrecht im Kühlschrank bis zum Servieren aufbewahren.
Bereiten Sie 60 Holzspieße mit je einem Stück frischer Ananas oder aus der Dose und je einer Kirsche (gut abgetropft) vor. Legen Sie die Spieße auf ein Brett, schützen Sie sie mit Frischhaltefolie und bewahren Sie sie im Kühlschrank auf. Holen Sie den Schinken aus dem Kühlschrank. Bedecken Sie die sichtbaren Teile der Anrichteplatte mit gewaschenen und getrockneten Salatblättern; umhüllen Sie den Schinken bis auf halbe Höhe mit den Ananasschalen, die Sie mit den garnierten Spießen feststecken. Befestigen Sie einen Ananas-Deckel am unteren Schinkenende. Nappieren Sie den frei gebliebenen Teil des Schinkens mit klarem Aspik.
Bis zum Servieren kühl aufbewahren.

Spicken Sie kurz vor dem Servieren den Schinken mit den verbliebenen Spießen. Ist die Anrichteplatte groß genug, können Sie die gefüllte Ananas mit darauf anrichten; wenn nicht, stellen Sie sie, mit garnierten Spießen umgeben, auf eine Extra-Platte.

Aufbewahrung: Der mit Frischhaltefolie geschützte, wieder zusammengesetzte Schinken im Kühlschrank 24 h; die aufgeschnittene Ananas, ebenfalls in Frischhaltefolie, im Kühlschrank 24 h. Die gefüllte Ananas im Kühlschrank 6 h. Die garnierten, mit Frischhaltefolie geschützten Spießchen im Kühlschrank 12 h.

Geflügel

Im Ofen gebratene Hähnchen

Auf gleiche Weise kann man Enten zubereiten.
So gebratenes Geflügel bleibt zart, und die fleischigen Schenkel sind immer gut durchgebraten; besonders zu empfehlen für Kindereinladungen, rustikale Büffets und Feste, bei denen Sie kein Büffet aufbauen, sondern das Essen fertig zusammengestellt auf Tabletts reichen.

Vorbereitungszeit: 15 min
Garzeit: 1 h (zwischen 15 und 20 min pro Pfund)
Ruhezeit im Ofen: 15 min

Zutaten für 12 Personen:
3 Hähnchen, 1,8 kg schwer, ausgenommen und pariert
150 g Butter
Crème fraîche (nach Belieben)
Öl
3 TL grobes Salz
Pfeffer

Geräte:
Saftpfanne des Herdes
feuerfeste Servierplatte (nach Belieben)
Holzbrett

Die Butter zwei Stunden vor Arbeitsbeginn aus dem Kühlschrank nehmen. Den Herd auf 220° (Th. 7) vorheizen. In der geölten Saftpfanne die drei Hähnchen nebeneinanderlegen, und zwar

auf eine *Seite;* mit grobem Salz würzen und großzügig mit Butterflöckchen belegen. In den Herd schieben.
Während des Garens häufig mit dem austretenden Saft übergießen; notfalls etwas kochendes Wasser in die Saftpfanne geben. Ist die eine Seite braun, auf die andere legen, später dann auf den Rücken. Mit einem Metallspieß in das Gelenk des Oberschenkels stechen; ist der austretende Saft klar, ist das Hähnchen gar. Den Herd abschalten, das Hähnchen vor dem Aufschneiden weitere 15 min in dem heißen Ofen ruhen lassen.

Wenn Sie die Hähnchen heiß servieren wollen:
Holen Sie die Saftpfanne aus dem Herd; legen Sie die Hähnchen vorsichtig auf die Arbeitsfläche; stellen Sie die Anrichteplatte in den Herd, um sie anzuwärmen.
Trennen Sie die Schenkel in einem Stück vom Rumpf; lösen Sie anschließend das Brustfleisch bis zum Flügelansatz. Auf diese Weise erhalten Sie vier schöne Stücke pro Huhn, die Sie im Herd warm halten.
Stellen Sie die Saftpfanne auf das Feuer, fügen Sie etwas Wasser hinzu und kratzen Sie sorgfältig alles ab, was sich während des Bratens angesetzt hat. Binden Sie die Sauce, falls Sie mögen, mit Crème fraîche. Schmecken Sie sie ab und gießen Sie die Sauce über die Hähnchenteile. Sofort servieren.

Wenn Sie die Hähnchen kalt servieren wollen:
In diesem Fall brauchen Sie keine Sauce.
Als Beilage reichen Sie eine Sauce auf Mayonnaise-Basis und einen Salat.

Aufbewahrung: In Alufolie gewickelt im Kühlschrank 48 h.

Gekochtes Huhn

Sie können nach dieser Methode auch das größte Huhn kochen, ohne daß Sie die Zutatenmengen ändern müssen.

Vorbereitungszeit: 1 h 15 min
Garzeit: 1 h 20 min (20 bis 25 min pro Pfund)

Zutaten für 12 Büffetportionen:
1 Huhn, 1,8 kg schwer, ausgenommen und pariert
500 g Hühnerklein (Kopf, Hals, Beine, Mägen)
200 g Karotten
200 g Lauch
4 Stangen vom Staudensellerie
4 Estragonzweiglein
1 Zwiebel
2 Nelken
½ Zitrone
Kräuterstrauß
1 gehäufter EL grobes Salz (15 g)
6 Pfefferkörner

Beilagen:
50 g Glas- oder Suppennudeln
Nuoc-Mâm (vietnamesische Sauce; nach Belieben)

Geräte:
Kochtopf (10 l)
Kasserolle
Thermometer

Das Hühnerklein in kochendem Wasser blanchieren. 2 Estragonzweige in das Innere des Huhns geben, salzen und pfeffern. Die Haut mit ½ Zitrone einreiben, dann das Huhn zusammenbinden, als ob es gebraten werden sollte. Das Gemüse waschen und putzen und in nicht zu kleine Stücke schneiden.
3 l Wasser zum Kochen bringen; Gemüse, Hühnerklein, Gewürze (ohne den restlichen Estragon) hineingeben, aufkochen und 40 min sieden lassen; auf 40° abkühlen, das Huhn hineingeben und wieder zum Kochen bringen; weitere 40 min sieden lassen. Mindestens zweimal abschäumen.

Präsentation:
Das Huhn herausnehmen und etwas abkühlen lassen; anschließend in Streifen schneiden. Die Knochen von der Innenseite aus dem Schenkel lösen, die Schenkel schräg in Streifen schneiden. Die Bruststücke möglichst ganz von der Karkasse lösen und ebenfalls schräg aufschneiden. Die Gemüse herausnehmen, in

Scheiben oder Würfel schneiden, beiseite stellen. Die beiden übriggebliebenen Estragonzweige in die Bouillon geben; 30 min offen sieden lassen, dann Estragon und Hühnerklein aus der Brühe nehmen.
Gemüse und Hühnerstreifen wieder hineinlegen und langsam zum Sieden bringen; 5 min vor dem Servieren die Glasnudeln hineingeben. In dem Kochtopf, den Sie auf ein Rechaud stellen, servieren. Für die, die es mögen, Nuoc-Mâm dazu reichen.

Aufbewahrung: Das gekochte Huhn, in Alu- oder Frischhaltefolie gehüllt im Kühlschrank 48 h, das fertige Gericht, sofern es in einem kalten Wasserbad schnell abgekühlt wurde, ohne die Glasnudeln und zugedeckt im Kühlschrank 48 h. Vor dem Servieren 15 min aufwärmen.

Huhn in Aspik

Vorbereitungszeit: 1 h 15 min
Garzeit: 1 h 20 min
Kühlzeit: 1 h 30 min

Zutaten für 12 Büffetportionen:
1 Hähnchen, 1,8 kg schwer, ausgenommen und pariert
1 Kalbshaxe
500 g Hühnerklein
600 g Karotten
600 g Lauch
2 Stangen vom Staudensellerie
4 Estragonzweiglein
1 Zwiebel
2 Nelken
½ Zitrone
Kräuterstrauß
1 gehäuften EL grobes Salz (15 g)
6 Pfefferkörner

Garnitur:
2 EL gehackte Kräuter (Kerbel, Schnittlauch, Estragon)

Geräte:
12 Portionsschalen (2 dl)
Kochtopf (10 l)
Kasserolle
Thermometer

Kochen Sie das Huhn, wie im vorigen Rezept angegeben, fügen Sie jedoch eine blanchierte Kalbshaxe hinzu und die oben angegebene Gemüsemenge. Nach dem Garen die Kalbshaxe und die Gemüse aus dem Topf nehmen und beiseite stellen.

Das Huhn aus dem Topf nehmen, etwas abkühlen lassen und in Streifen schneiden; Gemüse und Kalbshaxe in kleine Würfel schneiden. Die restlichen 2 Estragonzweige in die Brühe geben; diese um die Hälfte einkochen lassen.
Anschließend das Hühnerklein und den Estragon entfernen und etwas Brühe in jede Schale gießen, Kräuter darüberstreuen, mit Fleisch und Gemüse auffüllen, mit Brühe bis zur Hälfte aufgießen. 30 min in den Kühlschrank stellen. Dann mit der restlichen Brühe auffüllen und mindestens 1 h kalt stellen. Gut gekühlt servieren.

Aufbewahrung: In den verschlossenen Portionsschalen 2 Tage.

Gratiniertes Huhn mit Blätterteig

(Abb. nach S. 128)

Vorbereitungszeit: 3 h
Kühlzeit: 1 h
Garzeit: 1 h 10 min

Zutaten für 20 Personen:
2 große Hähnchen, ausgenommen und pariert
250 g Blätterteig
20 hartgekochte Wachteleier oder 4 harte Hühnereier
600 g geräucherter, durchwachsener Speck
1,5 kg Lauch
1 kg Champignons-Duxelles (S. 69)
2 l heller Fond (S. 91)
5 dl Weißwein
4 EL Öl
Kräuterstrauß
Salz und Pfeffer

Geräte und Arbeitsmaterial:
2 Gratinierplatten
Kochtopf (10 l)
Kasserolle (2 l)
Pfanne
Holzbrett
Teigrolle
Spritzbeutel mit Tülle Ø 1 cm
gezackter Ausstecher
Pinsel

Bitten Sie den Metzger, die Hühnchen roh in vier Teile zu zerlegen; wenn Sie es selbst machen, benutzen Sie ein scharfes Messer.
Die Duxelles zubereiten; die Champignons dabei in Lamellen schneiden. Den Lauch waschen, in Stücke und dann in Streifen

schneiden. Die Hühnerstücke in dem Kochtopf in Öl 8 bis 10 min anbraten. Wenn sie auf allen Seiten Farbe angenommen haben, mit dem Wein und dem hellen Fond ablöschen, würzen, wenn der Fond ungewürzt war, den Kräuterstrauß und den Lauch hinzufügen und zum Kochen bringen. Ungefähr 40 min siedend bei geschlossenem Deckel garen.
Den durchwachsenen Speck in kleine Würfel schneiden. In die Kasserolle geben, mit kaltem Wasser bedecken, zum Kochen bringen, 30 sek blanchieren, abgießen und unter fließendem kalten Wasser sofort abkühlen. Beiseite stellen, am besten in einem Sieb, damit sie richtig abtropfen. Die Eier schälen.
Die Hühner aus der Brühe nehmen, den Topf bei milder Hitze auf dem Feuer lassen; die Hühner ca. 15 min abkühlen lassen, die Knochen entfernen und das Huhn in nicht zu feine Streifen schneiden: Das Fleisch läßt sich mühelos von den Knochen lösen.
Den Topf vom Feuer nehmen, den Lauch herausnehmen. Den Boden der Gratinierplatten mit Lauch und Duxelles bedecken, die Hühnerstreifen darauf legen, mit den halbierten Wachteleiern oder den in Scheiben geschnittenen Hühnereiern bedecken. Die blanchierten Speckwürfel darüberstreuen. Mit Brühe knapp bedecken und in einem kalten Wasserbad schnell abkühlen.
Auf der leicht mit Mehl bestäubten Arbeitsfläche den Blätterteig dünn ausrollen (1,5 mm). Auf das Format der Gratinierformen zuschneiden; den Rand auf allen Seiten 1 cm überstehen lassen. Die Gratinierformen (die Garnitur muß kalt geworden sein) damit bedecken und an den Rändern den Blätterteig nach unten drükken.
Den Herd auf 200° (Th. 6) vorheizen. Aus dem übriggebliebenen Blätterteig mit Hilfe des gezackten Ausstechers Fleurons herstellen. Mit Hilfe eines feuchten Pinsels die Fleurons auf der Oberfläche des Blätterteigs befestigen. Mit der Tülle des Spritzbeutels in der Mitte ein Loch anbringen, damit der Dampf entweichen kann. Mit geschlagenem Ei überziehen.
30 min bei 200° (Th. 6) backen. Nach 15 min bei Herden, die unregelmäßige Hitzen erzeugen, die Formen umdrehen. In den Gratinierformen, die Sie auf Warmhalteplatten stellen, servieren. Da das Gericht lange heiß bleibt, können Sie es unbesorgt 30 min vor Eintreffen der Gäste zubereiten.

Aufbewahrung: Die nicht überbackenen Gratinierformen, mit Frischhaltefolie geschützt, im Kühlschrank 48 h. 1 h vor dem Backen aus dem Kühlschrank nehmen.

Entenstreifen »Montmorency«

(Abb. S. 305)

Zubereitungszeit inkl. Garzeit:
1 h 30 min
Aufwärmzeit: 20 min

Zutaten für 10 Büffetportionen:
4 kleine Barbarie-Enten (1,2 kg), ausgenommen und pariert
2 kg Entenklein (Kopf, Hals, Flügel, Magen)
200 g Karotten
200 g Zwiebeln
1 Stange Staudensellerie
1 TL Salz
½ TL Pfeffer
1 zerdrückte Knoblauchzehe
2 zerbröckelte Lorbeerblätter
1 Thymianzweiglein
2 Nelken

Kirschsauce:
500 g abgetropfte Kirschen aus der Dose (ohne Saft gewogen)
Kirschsaft
½ l Rotwein
1 dl Weinessig
2 EL Sherry
1 Sträußchen Petersilie
1 Estragonzweig
1 TL Pfeffer
4 TL Salz
160 g Einbrenne

Geräte:
Saftpfanne des Herdes
Kochtopf (10 l)
Kasserolle (3 l)
Gitterrost
großes Messer
Holzbrett
Schneebesen
20 feuerfeste Förmchen

Den Herd auf 250° (Th. 9) vorheizen. Karotten, Zwiebeln und Sellerie putzen und in grobe Würfel schneiden. Die Enten salzen, pfeffern und auf die leicht geölte Saftpfanne legen, und zwar auf eine *Seite*. In den Ofen schieben und braten; kein Fett hinzufügen. Sobald eine Seite Farbe angenommen hat, auf die andere Seite legen, erst gegen Ende der Garzeit auf den Rücken. Nach 15 min das überflüssige Fett abschöpfen und die Temperatur auf 200° (Th. 6) senken. 20 min nach Garbeginn das grobgewürfelte Gemüse, den zerdrückten Knoblauch, die zerbröselten Lorbeerblätter, den Thymian, die Nelken und das Entenklein hinzufügen. Regelmäßig mit dem austretenden Bratensaft begießen; notfalls etwas Wasser hinzufügen. Nach 45 min den Herd ausschalten; die Enten noch 10 min ruhen lassen, dann herausnehmen und kalt werden lassen. Den Bratensaft, das Gemüse und das Entenklein aufbewahren.

Zubereitung der Kirschsauce:
Eine Einbrenne herstellen und kalt werden lassen. Die Hälfte der Kirschen in dem ganzen Saft zusammen mit dem Wein und dem Essig aufsetzen, zum Kochen bringen und 30 min einkochen lassen; dabei ständig überwachen. Sobald die Flüssigkeit fast völlig verkocht ist, das Entenklein, die Gemüse vom Braten, 1,5 l Wasser, Petersilie und Estragon hinzugeben, abschmecken und zum Kochen bringen.
Inzwischen die Saftpfanne auf den Herd stellen und den Bratensaft einkochen, ohne daß er anbrennt. Das überflüssige Fett abschöpfen, mit ½ l Wasser aufgießen und mit einem Spatel sorgfältig den Bodensatz lösen. Sobald die Kirschsauce wieder zu kochen beginnt, den abgelöschten Bratensaft hinzufügen, 20 min bei mittlerer Hitze einkochen lassen, entfetten und abschäumen. Die kalte Einbrenne unterrühren und 10 min unter ständigem Rühren bei milder Hitze weiterkochen. Durch ein feines Sieb in eine Schüssel gießen. Den Sherry unterziehen, kalt werden lassen.

Präsentation:
Das Entenfleisch in feine Streifen schneiden und auf die Förmchen verteilen; mit der Kirschsauce überziehen und mit den restlichen Kirschen garnieren. Bis zum Aufwärmen im Kühlschrank aufbewahren. Den Herd auf 180° (Th. 5) vorheizen, die Förmchen 20 min darin aufwärmen. Auf Teller stellen und servieren.

Truthahn in Bouillon

Vorbereitungszeit: 1 h 30 min
Garzeit: 2 h 15 min
Aufwärmzeit: 20 min

Zutaten für 20 Büffetportionen:
1 Truthahn (3,5 kg), ausgenommen und bridiert
5 l Geflügelfond (S. 91)
300 g Zwiebeln
300 g Karotten
Kräuterstrauß (Thymian, Lorbeerblatt, Petersilienstengel, 1 Stange vom Staudensellerie)
1 Nelke
50 g grobes Salz
20 g ungemahlene Pfefferkörner

Geräte und Arbeitsmaterial:
2 Gratinierformen
Kochtopf (10 l)
Saftpfanne des Herdes
Alufolie

Das Garen:
Den Geflügelfond kräftig würzen; Vorsicht, wenn er schon gewürzt war. Den Truthahn zusammen mit den Zwiebeln und den in Scheiben geschnittenen Karotten in den kalten Fond geben, den Kräuterstrauß und die Nelke hinzugeben und zum Kochen bringen; 1 h 15 min sieden lassen, dabei öfters abschäumen. Unterdessen den Herd auf 180° (Th. 5) vorheizen.
Die Gemüse aus der Brühe nehmen und aufbewahren. Den Truthahn aus der Brühe nehmen, in die leicht geölte Saftpfanne geben und im Ofen 1 h weitergaren. Öfters mit Brühe übergießen. Unterdessen die Brühe einkochen lassen. Den Truthahn aus dem Herd holen, 15 min abkühlen lassen.

Präsentation:
Den Truthahn in Streifen schneiden. Die Truthahnstreifen in die Gratinierformen schichten, mit Gemüse und kalter Brühe bedekken. Den Herd auf 180° (Th. 5) vorheizen und die Gratinierformen zugedeckt 20 min aufwärmen. In den Gratinierformen oder in 20 Einzelförmchen servieren.

Aufbewahrung: Der gekochte Truthahn, in Alufolie gehüllt im Kühlschrank 48 h; die Gemüse und die Brühe in einem zugedeckten Behälter im Kühlschrank 48 h, das fertige Gericht in den Gratinierformen vor dem Aufwärmen zugedeckt im Kühlschrank 24 h.

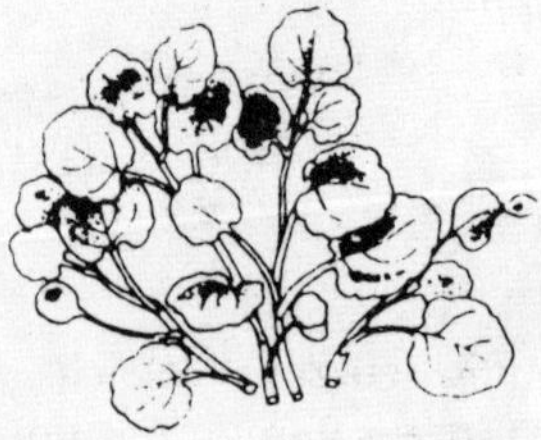

KAPITEL 11

Gemüse

Hinweise zur Wahl, Zubereitung und zum Garen von Gemüsen

- Artischocken, Auberginen, Avocados, Blumenkohl, grüne Bohnen, Saubohnen, Broccoli, Champignons, Chicorée, grüne Erbsen, Zuckererbsen, Karotten, Kartoffeln, Kohl, Lauch, Maiskolben, Oliven, Palmenherzen, Paprika, Radieschen, Rettich, Rübchen, Knollensellerie, Staudensellerie, Spargel, Spinat, Tomaten, Zucchini, Zuckermelone, Zwiebeln, Frühlingszwiebeln

Gemüsegerichte

- Kalte Gemüse-Mousse
- Kaltes Gemüse-Soufflé
- Frühlingsgemüse
- Sellerie-Mousse
- Zucchini-Fächer mit Tomaten
- Spinatauflauf
- Moussaka aus grünen Bohnen
- Kartoffelgratin »dauphinois«
- Kartoffelgratin normannische Art
- Ratatouille Lenôtre

Gemüse vom Grill

- Hinweise zum Garen
- Tabelle

Hinweise zur Wahl, Zubereitung und zum Garen von Gemüse

Wir sprechen im folgenden Kapitel nur von den Gemüsearten, die sich für ein Büffet eignen. In den Rezepten haben wir immer das Gewicht von geputztem Gemüse angegeben. Rechnen Sie beim Einkauf mit 15 % mehr, außer bei Gemüsen, bei denen der Abfall ungewöhnlich groß ist.

Artischocken

Kleine violette: waschen und kurz vor dem Servieren der Länge nach vierteln; eignet sich vor allem für den Korb mit Rohkost.
Andere Artischocken: Wählen Sie fleckenlose, richtig grüne und fest geschlossene. Den Stil direkt unter dem Kopf abbrechen und die Fasern entfernen, sollten welche vorhanden sein.
Artischockenböden dienen in vielen Rezepten als »Gefäß« — an Stelle von Pastetchen oder kleinen Tortenböden.

Garen von Artischockenböden

Vorbereitungszeit: 20 min
Garzeit: 2 × 25 min
Kühlzeit: 1 h

Zutaten für 8 Artischocken:
1 Zitrone
½ dl einfacher Essig
5 EL Mehl
2,5 dl Weißweinessig
1 EL grobes Salz

Geräte:
Kasserolle (3 l)
Schüssel (3 l)
breites Messer
spitzes, rostfreies Messer
weißes Papier

Die Artischocken gut waschen. Mit dem spitzen Messer alle Blätter an der Basis abschneiden und den Boden freilegen.
Den geputzten Boden mit Zitrone einreiben, damit er nicht schwarz wird; die restlichen Blätter abschneiden und das Heu freilegen; mit einem Teelöffel das Heu entfernen. Die Böden

spülen und in Essigwasser aufbewahren, bis alle Artischocken vorbereitet sind.
In der Kasserolle das Mehl mit dem Weißweinessig vermischen, mit 2 l kaltem Wasser auffüllen und zum Kochen bringen. Vorsicht, diese Mischung kocht leicht über! Die Artischockenböden hineingeben; 20 min sieden lassen. Im Sud abkühlen lassen.

Aufbewahrung: Im Sud in einem geschlossenen Behälter im Kühlschrank 24 h.

Auberginen

Wählen Sie feste und glänzende. Wenn Sie sie zur Dekoration eines Gerichtes benötigen, steht Ihnen eine große Farbskala zur Auswahl. Normalerweise werden sie nicht geschält, doch der mit kleinen Stacheln versehene Ansatz muß sorgfältig entfernt werden. Vor der Verwendung waschen und trocknen. Meistens werden sie in Olivenöl gebraten oder gegrillt.

Avocados

Normalerweise müssen Sie Avocados zwei bis drei Tage vor dem Verzehr kaufen und zu Hause reifen lassen; reife Avocados geben leicht nach, wenn man sie drückt.
Wenn Sie Avocados im voraus zubereiten wollen, müssen Sie die Schnittflächen salzen, mit Zitrone und anschließend mit Olivenöl einpinseln. Aber auch so halten sie sich im Kühlschrank höchstens 1 h, bevor sie schwarz anlaufen. Es ist auf alle Fälle besser, Avocados erst kurz vor dem Anrichten aufzuschneiden.

Blumenkohl

Wählen Sie weiße Köpfe ohne Flecken. Selbst wenn Sie Blumenkohl roh anbieten wollen (im Rohkostkorb), ist es besser, ihn kurz zu blanchieren: die Röschen lösen, 3 min in kochendem Salzwasser blanchieren und unter fließendem kalten Wasser sofort abschrecken. Gut abtropfen lassen.

Grüne Bohnen

Es ist nicht immer unbedingt notwendig, sehr feine grüne Bohnen zu kaufen; achten Sie jedoch darauf, daß Sie feste, glatte, ohne Flecken oder Druckstellen bekommen; die beiden Enden abbrechen und dabei gleichzeitig den Faden ziehen, sollte einer vorhanden sein. Gründlich waschen. In viel gesalzenem Wasser (20 g pro l) 5 bis 8 min je nach Größe und Verwendungsart kochen (ohne Deckel). Die Bohnen sollten knackig bleiben (außer für die Gemüseterrine, S. 206). Sofort unter fließendem kalten Wasser abschrecken und abtropfen.

Saubohnen

Kaufen Sie ausschließlich die ersten Frühlingssaubohnen, wenn sie noch sehr jung sind und die Haut mitgegessen werden kann. Die Hülsen mit dem Messer einritzen und die Bohnen mit dem Finger aus der Hülse drücken.

Broccoli

Die Farbe schwankt zwischen violett und grün. Achten Sie darauf, daß die Stengel schlank und die Köpfe fest sind. Sind die Stengel dick, müssen sie unterhalb der Köpfe abgeschnitten werden.

Gut waschen. In gesalzenem Wasser 2 bis 4 min für Rohkost, 8 bis 10 min für Salate blanchieren. Anschließend sofort unter fließendem kalten Wasser abschrecken; abtropfen lassen. Broccoli-Köpfe sind empfindlich; man muß vorsichtig mit ihnen umgehen.

Champignons

Gibt es das ganze Jahr über; leider lassen sie sich nur schlecht im voraus putzen. Kaufen Sie im Notfall bereits geputzte Champignons, die Sie kurz in Zitronenwasser legen und dann roh auftragen können.

Die Köpfe werden oft geschmort oder mariniert. Denken Sie daran, in den darauffolgenden Tagen ein Gericht mit Champignons-Duxelles auf den Tisch zu bringen (S. 69), damit Sie auch die Stiele verwenden können.

Geschmorte Champignonköpfe

Vorbereitungszeit: 5 min
Garzeit: 5 min

Zutaten für 24 schöne Champignonköpfe (Ø 3 cm):
3 Zitronen
50 g Butter
Salz, Pfeffer

Geräte:
Kasserolle (Ø 20 cm) mit Deckel
Zitruspresse

Die sandigen Teile entfernen, schnell unter fließendem Wasser waschen, abtropfen lassen. Die Stiele von den Köpfen trennen und in einer Schale aufbewahren; mit dem Saft einer Zitrone übergießen und für ein anderes Gericht verwenden. Die beiden restlichen Zitronen auspressen, einen kleinen Teil zum Kochen aufbewahren, den größeren Teil über die Champignonköpfe gießen. Gut vermischen, damit sie nicht schwarz werden.
In der Kasserolle die Butter zum Schmelzen bringen, den Zitronensaft hinzugeben und die Champignons einlegen. Bei starker Hitze und geschlossenem Deckel 5 min kochen, dann den Deckel abnehmen und weiter auf dem Feuer lassen, bis die meiste Flüssigkeit verdampft ist. Von Zeit zu Zeit vorsichtig mit einem Holzlöffel umdrehen und die Kasserolle leicht schütteln, damit sie sich nicht ansetzen. Wenn Sie größere Mengen zubereiten, ist es empfehlenswert, eine Schmorpfanne zu benutzen, damit die Champignons nicht übereinander liegen.

Aufbewahrung: In einem geschlossenen Behälter im Kühlschrank 48 h.

Chicorée

Siehe Seite 288

Erbsen

Die Saison ist nur kurz, doch es gibt das ganze Jahr ausgezeichnete tiefgefrorene Erbsen. In gesalzenem Wasser zusammen mit einer Zwiebel kochen. Die Garzeit hängt von der Größe und der Sorte ab.

Zuckererbsen

Die beiden Enden entfernen, gut waschen, wie normale Erbsen kochen und verwenden. Sie sind sehr geschmackvoll und zergehen auf der Zunge, doch man findet sie leider immer seltener.

Karotten

Die Karotte gehört zu den Wurzelgemüsen, wächst also das ganze Jahr über. Winterkarotten schälen und waschen. Sie können auf die verschiedenste Weise geschnitten werden. Wenn Sie kleine, längliche Streifen haben wollen, die Karotten zuerst halbieren und, vor allem im Winter, den harten, zum Teil grünen Kern entfernen; den Rest in Streifen schneiden. Als Rohkost verwendet, ist es empfehlenswert, sie 1 min zu blanchieren. Im Frühjahr nicht schälen, nur waschen und, wenn notwendig, gründlich bürsten.

Kartoffeln

Kartoffeln, die zu treiben anfangen, werden giftig! Bitte Kartoffeln immer an einem dunklen und kühlen Ort aufbewahren und nie grüne oder austreibende Kartoffeln essen.
Zu kalten Gerichten verwendet man am besten Pellkartoffeln, die in kaltem, gesalzenem Wasser aufgesetzt werden. Nach dem Garen abgießen, dämpfen und noch heiß schälen.

Kohl

Nehmen Sie immer schwere Köpfe mit glänzenden Blättern. Entfernen Sie den Strunk und waschen Sie den Kopf in Wasser, dem Sie etwas Essig zugegeben haben, bevor sie ihn klein schneiden.

Lauch

Die Wurzeln und die harten grünen Teile entfernen. Die verbliebenen grünen Teile bis zum weißen Ansatz einkreuzen und unter fließendem Wasser gründlich waschen. 20 min in gesalzenem Wasser kochen und gut abtropfen lassen.
Frühjahrslauch nicht einschneiden, sondern im ganzen gründlich waschen, vor allem zwischen den Blättern, und etwas weniger lang kochen. Mit Hilfe einer Messerspitze überprüfen, ob er gar ist.

Maiskolben

Maiskolben waschen und 15 min in kochendem Salzwasser kochen, abtropfen lassen. Sie können Sie heiß mit zerlassener Butter servieren: dafür auf beiden Seiten einen Spieß in den Mais stecken, damit man sich nicht die Finger verbrennt.

Oliven

Grüne Oliven sind junge Oliven, die im Oktober geerntet werden. Ihre Qualität erkennt man an der Feinheit ihres Fleisches und an ihrem Geschmack. Sie können auf verschiedene Weise behandelt werden (zum Beispiel: in Salzlake eingelegt) und werden fast immer sterilisiert verkauft (außer in Südfrankreich). In Frankreich werden Oliven nicht fermentiert, was sie von denen anderer Länder unterscheidet. Sie sind kalorienreich, aber auch rein an Kalzium, Kalium und Vitaminen.

Palmenherzen

Zögern Sie nicht, eine große Dose bester Qualität zu kaufen, denn es gibt immer viel Abfall (bis zu 30 %). Kalt abwaschen. Auf die gewünschte Größe zurechtschneiden, dabei alle harten Stellen entfernen.

Gelber, grüner und roter Paprika

Er muß glatt und glänzend aussehen. Kaufen Sie keinen schrumpeligen. Paprika schnell waschen, trocknen, halbieren und die Kerne und weißlichen Fasern entfernen. In mittelfeine Streifen oder für die Spieße in Dreiecke schneiden.
Wenn Sie den Geschmack der roh servierten Paprika mildern und ihn leichter verdaulich machen wollen, blanchieren Sie ihn 5 min in kochendem Salzwasser. Danach schnell herausnehmen und abschrecken.

Radieschen

Die Wurzeln abschneiden, vom Grün 3 cm stehen lassen. Wenn sie sandig sind, abkratzen, sonst nur gründlich waschen und nach und nach in kaltes Wasser legen. Wenn sie aufbewahrt werden sollen, sorgfältig abtropfen und in ein feuchtes Tuch wickeln. Notfalls in einem geschlossenen Behälter aufbewahren.

Rettich

Schälen und waschen, dann in Scheiben oder Würfel schneiden, oder nur sorgfältig waschen und mit der Schale in Scheiben schneiden.

Weiße oder Teltower Rübchen

Nur junge Rübchen verwenden; 3 cm der Blätter stehen lassen. Mit einem Gemüseschäler die Haut entfernen und je nach Größe halbieren oder vierteln. Die kleinsten ganz lassen. 10 min in gesalzenem und leicht gezuckertem Wasser kochen; sie dürfen nicht weich werden. Sofort abschmecken und abkühlen lassen.

Knollensellerie

Die dicke Haut entfernen, waschen und in nicht zu dünne Scheiben schneiden. Anschließend die Scheiben in kochendem Wasser kochen oder mit Hilfe der Gemüseraspel klein schneiden.

Staudensellerie

Möglichst hellgelbe Staudensellerie wählen; das sind die jüngsten. Die Stangen ablösen, die äußeren Blätter entfernen, die kleinen, inneren aufbewahren. Die Stangen schälen und zwei-, dreimal brechen; darauf achten, daß sie keine Fäden mehr haben. Ein Staudensellerie von 800 g ergibt ungefähr 400 g verwendbares Gemüse. Waschen und in ungefähr 9 cm lange Stükke schneiden; die Innenstangen mit den Blättern servieren.

Spargel

Spargel können, je nach Art, weiße, grüne oder violette Köpfe haben. Fleischige Stangen mit festen Köpfen sind die besten.

<u>Verwendung:</u> Die Spargel von der Spitze her mit einem Gemüsemesser bis kurz vor dem Ende schälen, das Ende abbrechen. Schnell unter fließendem Wasser waschen.

<u>Kochen:</u> Das Wasser mit 5 g Zucker und 15 g Salz pro Liter würzen. Die Spargel zu einem Bündel zusammenbinden und in dem kochenden Wasser je nach Art 10 bis 20 min kochen; mit einem spitzen Messer prüfen, ob sie gar sind. Abgießen; auf einem Tuch abkühlen lassen. Mit einer kalten Sauce (Vinaigrette, S. 76, oder Remouladensauce, S. 83) servieren.

Spinat

Aus 1 kg rohem Spinat erzielt man ungefähr 400 g gekochten Spinat. Die Stengel entfernen und die Blätter dreimal unter fließendem kalten Wasser gründlich waschen, in 4 l gesalzenem Wasser kochen: 5 min, wenn er nur blanchiert, 15 min, wenn er weich werden soll.
Durch ein Sieb abgießen, unter fließendem kalten Wasser abkühlen; mit der Hand kräftig alles verbliebene Wasser ausdrükken. Anschließend, je nach Rezept, hacken oder in ganzen Blättern lassen.
Bei Verwendung von tiefgekühltem Spinat diesen über Nacht im Kühlschrank in einem Sieb auftauen lassen, hacken und in etwas Butter erwärmen; tiefgekühlter Spinat muß nicht gekocht werden.

Tomaten

Für Garnituren oder Rohkostplatten die kleinsten auswählen, die Sie finden können, sogenannte Kirsch- oder Oliventomaten. Waschen und trocknen; der Stielansatz muß nicht entfernt werden. Zur Tomatenpulpe braucht man reife, dicke Tomaten; man muß mit ca. $^1/_3$ Gewichtsverlust rechen (Wasser). Zum Schälen kurz in kochendes Wasser legen (siehe Tomatenpulpe, S. 73).

Zucchini

Kleine und regelmäßig gewachsene wählen (außer für das Ratatouille, wo die Form keine Rolle spielt). Normalerweise werden Zucchini nicht geschält, sondern nur gewaschen. Die beiden Enden abschneiden. Meistens werden Zucchini in Olivenöl gebraten.

Zuckermelone

Wichtig bei der Auswahl: Sie müssen schwer sein, am unteren Ende ein leichtes »Craquelé« aufweisen (Haarrisse; in Frankreich nennt man das einen »Affenhintern«) und manchmal um den Stengel einen gelblichen Kreis, sobald sie reif sind. Reife Melonen verströmen ein starkes Parfüm. Die Melonen an einem kalten Ort, aber nicht im Kühlschrank aufbewahren. Für ein Büffet nur kleine Melonen auswählen, halbieren, die Kerne entfernen.

Zwiebeln

Unter kaltem Wasser schälen, dann klein schneiden und je nach Rezept weiterverarbeiten.

Frühlingszwiebeln

Frühlingszwiebeln schmecken milde und besonders köstlich, wenn sie etwas gesalzen werden. 5 cm Grün stehenlassen. Die oberste Haut und die Wurzelhaare entfernen und schnell unter fließendem Wasser waschen.

Gemüsegerichte

Kalte Gemüse-Mousse

Vorbereitungszeit: 40 min
Garzeit: 25 min
Kühlzeit: ca. 30 min

Zutaten für 20 Büffetportionen:
800 g Lauch (nur das Weiße)
800 g mehlige Kartoffeln
2,5 dl Hühnerbrühe oder heller Geflügelfond (S. 91)
½ l Sahne
½ l abgekochte Milch
2 EL gehackter Schnittlauch oder Kerbel
3 Blatt weiße Gelatine
2 EL Salz
Pfeffer und Muskat

Geräte:
20 Förmchen (1 dl)
2 Kasserolle (3 l)
Mixer
Rührschüssel und Schneebesen

Die Sahne in einer Schüssel in den Kühlschrank stellen und gut kühlen. Ein dickes Kartoffelpüree herstellen; die geschälten Kartoffeln dafür in der Milch und in ½ l Wasser kochen. Den Lauch extra kochen und im Mixer pürieren (ohne Kochwasser). Die Bouillon oder den Fond erhitzen und die eingeweichte, ausgedrückte Gelatine darin auflösen. Abkühlen lassen. Die Sahne steif schlagen.
Die beiden Pürees mit der Bouillon vermischen. Etwas von der

Mischung abnehmen und mit der Sahne verrühren; diese Mischung zusammen mit dem Schnittlauch oder dem Kerbel unter die Pürees ziehen, gut durchrühren und mit Pfeffer und Muskat abschmecken. Die Förmchen mit der Gemüse-Mousse füllen und mindestens 30 min in den Kühlschrank stellen.
Kalt in den Förmchen oder um einen kalten Braten auf eine Platte gestürzt servieren.

Aufbewahrung: In den zugedeckten Förmchen im Kühlschrank 2 Tage.

Kaltes Gemüse-Soufflé

Vorbereitungszeit: 30 min
Garzeit: 20 bis 25 min
Kühlzeit: 1 h

Zutaten für 15 Förmchen:
100 g Lauch (nur das Weiße)
100 g Kartoffeln
1 kg gekochtes Gemüse nach Wahl (grüne Bohnen, Karotten, Spinat, Paprika, Artischockenböden)
6 Blatt weiße Gelatine
4 dl Sahne
Salz, Pfeffer

Geräte:
beschichtete Pfanne
Mixer oder Gemüsemühle
Palette

Die Sahne kalt stellen. Die kleingeschnittenen Kartoffeln und den kleingeschnittenen Lauch kochen. Von dem gewählten Gemüse, das möglichst leuchtende Farben haben sollte, 100 g in kleine Würfel schneiden. Den Rest in Mixer oder in der Gemüsemühle zusammen mit dem gekochten Lauch und den gekochten Kartoffeln zu einem Püree verarbeiten, das mehr oder weniger flüssig ist.
Ohne Fett in der Pfanne unter ständigem Rühren mit einem Holzlöffel einkochen, bis Sie ungefähr 900 g dickes Püree erhalten. Die eingeweichte und gut ausgedrückte Gelatine einarbeiten; in einem kalten Wasserbad schnell abkühlen.
Die Sahne steif schlagen und wie geschlagenes Eiweiß vorsichtig unter die Masse ziehen; die Gemüsemischung sollte dabei Zim-

mertemperatur haben. Zum Schluß die Gemüsewürfel unterziehen und abschmecken.
Die Förmchen füllen und glatt streichen. Mindestens 1 h in den Kühlschrank stellen. Kalt zu Fleisch oder Fisch reichen.

Aufbewahrung: In den zugedeckten Förmchen im Kühlschrank 24 h.

Frühlingsgemüse

Vorbereitungszeit: 20 min mit einer Küchenmaschine, 40 min ohne
Garzeit: 35 min

Zutaten für 20 Personen:
400 g Karotten
250 g weiße Rüben
250 g grüne Bohnen
400 g Kartoffeln
400 g Erbsen
300 g Zuckererbsen
Kräuterstrauß aus Thymian, Lorbeer, Staudensellerie, Petersilienwurzel
25 g Butter
25 g Mehl
2½ EL Salz
2½ TL Pfeffer

Geräte:
Kochtopf
große Kasserolle
langes scharfes Messer und Schneidebrett
oder Küchenmaschine mit Gemüseschneider
oder Pommes-frites-Schneider

Karotten, weiße Rüben, Kartoffeln und Zuckererbsen (mit den Schoten) in Stücke von 3 × 1 cm schneiden; die Fäden der grünen Bohnen entfernen; in 3 cm lange Stücke brechen. 3 l Wasser mit Salz, Pfeffer und Kräuterstrauß zum Kochen bringen; zuerst die Karotten, dann in Abständen von jeweils 7 min die weißen Rüben, Bohnen, Kartoffeln und zum Schluß die Erbsen und Zuckererbsenschoten in das Wasser geben. Das Garen sorgfältig überwachen; die Gemüse sollen bißfest bleiben.
In dem Kochtopf Butter und Mehl zu einer Mehlschwitze verarbeiten, mit ½ l Kochflüssigkeit ablöschen. Die Gemüse abtropfen lassen, in die Mehlschwitze geben und sehr heiß servieren.

Aufbewahrung: Die gekochten Gemüse in ihrer Kochflüssigkeit zugedeckt im Kühlschrank 2 Tage.

Sellerie-Mousse

Vorbereitungszeit: 25 min
Garzeit: 15 bis 20 min

Zutaten für 12 Personen
1,8 kg):
1 Knollensellerie (1 kg)
1 kg Äpfel
2 l fettarme Milch
3 EL Salz
½ EL Pfeffer

Garnierung:
1 großer Apfel
Butter

Geräte:
1 mittelgroße Kasserolle
1 große Kasserolle (für das Wasserbad)
1 Pfanne
1 Souffléform
Küchenmaschine mit Gemüseschneider
oder festes Messer mit Schneidebrett
Gemüsemühle

Sellerie und Äpfel schälen und in je 8 Stücke schneiden, das Kernhaus der Äpfel entfernen, anschließend alles in Scheiben schneiden.
In die heiße, mit Salz und Pfeffer gewürzte Milch geben und 15 bis 20 min siedend garen; anschließend durch die Gemüsemühle drehen, mit etwas Kochflüssigkeit geschmeidig rühren. Den großen Apfel schälen, vierteilen, das Kernhaus entfernen und in 12 Scheiben schneiden. 5 min in der Butter bräunen, dabei einmal wenden. Beiseite stellen.
Die Sellerie-Mousse im Wasserbad erhitzen; kurz vor dem Servieren mit den Apfelscheiben garnieren.
Heiß in der Souffléform auftragen.

Aufbewahrung: Vor dem Aufwärmen in einem geschlossenen Behälter im Kühlschrank 24 h; rechnen Sie mit 15 min Aufwärmzeit.

Zucchini-Fächer mit Tomaten

(Abb. nach S. 128)

Vorbereitungszeit: 25 min
Garzeit: 45 min

Zutaten für 12 Personen:
12 mittlere Zucchini
12 mittlere Tomaten
1 kg Zwiebeln
4 Knoblauchzehen
2 Thymianstengel
2 EL gehackte Petersilie
2 Lorbeerblätter
20 Basilikumblätter
8 EL Olivenöl
3 TL Salz
Pfeffer aus der Mühle

Geräte und Arbeitsmaterial:
Saftpfanne des Herdes
Pfanne
Mixer
Schaumkelle
Pinsel
Alufolie

Die Zucchini der Länge nach in 6 Scheiben schneiden, dabei nicht bis zum Ende durchschneiden, so daß die Scheiben an einem Ende zusammengehalten werden. Jede Tomate in 5 schöne Scheiben schneiden; die Abfälle aufbewahren.
Den Herd auf 200° (Th. 6) vorheizen. Die Zwiebeln schälen, hacken und 5 min in dem Olivenöl schwitzen lassen, ohne daß sie Farbe annehmen. Gegen Ende den gehackten Knoblauch und die Petersilie hinzugeben.
Mit dem Zwiebelpüree die Saftpfanne des Herdes ausstreichen, die Tomatenreste darüber geben, den Thymian und die in 4 Stükke gebrochenen Lorbeerblätter darüber verteilen, salzen und pfeffern.
Mit den schönen Tomatenscheiben die aufgefächerten Zucchinis garnieren und vorsichtig auf das Zwiebelbett legen; salzen und pfeffern. 2 dl Wasser in die Saftpfanne geben und die Oberfläche der Zucchinis und Tomatenscheiben leicht einölen. 40 min garen, dabei von Zeit zu Zeit mit der Schaumkelle auf die Zucchinis drücken, damit diese ihre Fächerform bewahren. Wird das Gemüse zu braun, mit Alufolie abdecken.
Kalt werden lassen. Mit der Schaumkelle die Zucchinifächer vorsichtig abheben und auf die Anrichteplatte geben.
Die Haut der Tomaten, die sich gelöst hat, Thymianstengel und Lorbeerblätter entfernen. Zwiebeln und Tomaten in den Mixer

geben, das grobgehackte Basilikum unterziehen und getrennt in einer Saucière servieren.

Aufbewahrung: Auf den mit Frischhaltefolie geschützten Servierplatten im Kühlschrank 24 h.

Spinatauflauf

Vorbereitungszeit: 20 min
Garzeit: 30 min

Zutaten für 15 Büffetportionen:
Spinatgarnitur (1,3 kg), bestehend aus:
500 g gekochtem, ausgepreßtem Spinat
6 Eiern
¼ l saure Sahne
¼ l Milch
10 g Salz, Pfeffer und Muskat gemischt
Creme-Butter S. 66 zum Ausstreichen der Förmchen

Geräte:
15 feuerfeste Förmchen (1,5 dl) oder Aluminiumformen
Saftpfanne des Herdes
Kasserolle (2 dl)
Mixer oder Hackmesser
Rührschüssel

Den Spinat hacken oder im Mixer pürieren, nachdem alles Wasser ausgepreßt wurde. Zusammen mit den anderen Zutaten der Garnitur in die Rührschüssel geben und gut vermischen. Den Herd auf 150° (Th. 4) vorheizen.
Die Förmchen ausbuttern und mit der Spinatgarnitur füllen; in die Saftpfanne des Herdes stellen und im Wasserbad (die Saftpfanne zur Hälfte mit Wasser gefüllt) 30 min garen. Heiß in den Förmchen servieren.

Aufbewahrung: Vor dem Garen im Herd in den mit Frischhaltefolie geschützten Förmchen 24 h.

Moussaka aus grünen Bohnen

Vorbereitungszeit: 20 min
Garzeit: 35 min

Zutaten für 15 Personen:
2 kg gekochte grüne Bohnen
400 g Tomatenpulpe (S. 73)
4 Eier
8 Joghurt
4 Knoblauch
6 EL Butter
4 TL Salz
2 TL Pfeffer
1 TL Paprika

Geräte:
2 große Gratinierplatten
Rührschüssel und Schneebesen

Den Herd auf 200° (Th. 6) vorheizen. Die Butter zum Schmelzen bringen. Die gekochten grünen Bohnen in den Gratinierplatten verteilen, die Tomatenpulpe darüber schichten, mit zerlassener Butter übergießen und 30 min garen. Die Gemüse müssen auf der Zunge zergehen.

Den Knoblauch fein hacken und in der Schüssel mit den Eiern und dem Joghurt verrühren, salzen, pfeffern; Paprika hinzufügen, noch einmal kräftig mit dem Schneebesen durchrühren und über die Gemüse gießen. Wieder in den Herd stellen, einige Minuten überbacken und heiß in den Gratinierformen servieren.

Aufbewahrung: Ohne die Joghurt/Ei-Mischung, die erst vor dem Aufwärmen über die Bohnen gegossen werden darf, in den mit Frischhaltefolie geschützten Gratinierplatten im Kühlschrank 12 h. 20 min in dem auf 200° (Th. 6) erhitzten Herd aufwärmen.

Kartoffelgratin »dauphinois«

Dieses Gericht wird in einem Kochtopf vorgekocht, so daß der Herd nur kurze Zeit blockiert wird.

Vorbereitungszeit: 15 min mit einem Kartoffelschneider, 25 min von Hand
Garzeit: 45 min + 15 min

Zutaten für 16 Personen:
2,4 kg mehlige Kartoffeln
1,8 l Milch
6 dl Crème fraîche
200 g Butter
2½ EL Salz
1 TL Pfeffer
2 Msp. Muskat
1 Knoblauchzehe
160 g geriebener Emmentaler

Geräte:
Kochtopf (10 l)
2 ovale Gratinierplatten (30 cm)
Kartoffelschneider (nach Belieben)

Die Kartoffeln schälen und in feine Scheiben schneiden. Die Milch in dem Kochtopf zum Kochen bringen, die Crème fraîche, die Butter und die Gewürze einrühren, anschließend die Kartoffelscheiben hineingeben. Wieder zum Kochen bringen und leise köcheln lassen, dabei vorsichtig von Zeit zu Zeit umrühren. Die Kartoffelscheiben dürfen nicht auseinanderfallen. Nach 20 min den feingehackten Knoblauch hinzufügen. Weitere 25 min kochen lassen. Mit einer Schöpfkelle die Kartoffelscheiben in die Gratinierformen verteilen, geriebenen Käse darüber geben, wieder eine Schicht Kartoffelscheiben, wieder Käse usw. Mit einer Käseschicht abschließen. 15 min unter dem Grill gratinieren. In den Gratinierformen servieren.

Aufbewahren: Vor dem Übergrillen in den mit Frischhaltefolie geschützten Gratinierformen im Kühlschrank 48 h.
In dem auf 200° (Th. 6) vorgeheizten Ofen vor dem Übergrillen 30 min aufwärmen.

Kartoffelgratin normannische Art

Vorbereitungszeit: 20 min
Garzeit: 45 min + 15 min

Zutaten für 12 Personen:
2 kg mehlige Kartoffeln
400 g Zwiebeln
500 g Lauch
1,6 l heller Fond (S. 91)
600 g Crème fraîche
1 EL Salz
1 TL Pfeffer
60 g Butter

Geräte:
Kochtopf (10 l)
2 ovale Gratinierplatten (28 cm)
Gemüseschneider

Zwiebeln und Lauch sehr fein schneiden; die Butter in dem Topf schmelzen lassen, Zwiebeln und Lauch 10 min darin schwitzen, dann die in dünne Scheiben geschnittenen Kartoffeln, den hellen Fond, die Crème fraîche hinzugeben, salzen und pfeffern. Weitere 35 min sanft köcheln lassen, dabei von Zeit zu Zeit vorsichtig umrühren; die Kartoffelscheiben müssen ganz bleiben.
Mit einer Kelle den Inhalt des Topfes auf die beiden Gratinierplatten verteilen. 15 min übergrillen. Heiß in den Gratinierformen servieren.

Aufbewahrung: Vor dem Übergrillen in den mit Frischhaltefolie geschützten Gratinierformen im Kühlschrank 48 h.
Vor dem Übergrillen 30 min in dem auf 200° (Th. 6) vorgeheizten Ofen erwärmen.

Ratatouille Lenôtre

Vorbereitungszeit: 30 min
Garzeit: 1 h

Zutaten für 12 Büffetportionen:
400 g Auberginen
400 g Zucchini
700 g vollreife Tomaten
250 g Zwiebeln
2 Knoblauchzehen
1 Thymianzweiglein
1 Rosmarinzweiglein
1 Lorbeerblatt
6 EL Olivenöl
1 EL Salz
⅓ TL Pfeffer

Geräte:
Kochtopf
breites, scharfes Messer und Holzbrett

Die Zwiebeln schälen und in Ringe schneiden. Auberginen und Zucchini waschen, abtrocknen und in Scheiben schneiden, ohne zu schälen. In dem Kochtopf in Olivenöl schwitzen, dabei öfter mit einem Holzlöffel umrühren.
Knoblauch schälen, klein hacken und zusammen mit dem Gewürzen in den Kochtopf geben. Die Haut der Tomaten abziehen, letztere klein schneiden und zu dem Rest geben; gut umrühren. Zugedeckt 1 h köcheln lassen, dabei zwei- dreimal umrühren. Wenn die Tomaten viel Wasser abgegeben haben, gegen Ende der Kochzeit Deckel abnehmen und etwas einkochen lassen.
Ratatouille kann heiß oder gut gekühlt gegessen werden.

Aufbewahrung: Nach schnellem Abkühlen in einem kalten Wasserbad in einem geschlossenen Behälter im Kühlschrank 4 bis 5 Tage. Ratatouille läßt sich leicht erhitzen.

Einfrieren: Sobald die Ratatouille Zimmertemperatur erreicht hat, in Aluminiumschalen.

Gemüse vom Grill

	Präsentation	*Vorbereitung*	*Grillart*	*Grillzeit*
Äpfel	halbiert	entkernt, mit Öl bestrichen, mit Majoran bestäubt	zuerst mit der Hautseite, dann mit der Schnittseite	15 bis 20 min
	in Scheiben geschnitten	entkernt, geschält, mit Curry bestäubt	in gebutterter Alufolie, zusammen mit Rosinen	15 min
Artischocken, kleine violette	ganz	mit grobem Salz bestreut	in Alufolie in der Glut	30 min
Auberginen, mittelgroße	der Länge nach halbiert	mit Öl bestrichen, gesalzen und gepfeffert	gegrillt, Hautseite zur Glut	20 min
Auberginen, dicke	in 1 cm dicke Scheiben geschnitten	in provençalischer Marinade (S. 239) eingelegt	gegrillt	10 min
Champignons	ganz	mit Öl bestrichen, gesalzen und gepfeffert	auf Spießchen, mit dazwischen geschobenen Zitronenvierteln	15 min

Kartoffeln, süße	1 cm dicke Scheiben	in Dampf vorgegart	in Alufolie, mit gehackten Zwiebeln und etwas Butter	15 min
	ganz		dto.	40 min
Kartoffeln, mehlige	ganz		in Alufolie in der Glut	40 min
Maiskolben	ganz	mit Tomatensauce (S. 90) bestrichen	in Alufolie mit etwas Butter	20 min
Tomaten, kleine	ganz	mit Öl bestrichen	gegrillt	8 bis 10 min
Tomaten, große	halbiert		in mit Öl bestrichener Alufolie mit Estragon oder Basilikum	6 bis 8 min
Zucchini, kleine	der Länge nach halbiert	mit einer Mischung aus Olivenöl, Rosmarin und gehacktem Knoblauch bestrichen	auf beiden Seiten gegrillt	15 min
Zwiebeln, weiße	ganz	mit Öl bestrichen und gesalzen	gegrillt	20 min

Gemüse vom Grill

Hinweise zum Garen

Wie Fleisch und Fisch können Gemüse in Alufolie gewickelt oder auf Spieße aufgezogen gegrillt werden. Sie brauchen sie nicht zu schälen; Gemüse müssen nach dem Waschen sorgfältig getrocknet werden, damit keine Feuchtigkeit zurückbleibt. Gemüse werden nur selten mariniert; bei festen, in Stücke geschnittenen ist es möglich. Auch in diesem Fall muß das Gemüse vor dem Grillen sorgfältig getrocknet werden, bevor Sie es grillen.
Die Haut ist ein wichtiger Schutz für Grillgemüse; sie verhindert das Austrocknen und garantiert, daß die Gemüse ihre Form bewahren. Wählen Sie also nur intaktes Gemüse und achten Sie beim Umdrehen darauf, die Haut nicht zu verletzen.
Vor dem Grillen mit Hilfe eines Thymian- oder Rosmarinzweiges einölen, dann erst salzen und pfeffern; das Öl bewirkt, daß Salz und Pfeffer auf der oft glatten Haut haften bleiben.
Größere Gemüse können Sie halbieren; das verkürzt die Garzeiten beträchtlich. In diesem Fall ist es ratsam, die Schnittfläche mit Kräutern einzureiben. Achten Sie darauf, daß während des Grillens die Haut immer zur Glut gerichtet ist.
In der Glut gebratene Kartoffeln schmecken hervorragend, haben aber den Nachteil, daß sie lange brauchen, um gar zu werden. Sie können sie vorkochen; achten Sie dabei darauf, daß die Kartoffeln nicht zu weich werden. Anschließend in Scheiben schneiden und mit der Beilage Ihrer Wahl in Alufolie erwärmen oder zu Ende garen.

KAPITEL 12

Salate

Hinweise zur Wahl und Zubereitung grüner Salate

- Die Kräuter
- Tabelle: Das Würzen und Präsentieren

Leichte Salate

- Arler Salat
- Marinierte Champignons
- Sellerie-Apfel-Salat
- Sellerie-Salat mit Remouladen-Sauce
- Kohlsalat mit Orangen
- Chicorée-Salat mit Äpfeln
- Gemüsesalat
- Bunter Wintersalat

Kräftigere Salate

- Broccoli-Salat
- Kartoffelsalat mit Fleischwurst
- Krabben-Mais-Salat
- Kohlsalat nach Art des Ostens
- Salat mit Heringfilets
- Indischer Salat
- Bunter Zungensalat
- Salat aus Linsen und Speck
- Löwenzahnsalat mit Eiern
- Lauch-Salat mit Sauce »Gribiche«
- Reis-Salat Balkan
- Kreolischer Reissalat
- Salat mit Roquefort
- Salat aus Taschenkrebsen und Krabben

Hinweise zur Wahl und Zubereitung grüner Salate

Grünen Salat findet man heute das ganze Jahr über; außerhalb der Saison wird er in Treibhäusern gezogen oder mit Flugzeugen aus südlichen Ländern importiert; doch ich empfehle Ihnen, vor allem Salate der Saison zu wählen. Sie sind wesentlich geschmackvoller und außerdem viel billiger.
Wählen Sie feste Köpfe mit glänzenden, leuchtenden Blättern; vermeiden Sie verwelkte, fleckige. Am besten werden Salate, nachdem die unschönen Blätter entfernt wurden, in der Gemüseschale des Kühlschranks aufbewahrt. Auch geputzt, gewaschen und trockengeschleudert halten Sie sich in verschlossenen Behältern im Kühlschrank.
Werfen Sie die äußeren, grünen Blätter nur weg, wenn sie beschädigt sind. Sie sind besonders reich an Vitaminen.
Bei dem großzügigen Gebrauch von Chemie ist es heutzutage notwendig, Salate gründlich zu waschen. Schleudern Sie die Blätter trocken (in einem Tuch oder einer Salatschleuder) und salzen Sie sie, bevor Sie sie anmachen.

Die Kräuter

Kräuter spielen in der Küche, besonders aber bei Salaten, eine entscheidende Rolle.
Petersilie (glatte und gekräuselte) gibt es heute das ganze Jahr über. Gut waschen und grob hacken. Anis wird meist als Samen verwendet, vor allem für süßsaure Salate (Karotten, rote Rüben etc.). Basilikum ist hauptsächlich ein Sommerkraut; im Winter können Sie in Olivenöl konserviertes Basilikum verwenden.
Kerbel gibt es das ganze Jahr über. Da er sehr empfindlich ist, schneidet man ihn am besten mit einer Schere. Sein relativ neutraler Geschmack erlaubt es, ihn in fast allen Salaten zu verwenden.
Schnittlauch dagegen hat einen ausgeprägten Geschmack; er gehört zur Familie der Zwiebeln und paßt ausgezeichnet zu Quark und Eiern. Auch er wächst das ganze Jahr über.

Koriander-Blätter, auch »arabische Petersilie« genannt, verleihen Salatsaucen, die auf Basis von Olivenöl hergestellt wurden, einen leicht exotischen Geschmack.
Es wird behauptet, Estragon sei der Aristokrat unter den Kräutern. Sein Aroma verfeinert alle Essig-Saucen. Wollen Sie ihn zur Dekoration verwenden, müssen Sie die ganzen Blätter 1 min in kochendem Wasser blanchieren, damit sie ihre grüne Farbe behalten. Pfefferminze paßt, wie Anis, nur zu bestimmten Salaten und sollte immer nur sparsam verwendet werden. Sie harmoniert vorzüglich mit Tomaten und Gurken, aber auch mit Reis und Couscous-Grieß.

Salate: Das Würzen und Präsentieren

Salate (50 g pro Person)	*Geschmack*	*Farbe*	*Präsentation*	*Garnitur, Kräuter etc.*	*Sauce (20 g pro Person)*
Brunnenkresse (außer im Winter)	würzig	grün	Stengel mit Blättern	in Streifen geschnittener Emmentaler	Nußöl, Essig
Chicorée (Winter)	knackig, bitter	weißlich	in Stücke geschnitten	Nüsse, Kerbel	Apfel-Essig-Remouladen
Eichblätter (Winter, Frühjahr)	zart, süß	rot, grün	ganze Blätter oder Streifen	in Streifen geschnittener Staudensellerie	Nußöl, Essig
Sommerendivie (außer im Herbst)	fest, süßlich-bitter	grün	in Stücke geschnitten	Anissamen oder Fenchelwürfel	Saure Sahne, Zitronensaft
Winterendivie (Herbst, Winter)	fest, bitter	gelb, hellgrün	ohne die harten Rippen	ausgelassene Speckwürfel, Emmentaler	Öl, Sherry-Essig
Eskariol (das ganze Jahr)	zart, süß	grün	ganze Blätter oder Streifen	Estragon	Nußöl, Essig

Salate (50 g pro Person)	*Geschmack*	*Farbe*	*Präsentation*	*Garnitur, Kräuter etc.*	*Sauce (20 g pro Person)*
Eissalat (Juni bis Oktober)	süß-bitter	grün	ganze Blätter oder Streifen	frische, entkernte Weintrauben	Traubenkernöl, Essig
Feldsalat (Oktober bis März)	zart, ein wenig süßlich	grün	Blätter mit Stengeln (viermal gewaschen)	Rote Beete, Äpfel	Öl, Sherry-Essig
Kopfsalat (das ganze Jahr)	zart, mild	hellgrün	ohne die harten Rippen	Estragon, gehackte harte Eier	Öl, Weinessig
Löwenzahn (Winter, Frühjahr)	bitter	grün	Blätter	Avocados oder Knoblauchbrot	Olivenöl, Zitronensaft
Mesclin (Winter, Frühjahr)	frisch	verschieden	Blätter	Pinienkerne	Olivenöl, Essig
Radicchio (November bis April)	bitter	rot	Blätter	gehackte Mandeln	Öl, Weinessig, Senf
Rauke (April bis September)	mild, jung	grün	in Streifen geschnitten	Basilikum	Vinaigrette mit Senf aus Meaux

Arler Salat

Ein ausgezeichneter Wintersalat.

Vorbereitungszeit: 20 min
Kühlzeit: 1 h

Zutaten für 15 Personen:
2 kg Fenchel
400 g Staudensellerie
500 g Emmentaler
500 g Quark-Kräuter-Sauce
(S. 89)

Geräte:
Küchenmaschine und Gemüsemühle
oder breites Messer und Holzbrett
Salatschüssel

Fenchel und Sellerie putzen (S. 370). Den Fenchel in dünne Streifen, den Sellerie und Emmentaler in Würfel schneiden. In der Salatschüssel mit der Sauce vermischen. Mindestens 1 h kühlen; sehr kalt servieren.

Aufbewahrung: In der mit Frischhaltefolie geschützten Salatschüssel im Kühlschrank 24 h.

Marinierte Champignons

(Abb. nach S. 48)

Vorbereitungszeit: 15 min
Marinieren: 1 Woche

Zutaten für 12 Personen:
1 kg Champignonköpfe
50 g grobes Salz
6 EL Zitronensaft

Marinade:
1 dl Olivenöl
1 dl Erdnußöl
1 TL Senfkörner (nach Belieben)
1 TL Pfefferkörner
1 TL Korianderkörner
2 Nelken
½ TL Anis-Samen oder 6 Sternanis
2 Msp. Thymianblüten
4 TL Zitronensaft

Beilage:
200 g Quark-Kräuter-Sauce (S. 89)
oder 200 g leichte Sauce (S. 89)

Geräte:
Durchschlag
Plastikschüssel mit Deckel

Die Champignons waschen und abtropfen lassen. 24 h im Kühlschrank in dem Zitronensaft und dem groben Salz Wasser ziehen lassen. Die Marinade vorbereiten.
Die Champignons in ein Sieb geben und 5 min unter fließendem kalten Wasser spülen; dabei öfters umrühren. Abtropfen lassen und in die Marinade geben; alle Champignons müssen bedeckt sein. Mindestens 1 Woche im Kühlschrank in einer verschlossenen Plastikschale marinieren.
Anschließend die Champignons abtropfen lassen und mit der Beilagensauce vermischen oder auf die Holzspießchen stecken und die Sauce getrennt dazu reichen.

Aufbewahrung: In der Marinade in einem geschlossenen Behälter im Kühlschrank 1 Monat.

Sellerie-Apfel-Salat

Vorbereitungszeit: 20 min mit einer Küchenmaschine oder 40 min mit der Hand

Zutaten für 24 Personen:
1,25 kg Staudensellerie
750 g Äpfel
300 g gekochter Schinken
300 g Emmentaler
150 g Kapern
150 g Cornichons
500 g Remouladen-Sauce (S. 83)

Dekoration:
1 Cornichon

Geräte:
Salatschüssel
Küchenmaschine
oder Gemüsehobel

Die Äpfel schälen und das Kernhaus entfernen. Mit der Hand oder mit der Küchenmaschine reiben. Den Sellerie mit der Maschine oder von Hand in feine Streifen schneiden. Die Cornichons, den Käse und den Schinken fein würfeln. Alles in die Salatschüssel geben, die abgetropften Kapern hinzufügen, die Remouladen-Sauce darüber gießen und vorsichtig umrühren. Mit den in Scheiben geschnittenen Cornichons dekorieren.

Aufbewahrung: In der mit Frischhaltefolie geschützten Salatschüssel im Kühlschrank 12 h.

Anmerkung: Den gleichen Salat können Sie auch mit Knollensellerie herstellen.

Sellerie-Salat mit Remouladen-Sauce

Vorbereitungszeit: 20 min

Zutaten für 10 Personen:
1 kg Knollensellerie
4 Zitronen

Für die Sauce:
150 g Mayonnaise (S. 77)
20 g Senf
1 EL Salz
½ TL Pfeffer
1 kleiner Bund Petersilie

Geräte:
Salatschüssel
Küchenmaschine
oder Gemüsehobel
Schale

Die Zitronen auspressen. Den Sellerie schälen, waschen und in feine Scheiben hobeln. In eine Schüssel geben und sofort mit Zitronensaft beträufeln.
Die Petersilie hacken; in einer zweiten Schüssel die Zutaten der Sauce miteinander vermischen. Über den Sellerie gießen und gut umrühren.

Aufbewahrung: Im Kühlschrank in der mit Frischhaltefolie geschützten Salatschüssel 24 h.

Kohlsalat mit Orangen

Vorbereitungszeit: 30 min

Zutaten für 20 Personen:
900 g Weißkohl
900 g Orangen
300 g York-Schinken
50 g gehackter Kerbel
2 EL Orangensaft
180 g Vinaigrette

Geräte:
2 Salatschüsseln
Küchenmaschine (nach Belieben)
Kanneliermesser
oder scharfes, spitzes Messer

Die Orangen kannelieren, das obere und untere Ende entfernen, den Rest in feine Scheiben schneiden. Den Kohl waschen und in Streifen schneiden; den Schinken würfeln. Orangenscheiben, Kohl und Schinken auf die beiden Schüsseln verteilen.
Den Kerbel hacken und in einer Schüssel mit dem Orangensaft und der Vinaigrette vermischen. Die Sauce in die Salatschüssel geben, gründlich vermischen. Sehr kalt servieren.

Aufbewahrung: Die einzelnen bereits geschnittenen Zutaten, getrennt aufbewahren, im Kühlschrank 12 h; der fertige Salat im Kühlschrank 6 h.

Chicorée-Salat mit Äpfeln

Vorbereitungszeit: 20 min
Marinieren: 1 h

Zutaten für 16 Personen:
800 g Chicorée
300 g säuerliche Äpfel
50 g Rosinen
50 g kleingehackte Mandeln
120 g Vinaigrette mit Apfel-Essig

Gerät:
Salatschüssel

Die Rosinen in eine Schüssel mit heißem Wasser geben und 1 h zugedeckt ziehen lassen. Den Chicorée unter fließendem Wasser waschen und in Stücke schneiden. Die Äpfel schälen, entkernen und achteln. Alle Zutaten höchstens 1 h vor dem Servieren mit der Vinaigrette vermischen.

Aufbewahrung: Den gewaschenen und geschnittenen Chicorée, in Frischhaltefolie gehüllt, im Kühlschrank 24 h.

Gemüsesalat

Dieser Salat wird auch als Garnitur verwendet.
Das Rezept bezieht sich auf Frühlingsgemüse; in anderen Jahreszeiten müssen Sie die Garzeiten verändern.

Vorbereitungszeit: 20 min mit einer Küchenmaschine, 40 min mit der Hand
Garzeit: ca. 20 min (die Gemüse sollen bißfest bleiben)

Zutaten für 20 Personen:

Gemüse (2 kg insgesamt):
500 g Karotten
250 g weiße Rüben
250 g grüne Bohnen
500 g Salatkartoffeln
500 g Erbsen (frisch oder tiefgekühlt)
Kräuterstrauß (Thymian, Lorbeer, Sellerie, Petersilie)
45 g Salz
4 g Pfeffer

Sauce:
200 g kräftig gewürzte Mayonnaise (S. 77)
oder 200 g Remouladen-Sauce (S. 83)
oder 200 g Quark-Kräuter-Sauce (S. 89)

Geräte:
Salatschüssel
großer Kochtopf
Küchenmaschine mit Hobel oder Pommes-frites-Einsatz oder scharfes Messer und Holzbrett

Karotten, weiße Rüben und Kartoffeln in ½ cm lange Würfel schneiden, bei den Bohnen die Fäden entfernen; anschließend in ½ cm lange Stücke schneiden.
In dem Kochtopf 3 l Wasser mit dem Salz und dem Pfeffer zum Kochen bringen, die Karotten hineingeben, 5 min später die Rüben, weitere 5 min später die Bohnen, Kartoffeln und die frischen oder tiefgekühlten Erbsen. Aufpassen, daß die Gemüse »bißfest« bleiben. Wenn Sie Erbsen aus der Dose nehmen, geben Sie diese erst kurz vor Schluß in den Kochtopf.
Sobald das Gemüse gar ist, abtropfen lassen und unter fließendem kalten Wasser abkühlen, anschließend mit der Sauce Ihrer Wahl in der Salatschüssel vermengen.

Aufbewahrung: In der mit Frischhaltefolie geschützten Salatschüssel im Kühlschrank 48 h.

Bunter Wintersalat

Mit seiner Farbenpracht eignet sich dieser Salat besonders für winterliche Büffets.

Zubereitungszeit: 30 min

Zutaten für 16 Personen:
320 g gekochte rote Rüben
320 g Chicorée
400 g Feldsalat
8 hartgekochte Wachteleier
180 g Vinaigrette mit Nußöl

Geräte:
Salatschüssel
Pariser Löffel

Die Rüben schälen und mit Hilfe des Pariser Löffels (ein kleiner, runder tiefer Löffel) Kugeln abstechen. Mit der Vinaigrette in die Salatschüssel geben, gut vermengen.
Die Wachteleier schälen und in einer Schüssel mit gesalzenem, kalten Wasser bis zur Verwendung aufbewahren.
Den Chicorée in kaltem, den Feldsalat mehrmals in lauwarmem Wasser waschen. Den Chicorée klein schneiden, den Feldsalat nur grob zerpflücken.
Kurz vor dem Servieren Chicorée und Feldsalat mit den Rüben vermischen und mit den halbierten Wachteleiern dekorieren.

Aufbewahrung: Die gewaschenen Salate, getrennt aufbewahrt, im Kühlschrank 24 h; die geschälten Wachteleier in der Salzlösung im Kühlschrank 24 h.

Broccoli-Salat

Vorbereitungszeit: 20 min, davon
Garzeit: 10 min

Zutaten für 10 Personen:
1 kg Broccoli
200 g durchwachsener, geräucherter Speck
4 hartgekochte Eier
1 großer Bund Petersilie
250 g Remouladen-Sauce mit Senf aus Meaux (S. 83)

Garnitur:
5 Toastscheiben

Geräte:
Salatschüssel
Backblech
Pfanne

Den Broccoli 8 bis 10 min in gesalzenem Wasser blanchieren; er soll noch bißfest sein. Den in kleine Würfel geschnittenen Speck in der Pfanne unter häufigem Umdrehen ohne zusätzliches Fett auslassen. Die hartgekochten Eier hacken. Den gut abgetropften Broccoli in Röschen zerpflücken; die Petersilie waschen und hacken. Alle Zutaten, zusammen mit der Remouladen-Sauce, in der Salatschüssel vermischen.
Die Toastscheiben in 1,5 cm breite Würfel schneiden und auf dem Backblech rösten. Die Brotwürfel erst im letzten Moment unter den Salat mischen.

Aufbewahrung: Ohne Petersilie und Brotwürfel, mit Frischhaltefolie geschützt, im Kühlschrank 24 h; die Brotwürfel, trocken aufbewahrt, 24 h.

Kartoffelsalat mit Fleischwurst

Vorbereitungszeit: 25 min
Garzeit: 20 bis 25 min

Zutaten für 15 Personen:
500 g Fleischwurst
1 kg Salatkartoffeln
5 Schalotten
6 EL gehackte Kräuter
1 dl Weißwein
½ dl Olivenöl
125 g Remouladen-Sauce (S. 83)

Dekoration (nach Belieben):
1 Paprika

Präsentation (nach Belieben):
15 schöne Grünkohlblätter

Geräte:
Salatschüssel
Kasserolle (3 l)

Die Kartoffeln mit der Schale in 2 l Salzwasser kochen. Noch heiß schälen, halbieren und in die Salatschüssel geben. Mit dem Weißwein und dem Öl übergießen und abkühlen lassen. Sobald sie kalt sind, abgießen und in Scheiben schneiden. Die Wurst enthäuten und in Scheiben oder Würfel schneiden. Die Schalotten schälen und hacken.
Kartoffeln, Wurst und Schalotten mit der Remouladen-Sauce vermischen; erst im letzten Moment die gehackten Kräuter unterziehen. In der Salatschüssel servieren; mit Paprikaringen dekorieren oder in gewaschenen und sorgfältig getrockneten Grünkohlblättern anbieten.

Aufbewahrung: Ohne die Kräuter in einem geschlossenen Behälter im Kühlschrank 24 h.

Krabben-Mais-Salat

Vorbereitungszeit: 10 min

Zutaten für 15 Personen:
750 g gekochte Krabben ohne Schalen
600 g gekochte Maiskörner
200 g Staudensellerie
8 hartgekochte Eier
6 EL gehackte Petersilie
240 g Olivenöl-Zitronen-Sauce (S. 76)

Präsentation:
15 schöne Kopfsalatblätter

Gerät:
Salatschüssel

Den Sellerie putzen und in feine Würfel schneiden. Die hartgekochten Eier hacken. Alle Zutaten mit der Salatsauce vermengen; die Petersilie erst kurz vor dem Servieren unterziehen. Jede Salatschale mit einem Kopfsalatblatt auslegen; den Salat hineingeben; die Schalen auf einem Tablett servieren.

Aufbewahrung: In einem geschlossenen Behälter im Kühlschrank, ohne die Petersilie, 12 h.

Kohlsalat nach Art des Ostens

Vorbereitungszeit: 10 min mit einem elektrischen Gemüsehobel;
20 min von Hand, davon
Garzeit: 2 min

Zutaten für 20 Personen:
540 g gekochten Schinken oder Fleischwurst
360 g geräucherter, durchwachsener Speck
1 kg Grün- oder Weißkohl
1 Knoblauchzehe
6 frische Pfefferminzblätter
3 EL Zucker
300 g Vinaigrette

Geräte und Arbeitsmaterial:
Salatschüssel
Pfanne
elektrischer oder normaler Gemüsehobel
oder breites, scharfes Messer und Holzbrett
Knoblauchpresse
Fließpapier

Den Kohl waschen und fein hobeln. Den Schinken in feine Streifen, die Fleischwurst nach Entfernen der Haut in feine Scheiben schneiden. Den Speck in feine Streifen schneiden und ohne zusätzliches Fett 2 min unter häufigem Umdrehen in der Pfanne braten; auf Fließpapier legen, so daß das ausgelassene Fett restlos aufgesaugt wird. Den Knoblauch schälen und pressen; die Pfefferminze klein schneiden. Alle Zutaten miteinander vermengen und mindestens 1 h im Kühlschrank durchziehen lassen; eiskalt servieren.

Aufbewahrung: In einem geschlossenen Behälter im Kühlschrank 12 h.

Salat mit Heringsfilets

Vorbereitungszeit: 20 min
Garzeit: 15 min

Zutaten für 15 Personen:
1 kg in Öl marinierte Heringsfilets
800 g frische Nudeln
800 g Äpfel
3 mittelgroße Zwiebeln
100 g Cornichons
1 Bund Petersilie
1 Bund Schnittlauch
100 g Vinaigrette mit Senf aus Meaux (S. 76)

Geräte:
2 Salatschüsseln
2 große Kasserollen

Wählen Sie möglichst frische Tomaten-Nudeln mit einer auffallenden Form. Die Nudeln in den zwei Kasserollen kochen. Sobald sie gar sind, abgießen und unter fließendem kalten Wasser kühlen.
Petersilie und Schnittlauch fein hacken; man braucht von beidem je 50 g. Die geschälten und entkernten Äpfel und die Heringe in feine Scheiben, die Zwiebeln in feine Ringe schneiden. In den Salatschüsseln Hering, Äpfel, Zwiebeln, die kalten Nudeln und die Sauce vermischen; erst kurz vor dem Servieren die Kräuter untermengen.

Aufbewahrung: Ohne die Kräuter in einem geschlossenen Behälter im Kühlschrank 24 h.

Indischer Salat

Vorbereitungszeit: 30 min
Garzeit: 20 min
Kühlzeit: 1 h

Zutaten für 10 Personen:
90 g wilder oder Langkornreis
40 g Rosinen
½ l Geflügelfond (S. 91) (nach Belieben)
150 g Äpfel
100 g rote Bohnen (aus der Dose)
100 g Mais (aus der Dose)
100 g Tomaten
1 mittelgroße Zwiebel
½ frische Ananas
1 Banane
1 Orange, ungespritzt
3 EL gehackte Kräuter (Kerbel, Estragon, Schnittlauch)
120 g Vinaigrette mit Sherry-Essig

Geräte:
2 Salatschüsseln
große Kasserolle

Den Reis mit den Rosinen, wenn möglich in Geflügelfond, kochen; abtropfen und abkühlen lassen.
Die Ananas in Würfel, Zwiebeln, Banane und Tomate in Scheiben schneiden. Die Orange waschen, die beiden Enden abschneiden; ohne zu schälen in Schnitze zerteilen; die Schnitze vierteln. Rote Bohnen und Mais abtropfen lassen.
Alle Zutaten, ohne die Kräuter, miteinander vermischen und mindestens 1 h kühlen; erst im letzten Moment die Kräuter hinzufügen und eiskalt servieren.

Aufbewahrung: Ohne Banane und Kräuter in einem geschlossenen Behälter im Kühlschrank 12 h.

Bunter Zungensalat

(Abb. nach S. 128)

So serviert, schmeckt Ochsenzunge ganz ausgezeichnet.

Vorbereitungszeit: 15 min
Garzeit: 45 min

Zutaten für 20 Personen:
1 kg gekochte Ochsenzungen (S. 250)
500 g Salatkartoffeln
200 g grüne Bohnen
200 g Tomaten
150 g Blumenkohl
100 g rote Paprika
50 g grüne Paprika
1 mittelgroße Zwiebel
75 g Cornichons
5 EL gehackte Kräuter (Schnittlauch, Estragon, Kerbel)
240 g Vinaigrette mit Nußöl (S. 76)
oder 250 g Remouladen-Sauce (S. 83)

Geräte:
2 Salatschüsseln
3 Kasserollen

Die Bohnen bißfest kochen, den Blumenkohl blanchieren. Die Kartoffeln ungeschält in gesalzenem Wasser garen.
Die Tomaten vierteln; die Paprika in Streifen, Cornichons in Scheiben und Zwiebeln in Ringe schneiden. Die gekochten Gemüse abgießen; die Kartoffeln noch heiß schälen, in Scheiben schneiden, mit der gewählten Sauce vermengen und in einem kleinen Wasserbad abkühlen.
Die Ochsenzunge in Würfel schneiden. Alle Zutaten außer Kräutern und Tomaten auf die beiden Salatschüsseln verteilen; mit den Kartoffeln vermengen. Erst kurz vor dem Servieren die Kräuter und die Tomaten hinzufügen.

Aufbewahrung: Ohne die Kräuter und die Tomaten in einem geschlossenen Behälter im Kühlschrank 24 h.

Salat aus Linsen und Speck

Vorbereitungszeit: 15 min
Garzeit: 45 min
Kühlzeit: 30 min

Zutaten für 20 Büffetportionen:
500 g Linsen
100 g geräucherter, durchwachsener Speck
200 g Karotten
150 g Zwiebeln
2 große Knoblauchzehen
Kräuterstrauß (Thymian, Lorbeer, Sellerie, Petersilie)
2 Nelken
2 TL grobes Salz
200 g Vinaigrette (S. 76)

Geräte:
Salatschüssel
Kasserolle (4 l)

Zwiebeln, Knoblauch und Karotten schälen; die Zwiebeln vierteln, den Knoblauch halbieren. Zwiebeln, Knoblauch, 1 ganze Karotte, die Linsen, den Speck im ganzen, den Kräuterstrauß, die Nelken und das Salz in die Kasserolle geben und mit 1,5 l kaltem Wasser auffüllen. Zum Kochen bringen und zugedeckt 45 min köcheln lassen. Die restlichen Karotten in feine Streifen schneiden und 5 min vor Ende der Garzeit zu den Linsen geben.
Den Speck mit einem Schaumlöffel aus der Kasserolle nehmen, die Schwarte entfernen, den Speck in Würfel schneiden und wieder in die Kasserolle geben; die ganze Karotte ebenfalls herausnehmen, klein schneiden und wieder zu den übrigen Zutaten geben. Die Zwiebeln entfernen.
In einem kalten Wasserbad in der Bouillon schnell abkühlen. Sobald die Linsen kalt sind, abgießen und mit der Vinaigrette vermischen (auch die Gemüsewürfel mitverwenden).

Aufbewahrung: In einem geschlossenen Behälter im Kühlschrank 24 h.

Löwenzahnsalat mit Eiern

Vorbereitungszeit: 20 min, davon
Garzeit: 2 min

Zutaten für 20 Personen:
1 kg grüner, zarter Löwenzahn
20 wachsweiche Eier
300 g gepökelter Schweinebauch
3 Schalotten
1 Knoblauchzehe

Sauce:
1,5 dl Olivenöl
4 EL Weinessig
2 EL Senf
Pfeffer aus der Mühle

Geräte:
große Salatschüssel
Pfanne

Den Löwenzahn gut abspülen, zerpflücken, 30 min in kaltes Wasser legen, anschließend mehrmals unter fließendem Wasser waschen.
Die Schwarte des Schweinebauchs entfernen; das Fleisch in feine Scheiben oder Würfel schneiden. Ohne zusätzliches Fett in der Pfanne unter häufigem Umrühren anbraten. Die Speckstreifen oder -würfel in die Salatschüssel geben, Senf, gehackte Schalotten und Knoblauch, Salz, Pfeffer und Olivenöl hinzugeben und gut miteinander vermischen. Mit dem abgetropften, getrockneten Löwenzahn vermengen, abschmecken.
Den Salat auf die Teller verteilen. Die geschälten, wachsweichen Eier salzen und pfeffern; auf jeden Teller ein Ei legen.

Aufbewahrung: Der fertige Salat muß sofort gegessen werden. Die einzelnen Bestandteile können Sie aber vorbereiten und im Kühlschrank getrennt aufbewahren.

Taschenkrebs à la quimperlaise (Rezept S. 222) ▷

Folgende Seite:
Geschmorter Rinderkopf (Rezept S. 246)

Lauch-Salat mit Sauce »Gribiche«

Vorbereitungszeit: 20 min
Garzeit: 20 bis 30 min

Zutaten für 10 Personen:
2 kg Lauch
500 g gekochter Schinken
2 EL grobes Salz
150 g Sauce »Gribiche«
(S. 82)

Geräte:
tiefe Platte
Kasserolle (6 l)

Die harten Teile des Lauchs entfernen, gründlich unter fließendem Wasser waschen (dreimal!), damit alle Erde entfernt wird, abtropfen lassen und in 5 cm lange Stücke schneiden. In der Kasserolle 4 l Wasser mit dem groben Salz zum Kochen bringen, den Lauch hineingeben und 20 bis 30 min, je nach Dicke, kochen.
Den Schinken in Würfel schneiden und auf der tiefen Platte verteilen. Den Lauch gut abtropfen lassen; sobald er lauwarm geworden ist, zu dem Schinken geben und mit der Sauce überziehen.

Aufbewahrung: Der gekochte Lauch in seiner Kochflüssigkeit in einem geschlossenen Behälter im Kühlschrank 48 h. Vor dem Servieren leicht erwärmen, dann erst mit der Sauce übergießen.

◁ *Weicher Schokoladenkuchen* (Rezept S. 323)
Pyramide aus Schokoladenkuchen (Rezept S. 326)

Vorhergehende Seite:
Entenstreifen »Montmorency« (Rezept S. 259)

Reissalat Balkan

Vorbereitungszeit: 10 min
Garzeit: ca. 20 min
Kühlzeit: 1 h

Zutaten für 20 Personen:
400 g Vollwertreis oder Langkornreis
400 g Mais (aus der Dose)
150 g rote Paprika
200 g schwarze, entkernte Oliven
240 g Vinaigrette

Geräte:
Salatschüssel
2 Kasserollen, davon 1 große

Den Reis kochen. Die Paprika in kleine Stücke schneiden und blanchieren. Abkühlen lassen. Den Mais abtropfen lassen. In der Salatschüssel die Vinaigrette zubereiten, den kalten Reis, die Paprika, den Mais und die Oliven hinzugeben, gut umrühren. Mindestens 1 h kalt stellen. Gut gekühlt in einer Salatschüssel oder den Glasschalen servieren.

Aufbewahrung: In einem geschlossenen Behälter im Kühlschrank 24 h.

Kreolischer Reissalat

Vorbereitungszeit: 30 min
Marinade: 12 h
Garzeit: ca. 20 min

Zutaten für 10 Personen:
300 g Langkornreis
1 große Tomate
60 g Thunfisch in eigenem Saft
50 g grüne Paprika
100 g Radieschen
100 g Rosinen
1 dl trockener Weißwein
240 g Vinaigrette

Geräte:
Salatschüssel
große Kasserolle

Den Wein zum Kochen bringen, über die Rosinen gießen, 1 Nacht marinieren. Den Reis kochen, abkühlen lassen. Die Radieschen putzen; Radieschen, Tomaten, Oliven und Paprika klein schneiden. Sie können die Paprika vorher blanchieren.

Alle Zutaten in die Salatschüssel geben und mit den abgetropften Rosinen und dem zerpflückten Thunfisch vermischen; die Vinaigrette darüber gießen, noch einmal gut vermischen. Gut gekühlt servieren.

Aufbewahrung: Der gekochte Reis oder der fast fertige Salat (ohne die Tomate) in einem geschlossenen Behälter im Kühlschrank 24 h.

Salat mit Roquefort

Vorbereitungszeit: 20 min

Zutaten für 24 Personen:
700 g Sommerendivie oder Chicorée
300 g Roquefort
5 hartgekochte Eier
200 g Toastbrot (10 Scheiben)
180 g Sardellenfilet in Öl
4 bis 5 Knoblauchzehen
2 EL Erdnußöl
3 EL Nußöl
3 EL Weinessig

Geräte:
Salatschüssel
Backblech

Die Sardellenfilets abtropfen lassen und in der Salatschüssel mit dem Essig, den beiden Ölsorten und dem feingehackten Knoblauch vermengen.
Das Brot in 2 cm lange Würfel schneiden und auf dem Backblech übergrillen.
Den Salat waschen und klein schneiden; haben Sie Chicorée gewählt, bis zur Verwendung in leicht essighaltiges Wasser legen. Den Roquefort grob zerteilen. Die harten Eier schälen und in 6 Teile schneiden.
Kurz vor dem Servieren alle Zutaten zu den Sardellenfilets geben. Gut gekühlt servieren.

Aufbewahrung: Die einzelnen Zutaten getrennt in geschlossenen Behältern im Kühlschrank 24 h; die gerösteten Brotwürfel ebenso lange an einem trockenen Ort.

Salat aus Taschenkrebsen und Krabben

(Abb. nach S. 128)

Vorbereitungszeit: 30 min mit einer Küchenmaschine,
60 min von Hand
Marinieren: 12 h

Zutaten für 16 Büffetportionen:
250 g mittelfeiner Couscous
400 g gekochtes Taschenkrebs-Fleisch
300 g Crevetten oder Krabben ohne Schalen
2 Fenchel
2 kleine Zucchini
6 kleine neue Zwiebeln (oder 2 große)
3 helle Grapefruits
2 rosa Grapefruits
2 Zitronen
3 EL gehackter Kerbel

Sauce:
6 EL Olivenöl
7 EL Zitronensaft
2 EL Senf
2 EL Tomatenmark
5 Tropfen Tabasco

Geräte:
Salatschüssel
Kasserolle (1 l)
Küchenmaschine mit Gemüsehobel
oder breites, scharfes Messer und Holzbrett
große Schüssel
Zitruspresse

Den Couscous in einer Schüssel mit dem Saft von 3 hellen Grapefruits und 2 Zitronen übergießen, zudecken und im Kühlschrank mindestens 12 h ziehen und aufgehen lassen. Die Zwiebeln schälen und sehr fein hacken. Die Zucchini waschen, in sehr feine Streifen schneiden und 2 min in gesalzenem Wasser blanchieren. Den Fenchel in sehr feine Streifen schneiden. Die rosa Grapefruit schälen; alles Weiße, auch zwischen den Spalten, muß entfernt werden. Die Spalten halbieren. Das Taschenkrebsfleisch grob zerpflücken.
1 h vor dem Servieren in einer Salatschüssel Zwiebeln, Zucchini, Fenchel und rosa Grapefruit mit dem Taschenkrebsfleisch, den Krabben und dem gehackten Kerbel vermischen.
In einer anderen Schüssel die Saucenzutaten verrühren. Sobald die Sauce etwas dickflüssig geworden ist, in die Salatschüssel gießen. Bis zum Servieren im Kühlschrank aufbewahren. Erst im letzten Moment den Couscous unterziehen.

Aufbewahrung: Der Salat ohne Couscous in einem geschlossenen Behälter im Kühlschrank 12 h.

KAPITEL 13

Käse

- Allgemeine Hinweise
- Klassifizierung der Käsesorten
- Zusammenstellung von Käseplatten
- Präsentation

Allgemeine Hinweise

Käse spielt bei Büffets eine große Rolle. Frischkäse, mit Kräutern gewürzt, dient als Beilage, als Garnitur oder als Saucengrundlage.
Alle anderen Käsesorten erlauben interessante Kombinationen mit rohen Gemüsen und Wurst, vor allem für kleine Dekorationsspießchen oder Appetithappen.
Es sind immer neue Variationen denkbar; so steht es in Ihrem Ermessen, die in diesem Buch angegebenen Rezepte durch mehr oder weniger stark schmeckende Käsesorten der gleichen Art abzuändern. Auf alle Fälle sollten Sie immer Käse anbieten, auch wenn das Büffet selbst schon sehr reichhaltig ist, denn nichts ist besser, um eine Mahlzeit zu beenden, als Käse.

Hinweise zur Auswahl von Käse:
Wählen Sie möglichst Käse, der aus nicht-pasteurisierter Milch hergestellt wurde; er ist im allgemeinen geschmackvoller. Rechnen Sie mit 100 g pro Gast, wenn Sie weniger als 20 Personen einladen, und 80 g pro Gast bei großen Empfängen. Da sich Käse leicht aufbewahren läßt, ist es ratsam, beim Einkauf großzügig zu sein. Nichts ist peinlicher als leere Käseteller und begehrliche Blicke der Gäste.

Klassifizierung der Käsesorten

KÄSESORTE	*GESCHMACKSRICHTUNG*		
	mild	*mittel*	*würzig*
Schmelzkäse	je nach gewählter Geschmacksrichtung		
Halbfeste Schnittkäse	Bel Paese Edamer Gouda Montségur Saint-Paulin	Cantal Chester Morbier Port-Salut Saint-Nectaire Savaron Taleggio Tomme d'Abondance Tomme de Savoie	Appenzeller Alter Cheddar
Feste Schnittkäse	Emmentaler	Alter Beaufort Comté Alter Comté Fribourg Greyerzer Parmesan	Brindamour Alter Greyerzer
Weichkäse	Reifer Boursault Reifer Boursin Brillat-Savarin	Banon (aus Ziegen-, Schafs- oder Kuhmilch) Bondon aus Neufchâtel	Boulette d'Avesnes Brie de Meaux Brie de Montereau

	Caprice des Dieux Duc Reblochon Rigotte aus Condrieu Saint-Marcellin Vacherin Mont d'Or	Brie aus Melun Cabécou Camembert Carré de l'Est Chaource Coulommiers Crottin de Chavignol (Ziege) Reifer Gournay Blauer Olivet Pont-l'Évêque Pavé d'Auge Sancerre (Ziege)	reifer Chaource Époisses Limburger Livarot Maroilles Münster Münster mit Kümmel Pannes cendré
Schimmelkäse	Bleu de Bresse Gorgonzola	Fourme d'Ambert Persillé des Aravis Pyramide (Ziege) Roquefort	Bleu d'Auvergne Bleu des Causses Stilton
Frischkäse	frischer Banon (Ziege oder Schaf) Brousse (Schaf) frischer Ziegenkäse Halb-gesalzener Frischkäse (demi-sel) Fontainebleau Petit-suisse	Boursin mit Kräutern Boursin mit Pfeffer Claquebitou (Ziege) Doppelrahm mit Paprika	

Aufbewahrung von Käse:
Im Gemüsefach des Kühlschranks oder besser in einem nicht zu trockenen Keller bei 10° bis 12°. Vergessen Sie nicht, den Käse 1 h vor dem Servieren in einen Raum mit Zimmertemperatur zu stellen; denken Sie dabei daran, daß manche Sorten Temperaturen über 20° nur schlecht vertragen.
Käse reift vorzüglich, wenn er in seiner Originalverpackung (Holzschachtel, Stroh, besondere Papierarten) belassen wird. Nur bei Ziegenkäse ist es ratsam, die Verpackung zu entfernen, falls Sie ihn etwas trocken mögen. Schimmelkäse hält sich prächtig, wenn Sie ihn in ein Keramikgefäß legen und mit einem feuchten Tuch bedecken.
Wenn Ihnen die Vorstellung, Käse im Kühlschrank aufzubewahren, nicht behagt, können Sie weiche Käsesorten (Camembert, Brie, Vacherin usw.) in ihren originalen Holzverpackungen und zusätzlich in ein feuchtes Tuch gewickelt 3 Tage bei Zimmertemperatur aufbewahren.

Aufschneiden von Käse:
Runde oder eckige Weichkäse schneidet man wie Torten auf. Zylinderförmige oder Pyramiden-Käse werden vertikal in Portionen geschnitten. Brie schneiden Sie wie eine Torte; dabei immer vom äußeren Rand her beginnen.
Roquefort, überhaupt alle Schimmel-Käse werden in schräge Scheiben geschnitten. Hartkäse wie Emmentaler oder Comté werden in Scheiben geschnitten, und zwar von der schmalsten Seite her. Sie können dafür auch einen Käsehobel benutzen oder den Käse in Stücken servieren und den Käsehobel daneben legen. Die kleinen Ziegenkäse können Sie als halbierte Zylinder anbieten.

Zusammenstellung von Käseplatten (Abb. nach S. 48 und S. 128)

Bei einem zwangloseren Büffet können Sie sich auf eine Käsesorte beschränken. Wählen Sie in diesem Fall einen Tortenbrie aus Meaux, der einen Durchmesser von ungefähr 35 cm aufweist.
Normalerweise werden Sie aber eine größere Käseauswahl anbieten. Hier unsere Vorschläge, nach Jahreszeiten gegliedert:

Frühjahr: Chaource, Emmentaler, Pyramide, Tomme de Savoie, Roquefort, Chabichou, Brie aus Melun, Münster.

Sommer: Frischer Ziegenkäse, Reblochon, Carré de l'Est, Camembert, Fourme d'Ambert, Saint-Nectaire, Taleggio, Époisses.
Herbst: Vacherin, Cantal, Pont-l'Évêque, Brie aus Meaux, Comté, Sancerre, Appenzeller, Bleu d'Auvergne.
Winter: Montségur, Brillat-Savarin, Boursin mit Pfeffer, Savaron, Crottin aus Chavignol, Coulommiers, Stilton, Livarot.

Präsentation

Präsentieren Sie die Käse auf einem Holzbrett, einem Tablett aus Weidengeflecht oder auch auf einer Keramikplatte, auf Blättern oder Stroh dekoriert. Legen Sie mindestens zwei Käsemesser in Reichweite. Ordnen Sie die Käsesorten kreisförmig an, nach ihrer Geschmacksrichtung, vom mildesten zum kräftigsten. Sie können in jeden Käse eine kleine Fahne mit seinem Namen stecken. Schneiden Sie jeden Käse an, damit die Gäste wissen, in welcher Weise sie sich bedienen sollen.
Bei Käse sollte immer Butter stehen und natürlich der Brotkorb mit verschiedenen dunklen und hellen Sorten, Crackern und Laugengebäck. Als Beilage reichen Sie:

- Senf zu Greyerzer, Comté und Emmentaler
- Kümmel zu Münster und Limburger
- eine Mischung aus gehacktem Schnittlauch, Schalotten, und Knoblauch zu frischem Ziegenkäse.
- Paprika zu allen Frischkäsen
- Perlzwiebeln zu Roquefort und Camembert
- Staudensellerie zu allen Schimmelkäsen.

Gut geeignet als Beilage zu Käse sind auch immer Nüsse, gleich welcher Art. Wenn Sie eine originellere Dekoration vorziehen, richten Sie Butter, Käse, Beilagen und eine Brotkugel (S. 52) auf einem Tablett an.

KAPITEL 14

Naschereien und Nachtische

Allgemeine Hinweise

Einfache Desserts

- Schokoladencreme
- Teig für süße Crêpes
- Gerollte Crêpes mit Äpfeln
- Gerollte Crêpes mit Konfitüre
- Pariser Flan u. a.
- Käsekuchen mit Vanille-Sauce
- Königskuchen
- Pyramide aus Schokoladenkuchen
- Schokoladenkuchen
- Obstkuchen: Blätterteigtorte mit Früchten
- Teig für Brioche-Brote
- Brioche-Brötchen

Allgemeine Hinweise

Wenn Sie einen Früchtekorb anbieten, ist es nicht unbedingt notwendig, Nachspeisen oder einen großen Kuchen zu servieren. Doch echte Gourmands werden es sicher schätzen, wenn sie das Festessen mit einer Süßspeise abschließen können.
Natürlich spielt die Zeit, die Sie zur Verfügung haben, bei der Auswahl des Nachtisches eine wichtige Rolle, und sicher auch der Anlaß der Einladung. Vergessen Sie nicht, daß Sie aus Grundrezepten oft sehr raffinierte Nachtische herstellen können. Ein so einfacher Kuchen wie der Königskuchen erlaubt höchst interessante Tischdekorationen.

Wir haben bereits ein Buch über Süßspeisen veröffentlicht (Gaston Lenôtre, Das große Buch vom König der Feinbäcker, Heyne Taschenbuch 4317), so daß wir uns hier auf bestimmte Desserts beschränken können.

Einfache Desserts

Schokoladencreme

Diese Creme bleibt geschmeidig und glänzend; sie kann zusammen mit Biskuits oder ähnlichem Gebäck als köstliche Nachspeise gereicht werden, dient aber auch als Beilage zu anderen Süßspeisen, als Füllung von Gebäck oder als Glasur.

Vorbereitungszeit: 10 min, davon
Garzeit: 5 min

Zutaten für 800 g:
250 g beste Kochschokolade
50 g bitterer Kakao
2,2 dl Milch
130 g Zucker
150 g Butter

Geräte:
Kasserolle (3 l)
feines Sieb
Schneebesen

Das Kakaopulver durch ein feines Sieb sieben. In der Kasserolle die Milch, den Zucker und die Butter zum Kochen bringen; beim ersten Kochen den Kakao hinzufügen; unter Rühren einmal aufkochen lassen, vom Herd nehmen. Die in Stücke gebrochene Schokolade hinzufügen, 3 min ruhen lassen, dann mit dem Schneebesen vorsichtig durchrühren.
Gut gekühlt mit Löffelbiskuit oder Brioche-Brot (S. 329) servieren.

Aufbewahrung: In einem geschlossenen Behälter im Kühlschrank 4 Tage.

Teig für süße Crêpes

Vorbereitungszeit: 30 min
Ruhezeit: 1 h
Backzeit: 30 min bei Verwendung von 2 Pfannen

Zutaten für 20 etwas dickere Crêpes (Ø 20 cm):
250 g Mehl
80 g Öl
60 g Zucker
80 g Butter
6 Eier
1 EL Grand Marnier
1 EL alter Rum
1 ungespritzte Orange
¾ l Milch
100 g Butter zum Braten oder 1 dl Öl

Geräte:
2 Pfannen (Ø 20 cm)
1 große Rührschüssel
1 Schneebesen oder Teigrührmaschine

Die Butter schmelzen, bis sie die Farbe von Nüssen annimmt; keinesfalls dunkel werden lassen. In der Teigrührmaschine oder mit einem Schneebesen das Mehl, das Öl, den Zucker, die Eier, den Alkohol, die feingehackte Orangenschale und die geschmolzene Butter mit 2 dl Milch zu einem geschmeidigen, relativ festen Teig verrühren; 2 dl Milch abmessen, die nach der Ruhezeit kurz vor dem Backen untergerührt werden; den Rest der Milch sofort unter den Teig ziehen. Mindestens 1 h ruhen lassen.
Die Crêpes ungefähr 1 min auf beiden Seiten backen. Sofort garnieren. Wenn Crêpes ohne Garnitur längere Zeit aufbewahrt werden, können sie leicht austrocknen.

Anmerkung: Wenn Sie mehrere Garnituren vorgesehen haben, nehmen Sie die dicksten Crêpes für Marmelade- oder Konditorcremefüllungen.

Gerollte Crêpes mit Äpfeln

Vorbereitungszeit: 30 min
Backzeit: 20 min
Kühlzeit: 15 min

Zutaten für 10 Personen:
20 Crêpes (Ø 20 cm)
1,5 kg säuerliche Äpfel
100 g Butter
1 Vanillestange
120 g Zucker

Geräte:
2 24 cm lange Tiefkühl-aluminiumschalen mit Deckel
Schmorpfanne
Apfelausstecher
Pinsel

Die Äpfel schälen und das Kerngehäuse ausstechen. Vertikal halbieren, auf die Arbeitsfläche legen und achteln. Die Butter in der Schmorpfanne schmelzen, die aufgeschlitzte Vanillestange und die Apfelstücke hinzugeben. Nach 30 Sekunden 100 g Zucker hinzufügen und 10 min unter häufigem Umrühren bei mittlerer Hitze braten. Schnell abkühlen; die Schmorpfanne dafür in ein kaltes Wasserbad stellen.

Füllen:
Die Crêpes auf der Arbeitsfläche ausbreiten. Auf jede Crêpes 1 gehäuften EL Garnitur geben, etwas verstreichen; die oberen und unteren Enden einschlagen und die Crêpes zusammenrollen. Den Herd auf 180° (Th. 5) vorheizen. Die Aluminiumschale mit geschmolzener Butter ausstreichen und dünn mit dem restlichen Zucker bestreuen. Die Crêpes mit dem Falz nach unten einschichten. Die Aluminiumschalen verschließen.

Aufwärmen: 10 min in den Herd stellen. Sofort servieren.

Aufbewahrung: Vor dem Erwärmen in den verschlossenen Aluminiumschalen im Kühlschrank 24 h.

Einfrieren: In den Aluminiumschalen. Vor dem Aufwärmen nicht auftauen, sondern gleich 15 bis 20 min in den auf 180° (Th. 5) vorgeheizten Herd stellen.

Gerollte Crêpes mit Konfitüre

Vorbereitungszeit: 15 min
Backzeit: 10 min

Zutaten für 10 Personen:
20 Crêpes (Ø 20 cm)
600 g Orangen- oder Aprikosenkonfitüre

Geräte:
2 24 cm lange Tiefkühl-aluminiumschalen mit Deckel
Pinsel

Wählen Sie eine dicke Orangenkonfitüre mit viel abgeriebener Schale oder eine Aprikosenkonfitüre mit Fruchtstücken.

Garnitur und Aufwärmen: Wie Crêpes mit Äpfeln.

Aufbewahrung, Einfrieren: Wie Crêpes mit Äpfeln.

Anmerkung: Natürlich können Sie Crêpes auch mit Creme und ähnlichem füllen.

Pariser Flan

(Abb. nach S. 128)

Vorbereitungszeit: 15 min
Backzeit: 60 min

Zutaten für 24 Personen:
3 Springformen (Ø 26 cm), mit rohem Mürbeteig ausgelegt
2 l Milch
2 Vanillestangen
8 Eier
500 g Zucker
160 g Maizena

Geräte:
2 Backbleche
Teigrührmaschine
elektrischer Handrührer oder Schneebesen
1 Kasserolle

Den Teig am Vortag, mindestens aber 2 h vor dem Backen, zubereiten. Bis zum Garnieren im Kühlschrank aufbewahren. Den Ofen auf 200° (Th. 6) vorheizen. Die Milch mit den der Länge nach gespaltenen Vanilleschoten zum Kochen bringen. Die Eier und den Zucker 2 min bei großer Geschwindigkeit miteinander verrühren, Maizena gut unterziehen, dann sofort aufhören zu schlagen. Etwas kochende Milch darüber gießen, unterrühren und diese Mischung in die übrige Milch gießen. Wieder zum Kochen bringen, 1 min unter ständigem Rühren kochen lassen, vom Herd nehmen, eine weitere Minute durchrühren und dann die Masse gleichmäßig auf die drei Böden verteilen.
5 min bei 200° (Th. 6) backen, dann die Temperatur auf 180° (Th. 5) senken und weitere 45 min backen. Die Bräunung überwachen; notfalls die Plätze der Springformen tauschen. Abkühlen lassen, aus der Form nehmen. Aufgeschnitten auf den Tortenplatten servieren.

Aufbewahrung: In den mit Frischhaltefolie geschützten Springformen im Kühlschrank 48 h.

Käsekuchen mit Vanille-Sauce

Vorbereitungszeit: 30 min + 20 min
Backzeit: 20 min + 15 min
Kühlzeit: 30 min

Zutaten für 15 bis 20 Personen:

Kuchen:
500 g Quark (40 % Fettgehalt)
8 Eiweiß
120 g Maizena
300 g Zucker
5 dl Milch
1 TL Zitronenschale, fein gerieben
1 TL Zitronensaft
5 Blatt weiße Gelatine
Butter

Sauce:
8 Eigelb
280 g Zucker
6,5 dl Milch
1 Vanillestange

Geräte:
2 Kuchenringe, Ø 20 cm, 5 cm hoch (keine Springformen!) und 2 runde backofenfeste Tortenplatten oder 20 Aluminiumförmchen
Kasserolle (3 l)
große Rührschüssel
kleinere Rührschüssel
Schneebesen
Zuckerthermometer (nach Belieben)

Kuchen:
Die Eigelb vom Eiweiß trennen. Zitronenschale fein abraspeln. Die Gelatine in kaltem Wasser einweichen. Die Milch zum Kochen bringen. Unterdessen den Quark mit der Hälfte des Zuckers und dem Maizena verrühren, etwas Milch unterziehen, dann diese Mischung in die Milch geben, Salz und Zitronenschale hinzufügen und unter ständigem Rühren wieder zum Kochen bringen. 1 min kochen lassen.
Vom Herd nehmen und die abgetropfte und ausgedrückte Gelatine einarbeiten. Die Kuchenringe und die Backbleche oder die Aluminiumformen ausbuttern. Den Herd auf 200° (Th. 6) vorheizen. Das Eiweiß steif schlagen, den Teelöffel Zitronensaft und den restlichen Zucker löffelweise einarbeiten, sobald das Eiweiß zu schäumen beginnt.
¼ des Eiweißes in die Quarkmasse einarbeiten, dann vorsichtig die Quarkmasse unter das Eiweiß heben. Die Kuchenringe oder

Aluminiumformen völlig mit der Masse füllen. 10 min backen, dabei die Färbung überwachen.
Aus dem Herd nehmen; die Ringe entfernen: dafür mit einem spitzen Messer die Ringe zuerst vorsichtig lösen. Die Formen nicht stürzen, sondern darin servieren.

Die Sauce:
Milch, die Hälfte des Zuckers und die der Länge nach gespaltenen Vanillestangen zum Kochen bringen. Vom Herd nehmen und 10 min zugedeckt ziehen lassen.
In einer Schüssel die Eigelb mit dem restlichen Zucker 1 min bei mittlerer Geschwindigkeit miteinander verrühren.
Die Milch wieder zum Kochen bringen; etwas kochende Milch über die Eiermasse gießen, gut verrühren, anschließend diese Masse unter die Milch rühren.
Bei milder Hitze ziehen lassen, dabei ständig mit einem Holzspatel umrühren. Die Masse darf auf keinen Fall kochen. Sie wird schnell dick; die Festigkeit überprüfen: mit dem Finger auf die am Spatel heftende Masse drücken; zeichnet sich der Eindruck deutlich ab, ist die Sauce fertig. Vom Feuer nehmen und die Vanillestangen entfernen. Sollte trotz aller Vorsicht die Sauce zu kochen beginnen und das Eigelb ausflocken, sofort in den Mixer gießen, 1 EL kalte Milch oder Sahne hinzufügen und heftig mixen.
Die Rührschüssel in ein kaltes Wasserbad stellen; unter öfterem Umrühren 30 min abkühlen lassen. Bis zum Servieren in den Kühlschrank stellen. In einer Saucière anrichten und zusammen mit dem Käsekuchen anbieten.

Aufbewahrung: Kuchen und Sauce getrennt, durch Frischhaltefolie geschützt, im Kühlschrank 48 h.

Einfrieren: Den Kuchen ungebacken in den Formen einfrieren; die Sauce in einem Plastikbehälter einfrieren, der geschlossen wird, sobald die Sauce hart ist. Beides nicht länger als 14 Tage aufbewahren.

Königskuchen

Vorbereitungszeit: 20 min
Ruhezeit: 30 min
Backzeit: 50 min

Zutaten für 12 Personen:
6 große Eier (350 g ohne Schale
350 g Creme-Butter (S. 66)
350 g durchgesiebtes Mehl
350 g Zucker
2 Zitronen
oder 2 Msp. Vanillepulver
2 TL Backpulver

Geräte und Arbeitsmaterial:
2 Königskuchenformen (1,5 l)
Rührschüssel und Schneebesen
Reibe
Backtrennpapier

Zitronenschale fein raspeln. Die Butter zu einer Creme verarbeiten (S. 66), den Zucker, die Eier (einzeln) und die Zitronenschale mit dem Schneebesen unterrühren. Wenn die Zutaten nicht die gleiche Temperatur aufweisen, können sich kleine Klumpen bilden. In diesem Fall die Rührschüssel einige Sekunden in heißes Wasser stellen, weiterrühren. Das Mehl mit dem Backpulver vermischen, in die Mischung einarbeiten.
Die Kuchenformen leicht ausbuttern und mit leicht gebuttertem Backtrennpapier auskleiden. Den Teig mit Hilfe eines Spatels in die Formen geben; möglichst die oberen Teile des Backtrennpapiers sauberhalten, da sie beim Backen sonst leicht braun werden und zu riechen beginnen. Im Kühlschrank mindestens 30 min ruhen lassen.
Den Herd auf 180° (Th. 5) vorheizen. 20 min bei 180° (Th. 5) backen, dann weitere 30 min bei 170°. Den Kuchen aus dem Ofen nehmen, abkühlen lassen und kalt auf die Anrichteplatten stürzen.
Den Kuchen aufgeschnitten servieren; Himbeermarmelade, Vanille-Sauce (S. 320) oder Schokoladencreme (S. 315) dazu reichen.

Aufbewahrung: In Alufolie gehüllt im Kühlschrank 8 Tage.

Einfrieren: Sobald die Kuchen lauwarm sind, stürzen, im Tiefkühlschrank hart werden lassen und anschließend einzeln in Plastikbeutel verpacken. Wenn Sie zum Backen Aluminiumformen verwendet haben, in diesen einfrieren. Nach dem Hartwerden verschließen.

Weicher Schokoladenkuchen

(Abb. S. 305)

Vorbereitungszeit: 20 min
Backzeit: 40 bis 50 min
Kühlzeit: 2 h

Zutaten für 15 Personen:

Schokoladenmasse:
250 g Schokolade
12 Eigelb
60 g Mehl
125 g Butter

Meringenmasse:
12 Eiweiß
125 g Speisestärke
360 g Zucker
1 Msp. Salz

Dekoration:
75 g Mandelblättchen
Puderzucker
Butter

Geräte und Arbeitsmaterial:
2 runde Kuchenformen von Ø 28 cm und Ø 24 cm oder 3 kleine runde Kuchenformen von Ø 20, 16 und 14 cm
Kasserolle (3 l)
Rührschüssel (2 l)
Schüssel und Schneebesen
Backtrennpapier
Pinsel

Das Eigelb vom Eiweiß trennen; das Mehl sieben. Die Formen mit Hilfe eines Pinsels ausbuttern, mit Backtrennpapier auskleiden, wieder mit Butter einpinseln. Wände und Boden der Formen mit Mandelblättchen auslegen (siehe Abb.). Den Herd auf 180° (Th. 5) vorheizen.
Die Schokolade in einem Wasserbad schmelzen und auf 35° erwärmen. Aus dem Wasserbad nehmen und unter ständigem Rühren mit dem Schneebesen die Butter stückweise und anschließend die Eigelb einarbeiten. Das Mehl auf einmal darüber schütten, aber nicht einarbeiten. Die Masse darf nicht zu fest werden; das Mehl wird erst zusammen mit der Meringenmasse unter die Schokolade gezogen.
Die Eiweiß mit 1 Msp. Salz steif schlagen. 1 EL Zucker mit der durchgesiebten Speisestärke vermischen; sobald das Eiweiß zu schäumen beginnt, 5 EL Zucker auf einmal, den Rest löffelweise einarbeiten. Wenn das Eiweiß fest geworden ist, die Mischung aus Speisestärke und Zucker unterziehen, dabei nicht zu lange und nicht zu heftig schlagen.
Die nun bevorstehende Mischung der beiden Massen ist etwas

kompliziert, da das Eiweiß möglichst nicht zusammenfallen soll; sonst wird die Schokoladenmasse zu schwer.

Am besten nimmt man zuerst eine Vormischung vor: mit einem weichen Spatel oder einem Schaumlöffel ¼ der Eiweißmasse abnehmen und mit der Schokoladenmasse vermischen. Unterdessen die Eiweißmasse bei kleiner Geschwindigkeit weiterschlagen. Anschließend die Vormischung auf das Eiweiß gießen. Mit einer Hand den Spatel vertikal in die Schüssel tauchen und horizontal wieder herausnehmen, dabei am Rand der Schüssel entlangfahren. Gleichzeitig mit der anderen Hand die Schüssel um ¼ drehen. Diesen Vorgang mehrmals wiederholen, bis die Masse homogen ist. Auf diese Weise erreicht man am ehesten, daß die Masse schön leicht wird.

Sofort die Formen bis zu ¾ auffüllen, in den Ofen geben und je nach Größe 40 bis 50 min backen; mit Hilfe eines Löffelstiels die Tür des Herdes leicht offenhalten. Den Kuchen noch heiß auf eine mit Backtrennpapier belegte Platte stürzen. Während des Erkaltens den Kuchen vom Backtrennpapier auf die Platte gleiten lassen; unter dem Kondensationseffekt würde der Kuchen sonst auf dem Papier festkleben. Mit Puderzucker bestreuen und aufgeschnitten servieren.

Aufbewahrung: Ohne Puderzucker und einzeln in Alufolie oder Frischhaltefolie gewickelt im Kühlschrank 8 Tage.

Einfrieren: Fest in tiefkühlgeeignete Plastikbeutel verpackt, 1 Monat; ½ Tag im Kühlschrank auftauen lassen; erst dann die Beutel öffnen.

Anmerkung: Wenn Sie eine Pyramide aus weichem Schokoladenkuchen bauen wollen, dann backen Sie (in zwei Portionen) sechs Kuchen von abnehmender Größe, den kleinsten davon in einer Form mit gewölbtem Boden (Rippenboden).

Blätterteigtorte mit Früchten

(Abb. nach S. 128)

Vorbereitungszeit: 40 min
Backzeit: 25 min

Zutaten für 15 Büffetportionen:
500 g Blätterteig
600 g dicke Vanille-Creme
800 g abgetropftes Obst aus der Dose (Birnen, Pflaumen, Mirabellen etc.)
oder 800 g entkernte Dörrpflaumen
oder 1,2 kg rote Früchte
150 g Gelee
1 Ei

Geräte:
Backblech
Teigrolle
Pinsel

Auf der leicht mit Mehl bestäubten Arbeitsfläche den Teig zu einem 1,5 mm dünnen Rechteck von ca. (35×45 cm) ausrollen. Die Oberfläche überall mit einer Gabel einstechen. Von den Rändern Streifen von 1,5 cm Breite abschneiden und flach aufbewahren. Den Rest des Teiges auf das leicht angefeuchtete Backblech geben. Mit einem Pinsel die Ränder 1,5 cm breit anfeuchten und die beiseite gelegten Streifen sauber darauf legen. Mit einer scharfen Klinge die Ränder kreuzweise einschneiden, damit nach dem Backen ein hübsches Muster entsteht. Die Ränder mit geschlagenem Eigelb einstreichen.
Den Herd auf 220° (Th. 7) vorheizen. Den Teig in den Ofen geben. Nach 5 min die Temperatur auf 200° (Th. 6) senken und weitere 20 min backen lassen. Mit Puderzucker bestreuen und noch einmal einige Minuten backen; die Bräunung überwachen.
Den Teig abkühlen lassen und mit der kalten Konditorcreme bestreichen. Das Obst darauf verteilen. Das Gelee leicht erwärmen, bis es flüssig ist, und mit dem Pinsel auf dem Obst verteilen. Auf einer Anrichteplatte oder dem mit Alufolie eingehüllten Backblech servieren.

Aufbewahrung: Der gebackene Blätterteig an einem trockenen Ort 48 h; der fertige Kuchen an einem kühlen Ort 4 h.

Anmerkung: Alle Zutaten können lange im voraus zubereitet werden; ich empfehle Ihnen jedoch, die Torte möglichst erst kurz vor dem Eintreffen der Gäste zu garnieren, damit die Creme den Blätterteig nicht durchweicht.

Pyramide aus Schokoladenkuchen

(Abb. nach S. 48 und S. 305)

Vorbereitungszeit: 30 min
Garzeit: 5 min
Kühlzeit: 1 h

Zutaten für 28 bis 30 Personen:
5 weiche Schokoladenkuchen (S. 323), mit Ø 28, 24, 20, 16 und 14 cm
800 g Schokoladencreme (S. 315)
200 g Aprikosengelee
1 oder mehrere kandierte Früchte

Beilage:
1 l Vanille-Sauce (S. 320)

Träger:
Holzstange, 75 cm lang, Ø 1 cm
oder 75 cm Süßholz
oder 10 bis 15 Zuckerstangen Ø 1 cm
Säge (nach Belieben)

Geräte und Arbeitsmaterial:
runde Servierplatte (Ø 32 cm)
Kasserolle (1 l)
Sägemesser
Palette
Pinsel
5 Kartonscheiben (Ø der Kuchen)
Alufolie
Konditorpapier mit Spitzen

Die Zuckerstangen, das Süßholz oder die Holzstange in 15 Teile, die die Länge der Kuchendicke aufweisen, brechen oder sägen. Wenn Sie eine Holzstange verwenden, die einzelnen Stücke in Alufolie wickeln. Diese Arbeit kann bereits vorab erledigt werden.

Wenn die Schokoladencreme kalt ist, in einem Wasserbad erwärmen. Damit die Kuchen nicht beschädigt werden, mit der Oberseite nach unten auf die Arbeitsfläche legen; mit dem Sägemesser fast horizontal einschneiden und einen flachen, breiten Kegel ausschneiden. Den Kegel abnehmen, mit der Palette die entstandene Öffnung mit Schokoladencreme ausstreichen und den Kegel leicht pressend wieder einsetzen.

Die gefüllten Kuchen ungefähr 1 h in den Kühlschrank legen. Die Servierplatte mit dem Konditorpapier mit Spitzen bedecken, die größte Kartonscheibe und den größten Kuchen darauf legen, in den Kuchen 5 kleine Träger vertikal eindrücken. Den zweiten Kuchen, der auf einem Karton gleicher Größe liegt, darauf legen;

ebenfalls 5 kleine Träger eindrücken usw. Der dritte Kuchen braucht 3, der vierte Kuchen 2 Träger, der oberste natürlich keinen.
Das Aprikosengelee erhitzen; sobald es flüssig ist, mit dem Pinsel den ganzen Kuchen damit bestreichen. Mit kandierten Früchten dekorieren. Zu der Pyramide Vanille-Sauce reichen.

Aufbewahrung: Im Kühlschrank in einem kalten Raum 12 h.

Teig für Brioche-Brote

24 h vor der Verwendung zubereiten.
Eine Teigrührmaschine erleichtert die Arbeit, doch wenn Sie keine haben, können Sie diesen Teig auch per Hand herstellen.

Vorbereitungszeit: 30 min
Ruhezeit: 12 h

Zutaten für 1 kg Teig:
500 g Auszugsmehl
15 g frische Hefe
oder 1 Päckchen Trockenhefe
6 Eier
250 g Butter
2 EL Milch
2 EL Zucker (30 g)
1 EL Salz (15 g)

Geräte:
Teigrührmaschine (nach Belieben)
Rührschüssel (3 l)
Teigrolle
Teigschaber

Die Butter 1 h vor Arbeitsbeginn aus dem Kühlschrank nehmen. Die Hefe in einer Schüssel zerbröckeln und in 1 EL lauwarmer Milch auflösen. In einer anderen Schüssel Salz und Zucker ebenfalls in 1 EL lauwarmer Milch auflösen. Niemals Hefe in direkten Kontakt mit Salz oder Zucker bringen.

Wenn Sie eine Teigrührmaschine haben:
Die Milch mit dem Salz und dem Zucker in die Schüssel geben, das Mehl hinzufügen, zum Schluß die Hefe; bei kleiner Geschwindigkeit alles miteinander vermischen, dann auf einmal 4 Eier hinzugeben; weiter durchkneten. Der Teig wird schnell

fest, homogen, dabei glatt. Die restlichen Eier einzeln unterkneten.
15 min bei mittlerer Geschwindigkeit weiterkneten, bis der Teig elastisch wird und sich leicht ziehen läßt, ohne abzureißen.
Unterdessen die Butter zwischen Frischhaltefolie geben und mit der Teigrolle ausrollen; in Stücke von Eigröße zerteilen. Wenn der Teig die gewünschte Konsistenz erreicht hat, wieder auf niedrige Geschwindigkeit schalten und innerhalb von 2 min schnell die Butter einarbeiten.

Wenn Sie keine Teigrührmaschine haben:
Das Mehl auf die Arbeitsfläche schütten, eine Mulde machen und die aufgelöste Hefe hineingeben: gut vermischen; anschließend 3 Eier, dann Zucker und Salz und anschließend ein weiteres Ei einarbeiten. Sie brauchen ungefähr 15 min, bis der Teig wirklich homogen ist. Dabei öfters an dem Teig ziehen, damit er luftig wird. Zum Schluß die beiden letzten Eier einzeln einarbeiten. Weiter durchkneten. Der Teig muß elastisch werden und sich mühelos ziehen lassen.
Die Butter zwischen Frischhaltefolie geben und mit der Teigrolle ausrollen; nacheinander jeweils ⅓ der weichen Butter in den Teig einarbeiten.
Nach dem Kneten den Teig in eine Rührschüssel geben, mit Mehl bestäuben und mit einem Tuch abdecken; ungefähr 1½ h gehen lassen, bis sich der Umfang verdoppelt hat. Anschließend den Teig zweimal »brechen«: mit der Hand hochheben und auf den Boden der Schüssel fallen lassen. In den Kühlschrank geben und weiter treiben lassen. In 2 bis 3 h sollte die Oberfläche des Teiges sich gewölbt haben. Den Teig aus dem Kühlschrank nehmen, von neuem »brechen« und vor der Verwendung über Nacht an einem kühlen Ort zugedeckt ruhen lassen.

Einfrieren: Den Teig in zwei oder drei Stücke aufteilen, hermetisch einwickeln und einfrieren. Vor der Verwendung 24 h im Kühlschrank auftauen lassen.

Brioche-Brötchen (Mini-Brötchen)

Vorbereitungszeit: 15 min
Treibzeit: 1 h bis 1 h 15 min
Backzeit: 8 bis 10 min

Zutaten für 28 bis 30 Brötchen:
500 g Brioche-Teig (S. 327)
1 Ei
Salz

Geräte:
Backblech
Teigrolle
ovaler Ausstecher oder breites Messer
Pinsel
Backtrennpapier

Auf der leicht eingemehlten Arbeitsfläche den Teig zu einem 8 mm dicken Rechteck von 20×30 cm ausrollen.
Mit dem Ausstecher 24 Stück ausstechen oder mit dem Messer 24 Rechtecke (ca. 3×7 cm) schneiden. Den restlichen Teig zu einer Kugel rollen und 10 min tiefkühlen, bevor er wieder ausgerollt wird; daraus 5 bis 6 weitere ovale oder rechteckige Stücke ausstechen oder schneiden.
Das Backblech mit Backtrennpapier auslegen, leicht anfeuchten und die Brötchen darauf legen. Ein erstes Mal mit dem geschlagenen, leicht gesalzenen Ei einstreichen. Vor Zugluft geschützt 1 h bis 1 h 15 min bei 22°/23° gehen lassen. Den Ofen auf 230° (Th. 7/8) vorheizen. Die Brötchen ein zweites Mal mit Ei bestreichen. 8 bis 10 min backen, auf dem Backblech abkühlen lassen.

Aufbewahrung: 48 h in einer Plastiktüte.

Einfrieren: Sollte man, sobald die Brötchen Zimmertemperatur erreicht haben. Auf dem Backtrennpapier in den Gefrierschrank geben, hart werden lassen und in einem Plastikbeutel verpacken. Wiederauftauen bei Zimmertemperatur in ca. 2 h.

Verzeichnis der Rezepte und Stichworte

A

B

C

D

E

F

G

H

I

J

K

L

M

N

O

P

R

S

T

V

W

Z

Alphabetisches Rezeptregister

A

B

C

E

F

G

H

I

J

K

L

M

N

O

P

R

S

T

V

W

Z

HEYNE BÜCHER

HEYNE KOCHBÜCHER

Heyne-Taschenbücher von Meistern der kulinarischen Welt

07/4413 - DM 19,80

07/4411 - DM 12,80

07/4446 - DM 9,80

07/4414 - DM 7,80

07/4264 - DM 7,80

07/4317 - DM 12,80

07/4437 - DM 16,80

07/4277 - DM 16,80

HEYNE BÜCHER

HEYNE KOCHBÜCHER

Sondergebiete der Kochkunst im Heyne-Taschenbuch

Sondergebiete

Brigitte-Kochbuch
Mit Farbfotos
07/4305 - DM 10,80

Brigitte-Sparkochbuch
365 Rezepte
unter DM 5,–
Mit Farbfotos
07/4319 - DM 7,80

Erika Casparek-Türkkan
Griebenschmalz statt Blumen
07/4385 - DM 6,80

Henriette Davidis
Das praktische Kochbuch
07/4206 - DM 7,80

Rotraud Degner
Schnell ein Essen für uns zwei
Mit Farbfotos
07/4399 - DM 9,80

Roland Gööck
Kochbuch für eilige Singles
07/4457 - DM 6,80

Monika Graff
Leichte Sommerküche
Mit Farbfotos
07/4377 - DM 8,80

Ursula Grüninger
Goldgelb überbacken
07/4262 - DM 4,80

Edda Meyer-Berkhout
200 Rezepte für 1 Person
Das Kochbuch für »Singles«
07/4300 - DM 5,80

Inge Paulus
Pfannengerichte
07/4386 - DM 7,80

Sigrid Press
Kalte Gerichte und Salate
07/4012 - DM 4,80

Emil Reimers
Das große Saucen-Kochbuch
07/4073 - DM 5,80

Helge Rubinstein
Das Schokoladen-Kochbuch
07/4439 - DM 8,80

Hannes W.A. Schoeller
Das Junggesellen-Kochbuch
07/4069 - DM 5,80

Sybil Gräfin Schönfeldt
Meine liebsten Rezepte ohne Fleisch
Mit Farbfotos
07/4346 - DM 8,80

Renate Spaetgen
Sandwiches, Snacks und Toasts
Mit Farbfotos
07/4381 - DM 7,80

Das Tante-Marie-Kochbuch
07/4179 - DM 6,80

Zorba the Buddha Rajneesh-Kochbuch
07/4442 - DM 7,80

Grillen, Fondue, Camping

Theodor Böttiger
Das Grillbuch
07/4092 - DM 4,80

Erika Casparek-Türkkan
Essen im Freien
Mit Farbfotos
07/4449 - DM 7,80

Ilse Froidl
Garten-Grill
07/4028 - DM 4,80

Roland Gööck
Das große Fondue-Buch
Mit Farbfotos
07/4223 - DM 6,80

Antje Heintz
Grillen im Freien
07/4403 - DM 7,80

Sybille Schall
Die Fondue-Party
07/4089 - DM 5,80

Preisänderungen vorbehalten.

Wilhelm Heyne Verlag München

HEYNE BÜCHER

HEYNE KOCHBÜCHER

Die größte Kochbuch-Spezialsammlung! Praktisch, handlich, preiswert.

Fleischgerichte

Erhard Gorys
200 x Steak
Mit Farbfotos
07/4154 - DM 5,80

Edda Meyer-Berkhout
Hackfleisch-Gerichte
07/4225 - DM 5,80

Fischgerichte, Schnecken

Theodor Böttiger/
Ilse Froidl
Das neue Fischkochbuch
07/4271 - DM 7,80

Peter Frisch
Von Matjes bis Rollmops
Mit Farbfotos
07/4427 - DM 7,80

Ilse Froidl
Fische
Delikatessen aus Flüssen, Seen und Teichen
Mit Farbfotos
07/4444 - DM 8,80

Othmar Kuben
Schnecken
07/4306 - DM 4,80

Sigrid Press
Fischkochbuch
07/4015 - DM 5,80

Wild u. Geflügel

Heinz Denckler
Hasen- und Wildkaninchen-Kochbuch
Mit Farbfotos
07/4351 - DM 6,80

Ilse Froidl
Das Wild-Kochbuch
07/4019 - DM 5,80

Gemüse, Salate, Pilze

Hans-Jürgen Denckler
Das Tomaten-Kochbuch
07/4248 - DM 5,80

Heinz Denckler
Das Pilz-Kochbuch
07/4038 - DM 4,80
Das Paprika-Kochbuch
07/4320 - DM 5,80

Ilse Froidl
Das Gemüse-Kochbuch
07/4030 - DM 5,80
Salate über Salate
07/4057 - DM 5,80
Rohkostgerichte
07/4097 - DM 5,80

Nelly Hartmann-Imhof
Sommersalate/ Wintersalate
Mit Farbfotos
07/4395 - DM 9,80
Sommergemüse/ Wintergemüse
Mit Farbfotos
07/4407 - DM 7,80

Katinka Mostar
Salate
Mit Farbfotos
07/4216 - DM 5,80

Emil Reimers
Das Spargel-Kochbuch
07/4132 - DM 4,80

Gini Rock
Das Zwiebelkochbuch
07/4205 - DM 4,80

Elisabeth Thurmair
Wurzeln, Kohl und Rüben
Ein modernes Gemüsebuch
07/4456 - DM 6,80

Gewürze und Kräuter

Meyer-Berkhout/Behm
Würzige Kräuterküche
Mit Farbfotos
07/4274 - DM 5,80

Roland Gööck
Das Buch der Gewürze
Mit Farbfotos
07/4311 - DM 8,80

Anna-Maria Jung
Das Knoblauch-Kochbuch
07/4253 - DM 5,80

Eva Trauter
Das Heyne-Gewürzbuch
07/4031 - DM 5,80
Das Heyne-Kräuterbuch
07/4083 - DM 5,80

Preisänderungen vorbehalten.

Wilhelm Heyne Verlag München

HEYNE BÜCHER

HEYNE KOCHBÜCHER

Sondergebiete der Kochkunst im Heyne-Taschenbuch

Kartoffelgerichte und Teigwaren

Vincenzo Buonassisi
Nudel & Nudel
Mit Farbfotos
07/4333 - DM 6,80

Birgit Buschak
Der Kartoffelteufel
07/4448 - DM 6,80

Maria Casati
Pasta
Mit Farbfotos
07/4434 - DM 9,80

Ilse Froidl
Knödel und Klöße selbstgemacht
07/4143 - DM 5,80

Trudl Kirchdorfer
Leckere Nudelgerichte
07/4087 - DM 5,80

Emil Reimers
Pizzas, Toasts und Waffeln
07/4102 - DM 5,80

M. L. Scott/J. D. Scott
Von Kartoffelknödel bis Pommes Soufflé
07/4389 - DM 9,80

Evelyne Slomon
Pizza
200 variationsreiche Rezepte
07/4438 - DM 7,80

Myra Waldo
Das Spaghetti-Kochbuch
Mit Farbfotos
07/4176 - DM 5,80

Backbücher

Ilona Franz
Rezeptbuch für Weihnachtsbäckerei
07/4126 - DM 5,80

Ilse Froidl
Rezeptbuch für Kleingebäck
07/4042 - DM 5,80
Kuchen und Torten
07/4071 - DM 5,80
Internationales Brotbackbuch
07/4410 - DM 7,80

Froidl/Hellermann
Brot selbstgebacken
07/4214 - DM 5,80

Monika Graff
Das große Heyne-Backbuch
Mit Farbfotos
07/4358 - DM 10,80

Gaston Lenòtre
Das große Buch vom König der Feinbäcker
Mit Farbfotos
07/4317 - DM 12,80

Boris Wittich
Weihnachtslieder Küchenzauber
07/4254 - DM 5,80

Koch-, Gefrier- und Einmachtechnik

Gwen Conacher
Einfrier-Handbuch
07/4431 - DM 7,80

Heinz Denckler
Das Heyne-Einmachbuch
07/4055 - DM 5,80

Hilde Emmert
Kochen im Tontopf
07/4148 - DM 5,80

Ilse Froidl
Das Mikrowellen-Kochbuch
07/4419 - DM 7,80

Friederun Köhnen
Backen – Braten – Grillen mit Alufolie
07/4135 - DM 4,80

Inge Meisnitzer
Zauberhafter Römertopf
Mit Farbfotos
07/4339 - DM 6,80

Emil Reimers
Fritieren und in Fett gebacken
07/4166 - DM 5,80
Die Kunst des Flambierens
07/4392 - DM 7,80

Fritz Saur
Kochen im Schnellkochtopf
07/4140 - DM 5,80

Elisabeth Thurmair
Das neue große Einmachbuch
07/4426 - DM 7,80

Myrette Tiano
Marmeladen und Gelees selbstgemacht
07/4246 - DM 5,80

Preisänderungen vorbehalten.

Wilhelm Heyne Verlag München

HEYNE GETRÄNKEBÜCHER

Bücher für Genießer, die wissen, daß es wichtigeres gibt, als nur den Durst zu löschen

07/4302 – DM 5,80

07/4366 – DM 7,80

07/4405 - DM 7,80

07/4380 – DM 6,80

07/4432 - DM 6,80

07/4436 - DM 9,80

07/4365 - DM 16,80

07/4398 – DM 9,80